高职高专土木与建筑规划教材

建筑工程经济

(第2版)

刘心萍　于惠中　主　编

王秀菊　李艳萍　副主编

清华大学出版社
北　京

内容简介

本书突出职业教育的特点，吸收了国内外工程经济研究领域最新成果，以项目化教学理念构建课程体系，以实用、新颖、案例教学的指导思想设计教材体例。教材内容丰富，每章均有案例及习题，以达到学、练同步。本书共分 11 章，内容包括：总论，投资、成本、收入、折旧与利润，现金流量的构成与资金时间价值计算，工程项目技术经济评价，不确定性分析，工程项目建设资金的筹集，工程项目的可行性分析及工程项目后评价，工程项目的财务评价，国民经济评价，价值工程及其在建设工程中的应用，设备更新分析。

本书可作为高职高专建筑工程技术、工程造价、工程监理、工程管理、公路工程、市政工程、房地产开发等专业的教材，也可作为建筑类职称考试的参考教材。

图书在版编目(CIP)数据

建筑工程经济/刘心萍，于惠中主编. —2 版. —北京：清华大学出版社，2018 (2024.1 重印)
(高职高专土木与建筑规划教材)
ISBN 978-7-302-51038-3

Ⅰ. ①建…　Ⅱ. ①刘…　②于…　Ⅲ. ①建筑经济学—工程经济学—高等职业教育—教材　Ⅳ. ①F407.9

中国版本图书馆 CIP 数据核字(2018)第 192419 号

责任编辑：桑任松
装帧设计：刘孝琼
责任校对：周剑云
责任印制：曹婉颖
出版发行：清华大学出版社
网　址：https://www.tup.com.cn, https://www.wqxuetang.com
地　址：北京清华大学学研大厦 A 座　　邮　编：100084
社 总 机：010-83470000　　邮　购：010-62786544
投稿与读者服务：010-62776969, c-service@tup.tsinghua.edu.cn
质量反馈：010-62772015, zhiliang@tup.tsinghua.edu.cn
课件下载：https://www.tup.com.cn , 010-62791865
印 装 者：三河市龙大印装有限公司
经　销：全国新华书店
开　本：185mm×260mm　　印　张：17　　字　数：412 千字
版　次：2006 年 9 月第 1 版　2018 年 9 月第 2 版　　印　次：2024 年 1 月第 6 次印刷
定　价：49.00 元

产品编号：073399-01

第 2 版前言

本教材成书于 2006 年，从出版至今已有 11 年了。受到许多兄弟院校欢迎和使用。在这期间，我国现代化和城市化进程步伐加快，建筑业迅猛发展，建筑市场规模不断扩大，建筑市场发生了巨大的变革，伴随着投融资体制的变化及新的《企业会计准则》和《关于企业投资项目咨询评估报告的若干要求》的实施，BIM 技术的迅速推广和应用，以及“营改增”的全面铺开等变革。与此相适应的《建设项目经济评价方法与参数》及《项目决策分析与评价》也注入了更新的内容，所有这些无一不在改变着建筑工程经济的理论和实践。本教材在一些内容上，已严重滞后。因此，针对新的经济形势我们进行了修订。

本教材再版编写的主旨是满足教学的需要，同时又能体现我国目前在建筑工程经济评价中的实际做法，强化学生的应用能力和动手能力，使学生通过本课程的学习，初步掌握建筑工程经济的理论及经济评价方法，并能通过运用这些基本原理和方法进行分析、解决建设项目经济评价中的实际问题。

本教材在内容的编排上力图满足高职高专学生学习的要求及学习特点，力求做到理论的完整性、系统性，内容的可操作性和新颖性，同时兼顾同其他专业课程的联系性，克服了教材之间重复过多的缺陷。与原版本相比在保持本教材体系的逻辑框架外，更加突出了学科的应用性特点，使学生在学习理论的同时提高了实践操作能力。

第 2 版由刘心萍、于惠中任主编，由王秀菊、李艳萍任副主编。

在再版过程中，查阅了大量的资料和文献，得到了许多同行的支持和帮助，在此一并表示由衷的感谢。限于笔者水平、精力，书中不当之处敬请有关专家、同行指正。

编　者

目 录

第1章　总　　论

本章学习目标

- 了解建设工程的概念；
- 熟悉建筑工程经济的研究对象和内容；
- 明确建筑工程经济的研究范围；
- 掌握建筑工程经济的特点；
- 掌握建筑工程经济分析的基本原则。

1.1　工程技术与经济的关系

1.1.1　工程

工程是人们综合应用科学理论和技术手段去改造客观世界的具体实践活动，以及所取得的实际成果。随着人类文明的发展，人们可以建造出比单一产品更大、更复杂的产品，这些产品不再是结构或功能单一的东西，而是各种各样的所谓“人造系统”(比如建筑物、轮船、飞机等)，于是工程的概念就产生了，并且它逐渐发展为一门独立的学科和技艺。

在现代社会中，“工程”一词有广义和狭义之分。就狭义而言，工程的定义为“以某组设想的目标为依据，应用有关的科学知识和技术手段，通过一群人的有组织活动将某个(或某些)现有实体(自然的或人造的)转化为具有预期使用价值的人造产品的过程”。就广义而言，工程则定义为由一群人为达到某种目的，在一个较长时间周期内进行协作活动的过程。将自然科学的理论应用到具体工农业生产部门中形成各学科的总称，如水利工程、化学工程、土木建筑工程、遗传工程、系统工程、生物工程、海洋工程、环境微生物工程。工程是由较多的人力、物力来进行的较大而复杂的工作，需要一个较长时间周期来完成，如城市改建工程、京九铁路工程、菜篮子工程。

本书主要探讨的是有关建设工程技术与经济方面的问题。所谓建设工程，是人类有组织、有目的、大规模的经济活动，是固定资产再生产过程中形成综合生产能力或发挥工程效益的工程项目。

建设工程包括以下两方面：

(1) 建筑工程。包括房屋建筑工程、线路管道工程、设备安装工程、装修工程。

(2) 其他工程。包括道路、桥梁、公路铁路、隧道等，也包括水坝。

1.1.2 技术

一般认为，技术是人类在利用自然和改造自然的过程中积累起来，并在生产劳动中体现出来的经验、知识及操作技巧的科学总结，它是人类改造自然的手段和方法。也可以这样理解：技术是在生产和生活领域中，运用各种科学所揭示的客观规律，进行各种生产和非生产活动的技能，以及根据科学原理改造自然的一切方法，如施工技术、维修技术等。

1.1.3 经济

一般认为，经济(Economy)是个多义词，其含义包括以下几方面。

(1) 指生产关系。经济是人类社会发展到一定阶段的社会经济制度，是生产关系的总和，是政治和思想意识等上层建筑的基础。

(2) 指国民经济的总称，或指国民经济的各部门，如工业经济、农业经济、运输经济等。

(3) 指社会生产和再生产。即指物质资料的生产、交换、分配、消费的现象和过程。

(4) 指“节约”或“节省”。也是人们日常所说的“经济”“不经济”。

工程经济学研究中较多应用的概念是后两种，是指人、财、物、时间等资源的节约和有效使用。例如在工程建设中，以较少的费用建成具有同样效用的工程，或以同样数量的费用，建成更多更好的工程等。

1.1.4 工程技术与经济的关系

一个工程能做到有成效，必须具备两个条件：一是技术上的可行性；二是经济上的合理性。经济是技术进步的目的和动力，技术则是经济发展的手段和方法。技术的先进性与经济的合理性是社会发展中一对相互促进、相互制约的既有统一、又有矛盾的统一体。

1) 工程技术与经济互为基础、互为条件

技术是变革物质代谢过程的手段，是科学与生产联系的纽带。技术变革了劳动手段、劳动对象和劳动工具，改善了劳动环境，更加合理有效地利用资源，提高了劳动生产率，推动了社会经济的发展。同时，应该认识到，任何一项新技术的产生都是由经济上的需要引起，并且只有在一定的社会经济条件下才能得以推广和应用。

2) 在技术和经济活动中，经济占支配地位

技术是人类改造自然、改善生活的手段和方法，其生产具有经济目的。随着经济的发

展和人类生活水平的提高，人们的需求也在不断增长，对生产和生活提出了新的要求，如水利工程、智能建筑等，工程技术循此方向而进步、发展。因此，在工程技术与经济的关系中，经济始终居于支配地位，工程技术进步是为经济发展服务的。

3)　工程技术与经济协调发展

技术与经济之间的关系可能会出现两种情况：一种情况是技术进步通常能够推动经济的发展，技术与经济是协调一致的；另一种情况是，先进的技术方案有时会受到自然、社会条件以及人等因素的制约，不能充分发挥作用实现最佳经济效果，技术与经济之间存在矛盾。工程经济学的任务就是研究工程技术方案的经济性问题，建立起工程技术方案的先进性与经济的合理性之间的联系桥梁，使两者协调发展。

1.1.5　建筑工程经济的研究对象

建筑工程经济学的实质是寻求工程技术与经济效果的内在联系，揭示二者协调发展的内在规律，促进工程技术的先进性与经济的合理统一。工程经济学的对象是各种工程项目，而这些项目可以是已建项目、新建项目、扩建项目、技术引进项目、技术改造项目等。工程经济学的核心是工程项目的经济性分析。它的研究对象可概括为以下三个方面。

(1)　建筑工程经济是研究工程技术实践的经济效果，寻求提高经济效果的途径与方法的科学。

(2)　建筑工程经济是研究工程技术和经济的辩证关系，探讨工程技术与经济相互促进、协调发展途径的科学。技术和经济是人类社会发展不可缺少的两个方面，其关系极为密切。

(3)　建筑工程经济是研究如何通过技术创新推动技术进步，进而获得经济增长的科学。

1.1.6　建筑工程经济的研究内容

实践中经常碰到的工程经济问题主要有：

(1)　如何计算某方案的经济效果？

(2)　几个相互竞争的方案应该选择哪一种？

(3)　在资金有限的条件下，应该选择哪一种方案？

(4)　正在使用的技术、设备是否应该更新换代？

(5)　公共工程项目的预期效益多大时，才能接受其建设费用？

工程经济学研究的主要内容分述如下。

1. 方案评价方法

方案评价是指研究方案的评价指标，以分析方案的可行性。

2. 投资方案选择

投资方案选择是在投资项目的多个方案中，分析多个方案之间的关系、进行多方案选择，这是工程经济学研究的重要内容。

3. 筹资分析

筹资分析是指研究在市场经济体制下，如何建立筹资主体和筹资机制，怎样分析各种筹资方式的成本和风险。

4. 财务分析

财务分析是研究项目对各投资主体的贡献，从企业财务角度分析项目的可行性。

5. 经济分析

经济分析是研究项目对国民经济的贡献，从国民经济角度分析项目的可行性。

6. 风险和不确定性分析

任何一项经济活动，由于各种不确定性因素的影响，会使期望的目标与实际状况发生差异，也可能会造成经济损失。为此，需要识别和估计风险，进行不确定性分析。

7. 建设项目后评估

建设项目后评估是在项目建成后，衡量和分析项目的实际情况与预测情况的差距，并为提高投资效益提出对策措施。

8. 技术选择

技术选择是为了实现一定的经济目标，要考虑客观因素的制约，对各种可能的技术手段进行分析比较，选取最佳方案。因此，需要研究各种客观条件是如何影响技术选择的，怎样进行对技术手段的分析比较来选取最佳方案。

1.2 建筑工程经济分析的原则和方法

1.2.1 建筑工程经济学的特点

工程经济学立足于经济，研究技术方案，已成为一门独立的综合性学科，其主要特点分述如下。

1. 综合性

工程经济学横跨自然科学和社会科学两大类。工程技术学科研究自然因素运动、发展的规律，是以特定的技术为对象的；而经济学科是研究生产力和生产关系运动发展规律的一门学科。工程经济学从技术的角度去考虑经济问题，又从经济角度去考虑技术问题。技术是基础，经济是目的。在实际运用中，技术经济涉及的问题很多，一个部门、一个企业有技术经济问题，一个地区、一个国家也有技术经济问题。因此，工程技术的经济问题往往是多目标、多因素的。它研究的内容既包括技术因素、经济因素，又包括社会因素和时间因素。

2. 实用性

工程经济学之所以具有强大的生命力，在于它非常实用。工程经济学研究的课题、分析的方案都来源于生产建设实际，并紧密结合生产技术和经济活动进行，它所分析和研究的成果，直接用于生产，并通过实践来验证分析结果是否准确。

工程经济学与经济的发展、技术的选择、资源的综合利用、生产力的合理布局等关系非常密切。它使用的数据、信息资料来自生产实践，研究成果通常以一个规划、计划或一个具体方案、具体建议的形式出现。

3. 定量性

工程经济学的研究方法是以定量分析为主。即使有些难以定量的因素，也要予以量化估计。通过对各种方案进行客观、合理、完善的评价，用定量分析的结果为定性分析提供科学的依据。不进行定量分析，技术方案的经济性无法评价，经济效果的大小无法衡量，在诸多方案中也无法进行比较和择优。因此，在分析和研究过程中，要用到很多数学方法、计算公式，并建立数学模型，借助计算机计算结果。

4. 比较性

工程经济学的实质是进行经济比较。工程经济分析通过经济效果的比较，从许多可行的技术方案中选择最优方案或满意的可行方案。技术方案的一个技术经济指标是先进还是落后，不通过比较是无法判断的。

5. 预测性

工程经济分析活动大多在事件发生之前进行。对将要实现的技术政策、技术措施、技术方案进行预先的分析评价，首先要进行技术经济预测。通过预测，使技术方案更接近实际，避免盲目性。工程经济的预测主要有两个特点：一是尽可能准确地预见某一经济事件的发展趋向和前景，充分掌握各种必要的信息资料，尽量避免由于决策失误所造成的经济损失；二是预见性包含一定的假设和近似性，只能要求对某项工程或某一方案的分析结果尽可能地接近实际，而不是要求其绝对的准确。

1.2.2　建筑工程经济分析的基本原理

1. 建筑工程经济效果的评价原理

1)　经济效果的概念

要研究工程技术的经济规律，就是要计算工程技术方案的经济效果。在任何经济活动中，总是用一定的投入得到一定的产出，经济效果的科学概念应当是人们在实践活动中效益与费用及损失的比较。对取得一定有用的成果和所支付的资源代价及损失的对比分析，就是经济效果评价。

当效益与费用及损失为不同度量单位时，经济效果可以用下式表示

$$经济效果=\frac{效益}{费用+损失}$$

当效益与费用及损失为相同度量单位时，经济效果可用下式表示

$$经济效果=效益-(费用+损失)$$

2) 经济效果的类型

(1) 宏观经济效果与微观经济效果。宏观经济效果是从整个国民经济角度考察的经济效果。考察工程项目对国民经济的贡献是不能忽视的环节。社会主义所有制的性质是要求工程项目的经济评价应以整个国民经济或整个社会为出发点进行考察，这就是要研究工程项目的宏观经济效果。

微观经济效果是指从个体角度考察的效果。生产项目的直接投入、直接产出是微观经济效益的主要构成。利润最大化是企业追求的目标。微观效果的大小也是评价和选择项目的重要依据。

(2) 直接经济效果与间接经济效果。直接经济效果是指项目自身直接产生并得到的经济效果，即生产项目直接创造的经济效果，如产品的销售收入等。间接经济效果是指项目导致的自身之外的经济效果，即生产项目引起的其系统之外的效果。间接效果的分析只有在项目进行国民经济评价时才考虑。

(3) 短期经济效果与长期经济效果。短期经济效果是指短期内可以实现的经济效果，长期经济效果是指较长时期后能够实现的经济效果。

2. 工程经济分析的基本原则

1) 预测分析

技术方案的经济效果评价主要采用的是预测的方法，以现有状况为基础，以统计资料为依据，通过事前分析作出预测，力求把系统的运行控制在最满意的状态。

2) 局部利益与整体利益相结合

工程项目的经济性研究，既要考虑具体部门或企业的经济效果，更应从整个国民经济或整个社会来考察。作为完整的工程项目的经济评价，应包括微观和宏观两个方面，并应以宏观效果作为评价的主要依据，局部利益应与整体利益相结合，并服从于整体利益。

3) 定量分析与定性分析相结合

反映工程项目的技术经济指标，一般是以定量形式来表示的，定量分析是工程经济分析的一个重要特点，但有些技术经济效果是不能以定量的形式表示的，而必须凭借定性分析来表示。为了客观、全面、准确地反映工程项目的技术经济效果，必须注意坚持定量分析与定性分析相结合，以定量分析为主的原则。

4) 静态分析与动态分析相结合

经济分析有静态和动态之分。静态分析是不考虑资金的时间价值的经济分析。动态分析是指考虑资金的时间价值和工程项目服务年限等事件因素的一种投资效果的分析，它能较好地反映客观真实情况。因此静态分析和动态分析应当结合，而以动态分析为主。

5)　全过程效益分析

项目的技术经济活动主要包括目标确定、方案提出、方案决策、方案实施以及生产经营活动的组织五个阶段，必须重视提高每一个阶段的经济效益，尤其要根据我国工程建设活动的实际状况，在技术经济分析时把工作重点转到建设前期阶段上来，以取得事半功倍的效果。

思考题与习题

1. 简述“工程”“技术”“经济”的概念。
2. 简述工程技术与经济的相互关系。
3. 工程经济效果的评价方法是什么？
4. 工程经济分析的基本原则有哪些？

第2章　投资、成本、收入、折旧与利润

本章学习目标

- 掌握投资、成本、收入、折旧与利润的有关概念；
- 熟悉工程项目投资的构成；
- 明确工程项目成本、收入与利润之间的关系；
- 掌握固定资产折旧的计算方法及计提折旧的范围；
- 掌握降低工程成本的途径；
- 熟悉经营成本、固定成本和变动成本、机会成本、沉没成本的概念；
- 掌握利润总额、所得税的计算及净利润的分配顺序。

2.1　工程项目投资及构成

工程项目的建设首先是一个投资活动，必须对其经济效益与社会效益进行分析与评价。作为投资主体而言，经济效益首先具有相对重要的意义，任何项目如果不能取得良好的经济效益，投资方就会受到损失。投资、费用、收益、利润和税金是工程建设项目经济分析的基本要素，下面将详细介绍。

2.1.1　投资的概念

投资(Investment)是技术经济分析中重要的经济概念，是人类最重要的经济活动之一，一般有广义和狭义两种理解。广义的投资是指一切为了获得收益或避免风险而进行的资金经营活动；狭义的投资是指所有投资活动中最基本的，也是最重要的投资，即投放的资金，是为了保证项目投产和生产经营活动的正常进行而投入的活化劳动和物化劳动价值总和，即为了未来获得报酬而预先垫付的资金。投资活动是投资主体、投资环境、资金投入、投资产出、投资目的等诸多要素的统一。

2.1.2　投资的构成

投资是一个极为复杂的经济系统。工程项目的投资也称为总投资，是用于工程项目全过程(建设阶段及经营阶段)的全部活化劳动和物化劳动的投资总和，按其性质可分为固定资产投资、流动资产投资、无形资产投资(专利权)和递延资产投资(开办费)。一般情况下，将投资划分为固定资产投资和流动资产投资两大部分；按工程项目的进度可划分为基本建设投资、投产前支出和流动资金三部分。其中，基本建设投资主要指用于固定资产的费用；投产前支出指项目投产前的准备费用，包括开办费、可行性研究费、咨询服务费、人员培训费和项目规划费等；流动资金，指项目投产后为进行正常的生产所需要的周转资金。

根据现行工程造价规定，工程项目中所指的工程造价就是固定资产投资，不含流动资产投资。固定资产投资分为静态投资和动态投资，静态投资包括设备及工器具购置费、建筑安装工程费、工程建设其他费用和基本预备费。动态投资包括静态投资和涨价预备费、建设期贷款利息和固定资产投资方向调节税等动态部分。

建设项目的总投资具体如表 2-1 所示。

表 2-1　我国现阶段建设项目总投资构成

<table>
<tr><td rowspan="16">建设项目总投资</td><td rowspan="15">固定资产投资</td><td rowspan="5">建筑安装工程费用</td><td colspan="2">分部分项工程费</td></tr>
<tr><td colspan="2">措施项目费</td></tr>
<tr><td colspan="2">其他项目费</td></tr>
<tr><td colspan="2">规费</td></tr>
<tr><td colspan="2">税金</td></tr>
<tr><td rowspan="3">设备及工器具购置费用</td><td rowspan="2">设备购置费</td><td>设备原价</td></tr>
<tr><td>设备运杂费</td></tr>
<tr><td colspan="2">工具、器具及生产家具购置费</td></tr>
<tr><td rowspan="3">工程建设其他费用</td><td colspan="2">土地使用费</td></tr>
<tr><td colspan="2">与工程项目建设有关的其他费用</td></tr>
<tr><td colspan="2">与未来企业生产经营有关的其他费用</td></tr>
<tr><td rowspan="2">预备费</td><td colspan="2">基本预备费</td></tr>
<tr><td colspan="2">涨价预备费</td></tr>
<tr><td colspan="3">建设期贷款利息</td></tr>
<tr><td colspan="3">固定资产投资方向调节税</td></tr>
<tr><td>流动资产投资</td><td colspan="3">流动资金</td></tr>
</table>

1. 建筑安装工程费

建筑安装工程费是指建设单位支付给从事建筑安装工程施工单位的全部生产费用。建筑安装工程费按照工程造价形成划分为分部分项工程费、措施项目费、其他项目费、规费和税金五部分，其中分部分项工程费、措施项目费、其他项目费包含人工费、材料费、施工机具使用费、企业管理费和利润。

1) 分部分项工程费

分部分项工程费是指各专业工程的分部分项工程应予列支的各项费用。

(1) 专业工程。是指按现行国家计量规范划分的房屋建筑与装饰工程、仿古建筑工程、通用安装工程、市政工程、园林绿化工程、矿山工程、构筑物工程、城市轨道交通工程、爆破工程等各类工程。

(2) 分部分项工程费的计算。

$$分部分项工程费=\sum(分部分项工程量\times综合单价)$$

式中，综合单价包括人工费、材料费、施工机具使用费、企业管理费和利润以及一定范围的风险费用。

2) 措施项目费

措施项目费是指为完成建设工程施工，发生于该工程施工前和施工过程中的技术、生活、安全、环境保护等方面的费用。

(1) 环境保护费。是指施工现场为达到环保部门要求所需要的各项费用。

$$环境保护费=计算基数\times环境保护费费率(\%)$$

(2) 文明施工费。是指施工现场文明施工所需要的各项费用。

$$文明施工费=计算基数\times文明施工费费率(\%)$$

(3) 安全施工费。是指施工现场安全施工所需要的各项费用。

$$安全施工费=计算基数\times安全施工费费率(\%)$$

(4) 临时设施费。是指施工企业为进行建筑工程施工所必须搭设的生活和生产临时建筑物、构筑物和其他临时设施的费用。临时设施费由周转使用临时建筑费、一次使用临时建筑费和其他临时建筑费三部分组成。临时设施包括临时宿舍、文化福利及公用事业房屋与构筑物、仓库、办公室、加工厂以及规定范围内的道路、水、电、管线等。

① 周转使用临时建筑(如活动房屋)费。

$$周转使用临时建筑费=\sum\left[\frac{临时建筑面积\times每平方米造价}{使用年限\times365\times利用率}\times工期\right]+一次性拆除费用$$

② 一次使用临时建筑(如简易建筑)费。

$$一次使用临时建筑费=\sum[临时建筑面积\times每平方米造价\times(1-残值率)]+一次性拆除费用$$

③ 其他临时建筑(如临时管线)费。其他临时设施费按照其在临时设施费中所占的比例确定。比例由各地区造价管理部门依据典型施工企业的成本资料经分析后综合确定。

$$临时设施费=\frac{周转使用临时建筑费+一次性使用临时建筑费}{1-其他临时设施所占的比例(\%)}$$

计算基数应为定额基价(定额分部分项工程费+定额中可以计量的措施项目费)、定额人工费或(定额人工费+定额机械费)，其费率由工程造价管理机构根据各专业工程的特点综合确定。

(5) 夜间施工增加费。是指因夜间施工发生的夜班补助费、夜间施工降效费、夜间施工设施照明摊销及照明用电等费用。

$$夜间施工增加费=\left(1-\frac{合同工期}{定额工期}\right)\times\frac{直接工程费中的人工费合计}{平均日工资单价}\times每个人夜间施工费开支$$

或

$$夜间施工增加费=计算基数\times夜间施工增加费费率(\%)$$

(6) 二次搬运费。是指因施工场地窄小等特殊情况而发生的二次搬运费。

$$二次搬运费=计算基数\times二次搬运费费率(\%)$$

(7) 冬、雨期施工增加费。是指在冬期或雨期施工需增加的临时设施、防滑、排除雨雪，人工及施工机械效率降低等费用。

$$冬、雨期施工增加费=计算基数\times冬、雨期施工增加费费率(\%)$$

(8) 已完工程及设备保护费。是指竣工验收前，对已完工程及设备采取的必要保护措施所发生的费用。

$$已完工程及设备保护费=计算基数\times已完工程及设备保护费费率(\%)$$

上述(5)～(8)项措施项目的计费基数应为定额人工费或(定额人工费+定额机械费)，其费率由工程造价管理机构根据各专业工程特点和调查资料综合分析后确定。

(9) 大型机械设备进出场及安拆费。是指机械整体或分体自停放场地运至施工现场或由一个施工地点运至另一个施工地点，所发生的机械进出场运输及转移费用及机械在施工现场进行安装、拆卸所需的人工费、材料费、机械费、试运转费和安装所需的辅助设施费。

$$大型机械设备进出场及安拆费=\frac{大型机械设备一次进出场及安拆费\times年平均安拆次数}{年工作台班}$$

(10) 混凝土、钢筋混凝土模板及支架费。是指混凝土、钢筋混凝土施工过程中需要的各种钢模板、木模板、支架等的支、拆、运输费用及模板、支架的摊销(或租赁)费用。

$$模板及支架费=模板摊销量\times模板价格+支、拆、运输费$$

$$模板摊销量=一次使用量\times(1+施工损耗率)\times\left[\frac{1+(周转次数-1)\times补损率}{周转次数}-\frac{(1-补损率)\times50\%}{周转次数}\right]$$

或

$$租赁费=模板使用量\times使用日期\times租赁价格+支、拆、运输费$$

(11) 脚手架费。是指施工需要的各种脚手架搭、拆、运输费用及脚手架摊销(或租赁)费用。

$$脚手架搭拆费=脚手架摊销量\times脚手架价格+搭、拆、运输费$$

$$脚手架摊销量=\frac{单位一次使用量\times(1-残值率)}{耐用期}\times一次使用期$$

或

$$脚手架租赁费=脚手架每日租金\times搭设周期+搭、拆、运输费$$

(12) 施工排水、降水费。是指为确保工程在正常条件下施工，采取的各种排水、降水措施所发生的各种费用。

$$施工排水降水费=\sum(排水降水机械台班费\times排水降水周期)+排水降水使用材料费、人工费$$

(13) 工程定位复测费。是指工程施工过程中进行全部施工测量放线和复测工作的费用。按实发生计算。

(14) 特殊地区施工增加费。是指工程在沙漠或其边缘地区、高海拔、高寒、原始森林等特殊地区施工增加的费用。按实发生计算。

(15) 垂直运输费。

(16) 超高施工增加费。

3) 其他项目费

(1) 暂列金额。是指建设单位在工程量清单中暂定并包括在工程合同价款中的一笔款项。用于施工合同签订时尚未确定或者不可预见的所需材料、工程设备、服务的采购，施工中可能发生的工程变更、合同约定调整因素出现时的工程价款调整以及发生的索赔、现场签证确认等的费用。由建设单位根据工程特点，按有关计价规定估算，施工过程中由建设单位掌握使用、扣除合同价款调整后如有余额，归建设单位。

(2) 计日工。是指在施工过程中，施工企业完成建设单位提出的施工图纸以外的零星项目或工作所需的费用。由建设单位和施工企业按施工过程中的签证计价。

(3) 总承包服务费。是指总承包人为配合、协调建设单位进行的专业工程发包，对建设单位自行采购的材料、工程设备等进行保管，以及施工现场管理、竣工资料汇总整理等服务所需的费用。由建设单位在招标控制价中根据总包服务范围和有关计价规定编制，施工企业投标时自主报价，施工过程中按签约合同价执行。

4) 规费

规费是指按国家法律、法规规定，由省级政府和省级有关权力部门规定必须缴纳或计取的费用。

(1) 规费包括如下。

① 社会保险费。

a. 养老保险费。是指企业按照规定标准为职工缴纳的基本养老保险费。

b. 失业保险费。是指企业按照规定标准为职工缴纳的失业保险费。

c. 医疗保险费。是指企业按照规定标准为职工缴纳的基本医疗保险费。

d. 生育保险费。是指企业按照规定标准为职工缴纳的生育保险费。

e. 工伤保险费。是指企业按照规定标准为职工缴纳的工伤保险费。

② 住房公积金：是指企业按规定标准为职工缴纳的住房公积金。

③ 工程排污费：是指按规定缴纳的施工现场工程排污费。

(2) 规费的计算。

① 社会保险费和住房公积金应以定额人工费为计算基础，根据工程所在省、自治区、直辖市或行业建设主管部门规定费率计算。

$$社会保险费和住房公积金=\sum(工程定额人工费\times社会保险费和住房公积金费率)$$

式中，社会保险费和住房公积金费率可以每万元发承包价的生产工人人工费和管理人员工资含量与工程所在地规定的缴纳标准综合分析取定。

② 工程排污费等其他应列而未列入的规费应按工程所在地环境保护等部门规定的标

准缴纳，按实计取列入。

③ 其他应列而未列入的规费，按实际发生计取。具体项目按地方的规定确定。

5) 税金

税金是指国家税法规定的应计入建筑安装工程造价内的增值税、城市维护建设税、教育费附加以及地方教育附加。

2. 设备及工、器具购置费用

设备及工、器具购置费是由设备购置费用和工、器具及生产家具购置费用组成，是固定资产投资的组成部分。

1) 设备购置费

设备购置费是指为建设项目购置或自制的，达到固定资产标准的各种国产或进口设备、工具、器具的费用。它由设备原价和设备运杂费构成，即：

设备购置费=设备原价或进口设备抵岸价+设备运杂费

(1) 国产设备原价的构成及计算。国产设备原价一般指的是设备制造厂的交货价或订货合同价。国产设备原价分为国产标准设备原价和国产非标准设备原价。

① 国产标准设备，是指按照主管部门颁布的标准图纸和技术要求，由生产厂批量生产的符合国家质量检测标准的设备。国产标准设备原价指设备制造厂的交货价，即出厂价。一般有两种形式，即带有备件的原价和不带有备件的原价，一般按带有备件的原价计算。

② 非标准设备。是指国家尚无定型标准，各设备生产厂不可能采用批量生产，只能按一次订货，并根据具体的设备图纸制造的设备。非标准设备原价的计算方法有成本计算估价法、系列设备插入估价法、分部组合估价法、定额估价法。无论哪种方法都应该使非标准设备计价的准确度接近实际出厂价，并要求计算方法简便。常用的方法是成本计算估价法，其成本构成及计算如下。

a. 材料费。

材料费=材料净重×(1+加工损耗系数)×每吨材料综合价

b. 加工费。包括生产工人工资、工资附加费、燃料动力费、设备折旧费和车间经费等费用。

加工费=设备总重量(t)×设备每吨加工费

c. 辅助材料费。

辅助材料费=设备总重量×辅助材料费指标

d. 专用工具费。

专用工具费=(材料费+加工费+辅助材料费)×费率

e. 废品损失费。

废品损失费=(材料费+加工费+辅助材料费+专用工具费)×废品损失率

f. 外购配套件费。根据设计图纸所示的外购配套件的名称、规格、型号、数量、重量，按相应价格加运杂费计算。

g. 包装费。

包装费=(材料费+加工费+辅助材料费+专用工具费+外购配套件费+废品损失费)×费率

h. 利润。

利润=(材料费+加工费+辅助材料费+专用工具费+废品损失费+包装费)×利润率

i. 税金。主要指增值税。

增值税=应税销售额×适用增值税率

销售额为(a)～(h)之和。

j. 非标准设备设计费。按国家规定标准计算。

单件非标准设备原价=｛［(材料费+加工费+辅助材料费)×(1+专用工具费率)
×(1+废品损失率)+外购配套件费］×(1+包装费率)
-外购配套件费｝×(1+利润率)+外购配套件费+税金
+非标准设备设计费

(2) 进口设备原价的构成及计算。进口设备的原价是进口设备的抵岸价。抵岸价即抵达买方边境港口或边境车站，且缴纳各种税费后形成的价格。

进口设备原价=货价+国际运费+运输保险费+银行财务费+外贸手续费+关税+增值税
+消费税+海关监管手续费+车辆购置附加费

① 货价。通常是指装运港船上交货价(FOB 价)。设备 FOB 价分为原币货价和人民币货价，原币货价一律折算为美元表示，人民币货价按原币货价乘以外汇市场美元兑换人民币中间价确定。FOB 价按有关生产厂商询价、报价、订货合同价计算。

② 国际运费。即从出口国装运港(站)到达进口国港(站)的运费。我国进口设备大部分采用海洋运输，小部分采用铁路运输，个别采用航空运输。

国际运费(海、陆、空)=FOB 价×运费率

国际运费(海、陆、空)=运量×单位运价

其中，运费率或单位运价参照有关部门或进出口公司的规定执行。

③ 运输保险费。对外贸易货物运输保险是由保险公司与被保险的出口人或进口人订立保险契约，在被保险人交付议定的保险费后，保险公司根据保险契约的规定对货物在运输过程中发生的承保责任范围内的损失给予经济上的补偿。这是一种财产保险。

$$运输保险费=\frac{FOB价+国外运费}{1-保险费率}\times保险费率$$

其中，保险费率按保险公司规定的进口货物保险费率计算。

④ 银行财务费。一般是指中国银行手续费。银行财务费率一般为 0.4%～0.5%。

银行财务费=FOB 价×银行财务费率

⑤ 外贸手续费。是指按对外经济贸易部门规定的外贸手续费率计取的费用。外贸手续费率一般取 1.5%。

外贸手续费=(FOB 价+国际运费+运输保险费)×外贸手续费率

⑥ 关税。是指由海关对进出国境或关境的货物和物品征收的税。

关税=到岸价格(CIF 价)×进口关税税率

进口关税税率分为优惠和普通两种。优惠税率适用于与我国签订有关税互惠条约或协定的国家的进口设备；普通税率适用于与我国未订有关税互惠条约或协定的国家的进口设

备。进口关税税率按我国海关总署发布的进口关税税率计算。对进口设备，习惯上称 FOB 价为离岸价格。称 CIF 为到岸价格。

CIF 价=FOB 价+国际运费+运输保险费

⑦ 增值税。是对从事进口贸易的单位和个人，在进口商品报关进口后征收的税种。我国增值税条例规定，进口应税产品均按组成计税价格和增值税税率直接计算应纳税额。

进口产品增值税额=组成计税价格×增值税税率

组成计税价格=FOB 价+国际运费+运输保险费+关税+消费税

增值税税率根据规定的税率计算。

⑧ 消费税。仅对部分进口设备(如轿车、摩托车等)征收。

$$\text{应纳消费税额}=\frac{\text{CIF}+\text{关税}}{1-\text{消费税率}}\times\text{消费税率}$$

其中，消费税率根据规定的税率计算。

⑨ 海关监管手续费。这是指海关对进口减税、免税、保税货物实施监督、管理、提供服务的手续费。对于全额征收进口关税的货物不计本项费用。

海关监管手续费=CIF 价×海关监管手续费率(一般为 0.3%)

⑩ 车辆购置附加费。进口车辆需缴纳进口车辆购置附加费。

进口车辆购置附加费=(CIF 价+关税+消费税+增值税)×进口车辆购置附加费率

(3) 设备运杂费的构成及计算。

① 设备运杂费的构成。

a. 运费和装卸费。对于国产设备，它是指由设备制造厂交货地点起至工地仓库(或施工组织设计指定的需要安装设备的堆放地点)止所发生的运费和装卸费；对于进口设备，则是指由我国到岸港口或边境车站起至工地仓库(或施工组织设计指定的需安装设备的堆放地点)止所发生的运费和装卸费。

b. 包装费。是指在设备原价中没有包含的为运输而进行包装支出的各种费用。

c. 设备供销部门手续费。此项费用仅发生在具有设备供销部门这个中间环节的情况下，其费用按有关部门规定的统一费率计算。

d. 采购与仓库保管费。指采购、验收、保管和收发设备所发生的各种费用，包括设备采购人员、保管人员和管理人员的工资、工资附加费、办公费、差旅交通费，设备供应部门办公和仓库所占固定资产使用费、工具用具使用费、劳动保护费、检验试验费等。按主管部门规定的采购与保管费费率计算。

② 设备运杂费的计算。

设备运杂费按设备原价乘以设备运杂费率计算。

设备运杂费=设备原价×设备运杂费率

设备运杂费率按各部门及省市的规定计取。

2) 工、器具及家具购置费的构成及计算

工、器具及家具购置费是指新建或扩建项目初步设计规定的，保证初期正常生产必须购置的没有达到固定资产标准的设备、仪器、工卡模具、器具、生产家具、备品和备件等的购置费用。一般以设备购置费为计算依据。

工器具及家具购置费=设备购置费×定额费率

设备及工、器具购置费是由设备购置费用和工、器具及生产家具购置费用组成，是固定资产投资的组成部分。

3. 工程建设其他费用

工程建设其他费用是指未纳入以上两项的，由项目投资支付的，为保证工程建设顺利完成和交付使用后能够正常发挥效用而发生的各项费用的总和。在工程建设过程中，有些费用如土地使用费、建设单位对项目实施管理所发生的费用、工程设计费用等，它们既不属于建筑安装工程费用，也不属于设备购置费用。从工程筹建起到工程竣工验收交付使用止的整个建设期间，除建筑安装工程费用和设备及工、器具购置费用以外的，为保证工程建设顺利完成和交付使用后能够正常发挥效用而发生的各项费用，统称为工程建设其他费用。

工程建设其他费用，按其内容大体可分为三类：第一类指土地使用费；第二类指与工程建设有关的其他费用；第三类指与未来企业生产经营有关的其他费用。

1) 土地使用费

土地使用费是指为获得建设用地使用权而支付的费用。土地使用权取得方式包括划拨取得和出让方式取得两种。相应的土地使用费也包括两种，即划拨方式取得土地使用权而支付的土地征用及迁移补偿费和通过土地使用权出让方式取得土地使用权而支付的土地使用权出让金。

(1) 土地征用及迁移补偿费。是指建设项目通过划拨方式取得无限期的土地使用权，依照《中华人民共和国土地管理法》等规定所支付的费用。其总和一般不得超过被征土地年产值的30倍，土地年产值则按该地被征用前3年的平均产量和国家规定的价格计算。

① 土地补偿费。征用耕地(包括菜地)的补偿标准，征收耕地的土地补偿费，为该耕地被征收前3年平均年产值的6～10倍。具体补偿标准由省、自治区、直辖市人民政府在此范围内制定。征用园地、鱼塘、藕塘、苇塘、宅基地、林地、牧场、草原等的补偿标准，由省、自治区、直辖市参照征用耕地的土地补偿费制定。征收无收益的土地，不予补偿。土地补偿费归农村集体经济组织所有。

② 青苗补偿费和被征用土地上的房屋、水井、树木等附着物补偿费。补偿费的标准由省、自治区、直辖市人民政府制定。征用城市郊区的菜地时，还应按照有关规定向国家缴纳新菜地开发建设基金。地上附着物及青苗补偿费归地上附着物及青苗的所有者所有。

③ 安置补助费。征用耕地、菜地的，其安置补助费按照需要安置的农业人口数计算。需要安置的农业人口数，按照被征收的耕地数量除以征地前被征收单位平均每人占有耕地的数量计算。每一个需要安置的农业人口的安置补助费标准，为该耕地被征用前3年平均年产值的4～6倍。但是，每公顷被征用耕地的安置补助费，最高不得超过被征用前3年平均年产值的15倍。征用土地的安置补助费必须专款专用，不得挪作他用。

④ 缴纳的耕地占用税或城镇土地使用税、土地登记费及征地管理费等。县市土地管

理机关从征地费中提取土地管理费的比率，要按征地工作量大小，视不同情况，在1%～4%幅度内提取。

⑤ 征地动迁费。包括征用土地上的房屋及附属构筑物、城市公共设施等拆除、迁建补偿费、搬迁运输费，企业单位因搬迁造成的减产、停工损失补贴费，拆迁管理费等。

⑥ 水利水电工程水库淹没处理补偿费。包括农村移民安置迁建费，城市迁建补偿费，库区工矿企业、交通、电力、通信、广播、管网、水利等的恢复、迁建补偿费，库底清理费，防护工程费，环境影响补偿费等。

(2) 土地使用权出让金。是指建设项目通过土地使用权出让方式，取得有限期的土地使用权，依照《中华人民共和国城镇国有土地使用权出让和转让暂行条例》规定，支付的土地使用权出让金。

① 明确国家是城市土地的唯一所有者，并分层次、有偿、有限期地出让、转让城市土地。第一层次是城市政府将国有土地使用权出让给用地者，该层次由城市政府垄断经营。出让对象可以是有法人资格的企事业单位，也可以是外商。第二层次及以下层次的转让则发生在使用者之间。

② 城市土地的出让和转让可采用协议、招标、公开拍卖等方式。

a. 协议方式是由用地单位申请，经市政府批准同意后双方洽谈具体地块及地价。该方式适用于市政工程、公益事业用地，以及需要减免地价的机关、部队用地和需要重点扶持、优先发展的产业用地。

b. 招标方式是在规定的期限内，由用地单位以书面形式投标，市政府根据投标报价、所提供的规划方案以及企业信誉综合考虑，择优而取。该方式适用于一般工程建设用地。

c. 公开拍卖是指在指定的地点和时间，由申请用地者叫价应价，价高者得。完全是由市场竞争决定，适用于盈利高的行业用地。

③ 在有偿出让和转让土地时，政府对地价不作统一规定，但应坚持以下原则：

a. 地价对目前的投资环境不产生大的影响；

b. 地价与当地的社会经济承受能力相适应；

c. 地价要考虑已投入的土地开发费用、土地市场供求关系、土地用途和使用年限。

④ 政府有偿出让土地使用权的年限。各地可根据时间、区位等各种条件作不同的规定。根据《中华人民共和国城镇国有土地使用权出让和转让暂行条例》，土地使用权出让最高年限按下列用途确定：居住用地70年；工业用地50年；教育、科技、文化、卫生、体育用地50年；商业、旅游、娱乐用地40年；综合或者其他用地50年。

⑤ 土地有偿出让和转让，土地使用者和所有者要签约，明确使用者对土地享有的权利和对土地所有者应承担的义务。同时，国家向土地受让者征收契税；转让土地如有增值，要向转让者征收土地增值税；区别不同地段，不同用途向土地使用者收取土地占用费。

2) 与工程建设有关的其他费用

与工程建设有关的其他费用是为保证建设项目的顺利建设所发生的费用，包括建设单位管理费、勘察设计费、研究试验费、建设单位临时设施费、工程监理费、工程保险费、引进技术和进口设备其他费用、工程承包费等。

与项目建设有关的其他费用的构成也不尽相同，一般在进行工程估算及概算中可根据实际情况进行计算。

(1) 建设单位管理费。是指建设项目从立项、筹建、建设、联合试运转、竣工验收交付使用和后评估等全过程管理所需费用。

① 建设单位开办费。是指新建项目为保证筹建和建设工作正常进行所需办公设备、生活家具、用具、交通工具等购置费用。

② 建设单位经费。包括工作人员的基本工资、工资性补贴、职工福利费、劳动保护费、劳动保险费、办公费、差旅交通费、工会经费、职工教育经费、固定资产使用费、工具用具使用费、技术图书资料费、生产人员招募费、工程招标费、合同契约公证费、工程质量监督检测费、工程咨询费、法律顾问费、审计费、业务招待费、排污费、竣工交付使用清理及竣工验收费、后评估等费用。不包括应计入设备、材料预算价格的建设单位采购及保管设备材料所需的费用。

建设单位管理费按照单项工程费用之和(包括设备玉器具购置费和建筑安装工程费)乘以建设单位管理费费率计算，建设单位管理费费率按照建设项目的不同性质、不同规模确定。有的建设项目按照建设工期和规定的金额计算建设单位管理费。

(2) 勘察设计费。是指为本建设项目提供项目建议书、可行性研究报告及设计文件等所需费用。

① 编制项目建议书、可行性研究报告及投资估算、工程咨询、评价以及为编制上述文件所进行勘察、设计等所需费用。

② 委托勘察、设计单位进行初步设计、施工图设计及概预算编制等所需费用。

③ 在规定范围内由建设单位自行完成的勘察、设计工作所需费用。

在勘察设计费中，项目建议书、可行性研究报告按国家颁布的收费标准计算，设计费按国家颁布的工程设计收费标准计算。勘察费一般民用建筑六层以下按3～5元/m计算，高层建筑按8～10元/m计算，工业建筑按10～12元/m计算。

(3) 研究试验费。是指为建设项目提供和验证设计参数、数据、资料等所进行的必要的试验费用以及设计规定在施工中必须进行试验、验证所需费用，包括自行或委托其他部门研究试验所需人工费、材料费、试验设备及仪器使用费等。这项费用按照设计单位根据本工程项目的需要提出的研究试验内容和要求计算。

(4) 建设单位临时设施费。是指建设期间建设单位所需临时设施的搭设、维修、摊销费用或租赁费用。临时设施包括临时宿舍、文化福利及公用事业房屋与构筑物、仓库、办公室、加工厂以及规定范围内的道路、水、电、管线等临时设施和小型临时设施。

(5) 工程监理费。是指建设单位委托工程监理单位对工程实施监理工作所需费用。根据国家物价局、原建设部的文件规定，选择下列方法之一计算：

① 一般情况应按工程建设监理收费标准计算，即按所监理工程概算或预算的百分比计算。

② 对于单工种或临时性项目，可根据参与监理的年度平均人数计算。

(6) 工程保险费。是指建设项目在建设期间根据需要实施工程保险所需的费用，包括以各种建筑工程及其在施工过程中的物料、机器设备为保险标的的建筑工程一切险，以安装工程中的各种机器、机械设备为保险标的的安装工程一切险，以及机器损坏保险等。根据不同的工程类别，分别以其建筑、安装工程费乘以建筑、安装工程保险费率计算。民用建筑(住宅楼、综合性大楼、商场、旅馆、医院、学校)占建筑工程费的2‰～4‰；其他建筑(包括工业厂房、仓库、道路、码头、水坝、隧道、桥梁、管道等)占建筑工程费的3‰～6‰；安装工程(包括农业、工业、机械、电子、电器、纺织、矿山、石油、化学及钢铁工业、钢结构、桥梁)占建筑工程费的3‰～6‰。

(7) 引进技术和进口设备费用。

① 出国人员费用。

② 国外工程技术人员来华费用。

③ 技术引进费。

④ 分期或延期付款利息。

⑤ 担保费。

⑥ 进口设备检验鉴定费用。

(8) 工程承包费。是指具有总承包条件的工程公司，对工程建设项目从开始建设至竣工投产全过程的总承包所需的管理费用。具体内容包括组织勘察设计、设备材料采购、非标准设备设计制造与销售、施工招标、发包、工程预决算、项目管理、施工质量监督、隐蔽工程检查、验收和试车直至竣工投产的各种管理费用。

3) 与未来企业生产经营有关的其他费用

(1) 联合试运转费。是指新建企业或新增加生产工艺过程的扩建企业在竣工验收前，按照设计规定的工程质量标准，进行整个车间的负荷或无负荷联合试运转发生的费用支出大于试运转收入的差额部分。联合试运转发生的费用包括试运转所需的原料、燃料、油料和动力的费用，机械使用费用，低值易耗品及其他物品的购置费用和施工单位参加联合试运转人员的工资等，不包括应由设备安装工程费项下开支的单台设备调试费及试车费用。试运转收入包括试运转产品销售和其他收入。联合试运转费一般根据不同性质的项目按需要试运转车间的工艺设备购置费的百分比计算。

(2) 生产准备费。是指新建企业或新增生产能力的企业，为保证竣工交付使用进行必要的生产准备所发生的费用。包括生产人员培训费，生产单位提前进厂参加施工、设备安装、调试等以及熟悉工艺流程及设备性能等人员的工资、工资性补贴、职工福利费、差旅交通费、劳动保护费等。一般根据需要培训和提前进厂人员的人数及培训时间按生产准备费指标进行估算。

(3) 办公和生活家具购置费。是指为保证新建、改建、扩建项目初期正常生产、使用和管理所必须购置的办公和生活家具、用具的费用。改、扩建项目所需的办公和生活用具购置费，应低于新建项目，其范围包括办公室、会议室、资料档案室、阅览室、文娱室、食堂、浴室、理发室。单身宿舍和设计规定必须建设的托儿所、卫生所、招待所、中小学校等家具用具购置费。这项费用按照设计定员人数乘以综合指标计算。

4. 预备费

预备费是指为未来可能发生的不确定因素和风险因素准备的费用，包括基本预备费和价差预备费。

1) 基本预备费

基本预备费是指在初步设计及概算内难以预料的工程费用。基本预备费属于静态工程造价，它包括在批准的初步设计范围内，技术设计、施工图设计及施工过程中所增加的工程费用和设计变更、局部地基处理等增加的费用；一般自然灾害造成的损失和预防自然灾害所采取的措施费用；竣工验收时为鉴定工程质量对隐蔽工程进行必要的挖掘和修复的费用。

基本预备费=(设备及工器具购置费+建筑安装工程费+工程建设其他费)×基本预备费率

基本预备费率应按国家及有关部门的规定确定。在项目决策阶段一般取10%～15%，在初步设计阶段一般取7%～10%。

2) 价差预备费

价差预备费是指建设项目在建设期间内由于价格等变化引起工程造价变化的预测预设费用。包括人工、设备、材料、施工机械的价差费，建筑安装工程费和工程建设其他费用的调整，以及利率、汇率变化引起的费用增加。价差预备费属于动态工程造价。一般根据国家规定的投资综合价格指数，按估算年份价格水平的投资额为基数，采用复利方法计算。

$$PF=\sum_{t=0}^{n}I_t\left[(1+f)^m(1+f)^{0.5}(1+f)^{(t-1)}-1\right]$$

式中：PF——价差预备费；

n——建设期年分数；

m——建设前期年分数；

I_t——建设期第 t 年的投资额；

f——年投资价格上涨率。

【例2-1】 某建设项目，建设期初静态投资估算额为44 000万元，估算至开始建设时间为1年，建设期为3年。基本预备费费率为10%，年度投资计划为30%、50%、20%。建设期预计年投资价格平均上涨率为5%。试计算该项目的预备费。

解：

(1) 基本预备费 $=\dfrac{44\,000\times10\%}{1+10\%}=4000$ (万元)

(2) 价差预备费

第一年价差预备费 $=44\,000\times30\%\times[(1+5\%)(1+5\%)^{0.5}(1+5\%)^0-1]=1002.27$(万元)

第二年价差预备费 $=44\,000\times50\%\times[(1+5\%)(1+5\%)^{0.5}(1+5\%)^1-1]=2853.98$(万元)

第三年价差预备费 $=44\,000\times20\%\times[(1+5\%)(1+5\%)^{0.5}(1+5\%)^2-1]=1638.67$(万元)

价差预备费=1002.27+2853.98+1638.67=5494.92(万元)

(3) 预备费

4000+5494.92=9494.92(万元)

因此该项目的预备费为 9494.92 万元

5. 建设期贷款利息

建设期间的贷款利息，也称为资本化利息。按照我国现行工程造价的构成，建设期贷款利息计入工程造价，经营期的贷款利息则计入生产总成本。建设期贷款利息包括向国内银行和其他非银行金融机构贷款、出口信贷、外国政府贷款、国际商业银行贷款以及在境内外发行的债券等在建设期间应偿还的贷款利息。

当贷款是在建设期初一次性发放时：

$$I = P(1+i)^n - P$$

式中：I——建设期贷款利息；

i——贷款年利率；

P——一次性贷款金额；

n——计息期。

当贷款是分年均衡发放时，建设期利息可按当年借款在年中考虑，上年度结转的贷款与利息，按全年计息。

$$q_j = \left(P_{j-1} + \frac{1}{2}A_j\right)i$$

式中：q_j——建设期第 j 年应计利息；

P_{j-1}——建设期第 j-1 年末累计贷款与利息之和；

A_j——建设期第 j 年贷款金额；

i——年利率。

在国外贷款利息中，还包括国外贷款银行根据贷款协议向贷款方以年利率的方式收取的手续费、管理费、承诺费，以及国内代理机构经国家主管部门批准的以年利率的方式向贷款方收取的转贷费、担保费、管理费等。

【例 2-2】 某新建项目，建设期为 3 年，预计总贷款额为 1300 万元，贷款年限为 10 年。分年度使用贷款计划为：第一年贷款 20%，第二年贷款为 50%，第三年为 30%。年利率为 10%，建设期内只计息不支付。试计算：

(1) 在建设期初一次性贷款时的建设期贷款利息。

(2) 分年度贷款时的建设期贷款利息。

解：(1) 建设期初一次性贷款：

$$1300\times[(1+10\%)^3-1]=430.3(\text{万元})$$

(2) 分年度贷款：

$$\text{第一年贷款利息}=\frac{1}{2}\times1300\times20\%\times10\%=13(\text{万元})$$

$$\text{第二年贷款利息}=\left(1300\times20\%+13+\frac{1}{2}\times1300\times50\%\right)\times10\%=59.8(\text{万元})$$

第三年贷款利息=

$$\left(1300\times20\%+13+1300\times50\%+59.8+\frac{1}{2}\times1300\times30\%\right)\times10\%=117.78(\text{万元})$$

分年度贷款的建设期贷款利息=13+59.8+117.78=190.58(万元)

所以建设期初一次性贷款的建设期利息为430.3万元，分年度贷款的建设期贷款利息为190.58万元。

6. 固定资产投资方向调节税

固定资产投资方向调节税是国家为了贯彻产业政策，控制投资规模，引导投资力向，调控投资结构，加强重点建设，促进国民经济持续稳定协调发展，对我国境内进行固定资产投资的单位和个人(不含中外合资经营企业、中外合作经营企业和外商独资企业)征收固定资产投资方向调节税。实行差别税率，对国家急需发展的建设项目适用零税率，对国家严格限制发展的项目投资课以重税。基本建设项目按0%、5%、15%和30%四档征收，更新改造项目按0%、10%两档征收。税基为实际完成的投资额，即设备及工器具购置费、建筑安装工程费、工程建设其他费用、预备费的合计金额。目前已停征。

7. 流动资金

流动资金是指项目投产后为维持正常经营，用于购买原材料、燃料动力、支付工资等所必不可少的周转资金。

流动资金=流动资产−流动负债

流动资产是指企业可以在一年内或超过一年的一个营业周期内变现或者运用的资产，包括现金及各种存款、存货、应收及预付款项、短期投资等。

(1) 现金。指企业的库存现金，其中包括企业内部各部门周转使用的备用金。

(2) 各项存款。指企业的各种不同类型的银行存款。

(3) 应收账款。指企业因销售商品、提供劳务等，应向购货和受益单位收取的款项，是购货单位所欠企业的短期债务。

(4) 预付款。指企业按照购货合同规定预付给购货单位的购货定金或部分货款，以及企业预交的各种税、费等。

(5) 存货。指企业的库存材料、在产品、产成品和商品等。

(6) 短期投资。指企业购入的各种能随时变现、持有时间不超过一年的投资，包括不超过一年的股票、债券等。

流动负债是指将在一年(含一年)或者超过一年的一个营业周期内偿还的债务，包括短期借款、应付票据、预收账款、应付工资、应付福利费、应付股利、应交税金、其他暂收应付款项、预提费用和一年内到期的长期借款等。

2.1.3 投资的来源

建设项目的投资来源从国别上可分为国外投资和国内投资；从资金来源的性质可分为

投入资金和借入资金。其中投入资金形成建设项目的资本金，借入资金形成项目的负债。

资本金可以通过争取国家财政预算投资，发行股票，自筹资金及利用外资直接投资等方式获取，借入资金可能通过银行贷款、发行债券、设备租赁、国际金融组织贷款、国外商业银行贷款，吸收外国银行、企业和私人存款及利用出口信贷等渠道取得，如图 2-1 所示。

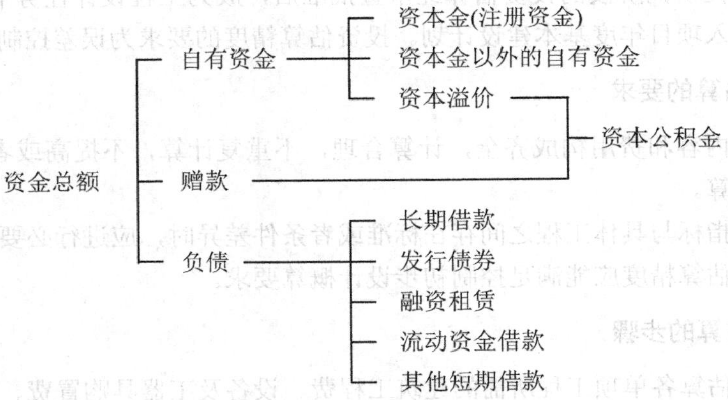

图 2-1　投资来源

2.1.4　投资的估算

投资的估算主要包括固定资产投资估算和流动资金的估算。固定资产投资的估算方法主要有扩大指标估算法和详细估算法两种。流动资金的估算方法主要有扩大指标法和分项详细法两种。

1. 我国项目投资估算的阶段划分与精度要求

在我国，项目投资估算是指在作初步设计之前各工作阶段均需进行的一项工作。在做工程项目初步设计之前，根据需要可邀请设计单位参加编制项目规划和项目建议书，并可委托具有相应资质的单位或设计单位承担项目的初步可行性研究、详细可行性研究及设计任务书的编制工作，同时应根据已明确的技术经济条件，编制和估算出精确度不同的投资估算额。我国建设项目的投资估算分为以下几个阶段。

1)　项目规划阶段的投资估算

建设项目规划阶段是指有关部门根据国民经济发展规划、地区发展规划和行业发展规化的要求，编制一个建设项目的建设规划。按项目规划的要求和内容，粗略地估计建设项目所需要的投资额。对投资估算精度的要求为允许误差大于±30%。

2)　项目建议书阶段的投资估算

在项目建议书阶段，是按项目建议书中的产品方案、项目建设规模、产品主要生产工艺、企业车间组成、初选建厂地点等，估算建设项目所需要的投资额。投资估算精度要求为误差控制在±30%以内。

3) 初步可行性研究阶段的投资估算

初步可行性研究阶段，是在掌握了更详细、更深入的资料的条件下，估算建设项目所需的投资额。投资估算精度要求误差控制在±20%以内。

4) 详细可行性研究阶段的投资估算

详细可行性研究阶段的投资估算经审查批准后，成为工程设计任务书中规定的项目投资限额，并列入项目年度基本建设计划。投资估算精度的要求为误差控制在±10%以内。

2. 投资估算的要求

(1) 工程内容和费用构成齐全，计算合理，不重复计算，不提高或者降低估算标准，不漏项、不少算。

(2) 选用指标与具体工程之间存在标准或者条件差异时，应进行必要的换算或调整。

(3) 投资估算精度应能满足控制初步设计概算要求。

3. 投资估算的步骤

(1) 分别估算各单项工程所需的建筑工程费、设备及工器具购置费、安装工程费。

(2) 在汇总各单项工程费用的基础上，估算工程建设其他费用和基本预备费。

(3) 估算价差预备费和建设期贷款利息。

(4) 估算流动资金。

(5) 综合确定投资估算造价。

4. 固定资产投资估算的确定方法

建设工程项目投资的估算方法取决于要求估算要达到的精确度。估算的精确度由项目前期研究阶段的不同以及资料数据的可靠性决定。因此在投资项目的不同前期研究阶段，采用不同的估算方法。项目规划和项目建议书阶段，投资估算的精度低，可采取简单的匡算法，如生产能力指数法、单位生产能力法、比例法、系数法、周转率法等。在可行性研究阶段尤其是详细可行性研究阶段，投资估算精度要求高，需要采用相对详细的投资估算方法，即指标估算法。

1) 单位生产能力估算法

依据调查的统计资料，利用相近规模的单位生产能力投资乘以建设规模，即得拟建项目投资。

$$C_2 = \frac{C_1}{Q_1} Q_2 f$$

式中：C_1——已建类似项目的静态投资额；

C_2——拟建项目的静态投资额；

Q_1——已建类似项目的生产能力；

Q_2——拟建项目的生产能力；

f——综合调整系数。

该方法把项目的建设投资与其生产能力的关系视为简单的线性关系，估算结果精确度较差。使用时要注意拟建项目与类似项目的可比性，否则误差很大。由于在实际工作中不易找到与拟建项目完全类似的项目，通常是把项目按其下属的车间、设施和装置进行分解，分别套用类似车间、设施和装置的单位生产能力投资指标计算，然后加总求得项目总投资。或根据拟建项目的规模和建设条件，将投资进行适当调整，计算项目的投资额。主要用于新建项目或装置的估算，十分简便迅速，但要求造价人员掌握足够的典型工程的历史数据，而且与单位生产能力的造价有关，并且必须是新建装置与所选取装置的历史资料相类似，仅存在规模大小和时间上的差异。

【例 2-3】 假定某地拟建一座2000套客房的豪华宾馆，另有一座豪华宾馆最近在该地竣工，且掌握了以下资料：有2500套客房，有门厅、餐厅、会议室、游泳池、夜总会、网球场等设施，总造价为6970万元。试估算新建项目的总投资。

解： 根据资料可知，

$$每套客房造价=\frac{已建成豪华宾馆总造价}{客房总套数}=\frac{6970}{2500}=2.788(万元/套)$$

因此，在同一个地方，且各方面有可比性的具有2000套客房的豪华宾馆的估算造价为

$$2.788\times2000=5576(万元)$$

单位生产能力估算法估算误差较大，可达±30%以上。此法只能是粗略地快速估算，在应用时，需注意以下几点。

(1) 地方性。一个项目建设在不同的地方，地方性差异主要表现为：①两地经济情况不同；②土壤、地质、水文情况不同；③增值部分的差异；④气候、自然条件的差异；⑤材料、设备的来源、运输状况不同。

(2) 配套性。任何工程项目，均需要许多配套装置和设施，可能产生差异，主要表现为：①工程项目除主要生产装置外，还有公用工程、辅助工程、厂外工程和生活福利工程等，这些工程的地方差异和工程规模的变化均各不同，它们并不与主体工程的投资额变化成严格的线性关系；②工程规模的变化，其内部结构并不一定会成相同比例变化。

(3) 时间性。工程建设项目的兴建，不一定是在同一时间建设，时间差异甚至达几年、十几年，在这段时间内可能发生的变化主要有以下几方面：①技术、标准方面(如技术的不断进步而引起流程、结构、设备等发生变化，客观情况对工程质量的要求的提高引起标准、规范发生变化，以及施工设备先进将引起劳动生产率发生变化等)的变化；②价格方面(如在消耗量不变的情况下，设备价格、建筑材料、劳动力价格、其他物资价格等)的变化。

在使用某种估价方法时，特别应用单位生产能力法估价时，必须考虑上述因素，以提高估算的精度和减少误差。

2) 生产能力指数法

$$C_2=C_1\left(\frac{x_2}{x_1}\right)^n C_f$$

式中：C_1——拟建项目或装置的投资额；

C_2——已建同类型项目或装置的投资额；

x_1——已建同类型项目的生产能力；

x_2——拟建项目的生产能力；

C_f ——价格调整系数；

n——生产能力指数。

上式表明造价与规模(或容量)是非线性关系，且单位造价(或容量)随工程规模的增大而减小。不同行业、性质、工艺流程、建设水平、生产率水平的项目，应取不同的指数值。选取 n 值的原则是：靠增加设备、装置的数量，以及靠增大生产场所扩大生产规模时，n 取 0.8～0.9；靠提高设备、装置的功能和效率扩大生产规模时，n 取 0.6～0.7；另外，拟建项目生产能力与已建同类项目生产能力的比值不能超过 50 倍，在 10 倍以内效果较好。生产能力指数法多用于拟建项目与已建项目的生产规模不同的情况下的生产装置投资估算。

【例 2-4】 2008 年某地动工兴建一个年产 6 亿粒药品的制药厂，已知 2003 年该地生产同样产品的某制药厂，其年产量为 1.5 亿粒。当时购置的工艺设备为 2200 万元，其生产能力指数为 0.8；根据统计资料，该地区平均每年物价指数为 105%。试估算年产 6 亿粒药品的生产工艺设备购置费。

解：$C_2 = C_1\left(\dfrac{x_2}{x_1}\right)^n C_f = 2200\times\left(\dfrac{60\,000}{15\,000}\right)^{0.8}\times(105\%)^5 = 8511.717$(万元)

所以，拟建年产 6 亿粒药品的制药厂的生产工艺设备购置费估算额为 8511.717 万元。

3)　资金周转率法

$$C=\frac{QP}{T}\qquad T=\frac{\text{年销售总额}}{\text{总投资}}$$

式中：C——拟建项目总投资；

Q——产品年产量；

P——产品单价；

T——资金周转率。

不同性质的工厂，或不同产品的车间装置，有不同的资金周转率。这种方法比较简单，计算速度快，但精确度较低，适用于规划或项目建议书阶段的投资估算。

4)　系数估算法

$$C=E\left(1+f_1P_1+f_2P_2+\cdots\right)+I$$

式中：C——拟建项目的投资额；

E——设备费；

$P_1, P_2, \cdots$——已建成项目的建筑安装及其他工程费用占设备费的百分比；

$f_1, f_2, \cdots$——由于时间因素引起的定额、价格、费用标准等变化的综合调整系数；

I——拟建项目的其他费用。

系数估算法也称为因子估算法，它是以拟建项目的主体工程费或主要设备费为基数，以其他工程费占主体工程费的百分比为系数估算项目总投资的方法。这种方法简单易行，但是精度较低，一般用于项目建议书阶段。系数估算法的种类很多，主要有设备系数法、主体专业系数法及朗格系数法。主要介绍设备系数法。

设备系数法，是以拟建项目的设备费为基数，根据已建成的同类项目的建筑安装费和其他工程费等占设备价值的百分比，求出拟建项目建筑安装工程费和其他工程费，进而求出建设项目总投资。

5) 综合指标估算法

综合指标估算法又称概算指标法，是依据国家有关规定，国家或行业、地方的定额、指标和取费标准以及设备和主材价格等，从工程费用中的单项工程入手，来估算初始投资。采用这种方法，还需要相关专业提供较为详细的资料，有一定的估算深度，精确度相对较高。

(1) 设备和工器具购置费估算。分别估算各单项工程的设备和工器具购置费，需要主要设备的数量、出厂价格和相关运杂费资料，一般运杂费可按设备价格的百分比估算。进口设备要注意按照有关规定和项目实际情况估算进口环节的有关税费，并注明需要的外汇额。主要设备以外的零星设备费可按占主要设备费的比例估算，工器具购置费一般也按占主要设备费的比例估算。

(2) 安装工程费估算。可行性研究阶段，安装工程费一般可以按照设备费的比例估算，该比例需要通过经验判定，并结合该装置的具体情况确定。安装工程费中含有进口材料的，也要注意按照有关规定和项目实际情况估算进口环节的有关税费，并注明需要的外汇额。安装工程费中的材料费应包括运杂费。安装工程费也可按设备吨位乘以吨安装费指标，或安装实物量乘以相应的安装费指标估算。条件成熟的，可按概算法估算。

(3) 建筑工程费估算。建筑工程费的估算一般按单位综合指标法，即用工程量乘以相应的单位综合指标估算，如单位建筑面积(每平方米)投资，单位土石方(每立方米)投资，单位矿井巷道(每千米)投资，单位路面铺设(每平方米)投资等。条件成熟的，可按概算法估算。

(4) 其他费用的估算。其他费用种类较多，无论采用何种投资估算分类，一般其他费用都需要按照国家、地方或部门的有关规定逐项估算。要注意随地区和项目性质的不同，费用科目可能会有所不同。在项目的初期阶段，也可以按照工程费用的百分数综合估算。

(5) 基本预备费估算。基本预备费以工程费用与其他费用之和为基数，乘以适当的基本预备费率(百分数)估算，或按固定资产费用、无形资产费用和其他资产费用三部分之和为基数，乘以适当的基本预备费率估算。预备费率的取值一般按行业规定，并结合估算深度确定。通常对外汇和人民币部分取不同的预备费率。

(6) 价差预备费估算。一般以分年工程费用为基数，分别估算各年的价差预备费，汇总，求得总的价差预备费。

(7) 建设期贷款利息估算。

① 贷款总额一次性贷出，且利率固定的贷款。

② 总贷款分年均衡发放，建设期贷款按当年借款在年中支用考虑，即当年贷款按半年计息，上年贷款按全年计息。

5. 流动资金估算方法

流动资金是指生产经营性项目投产后，为进行正常生产运营，用于购买原材料、燃料、支付工资及其他经营费用等所需的周转资金。流动资金估算一般是参照现有同类企业的状况采用分项详细估算法，个别情况或者小型项目可采用扩大指标估算法。

1) 分项详细估算法

对计算流动资金需要掌握的流动资产和流动负债这两类因素应分别进行估算。在可行性研究中，为简化计算，仅对存货、现金、应收账款和应付账款进行估算。

2) 扩大指标估算法

(1) 按建设投资的15%～20%计算。

(2) 按经营成本的一定比例估算。

(3) 按年销售收入的一定比例估算。

(4) 按单位产量占用流动资金的比例估算。

流动资金一般在投产前开始筹措。在投产第一年开始按生产负荷进行安排，其借款部分按全年计算利息。流动资金利息应计入财务费用。项目计算期末回收全部流动资金。

2.2 工程项目生产经营期成本费用

2.2.1 成本和费用的概念与意义

简而言之，成本(Cost)是商品生产中所耗费的活化劳动和物化劳动的货币表现，它保证简单再生产能够顺利进行下去，是将成本从价值的货币形态中划分出来的理论基础。

费用(Expense)有狭义与广义之分。狭义的费用概念将费用限定于获取收入过程中发生的资源耗费；广义的费用概念则同时包括了经营成本和非经营成本。我国现行制度采用的是狭义的费用概念，即企业为销售商品、提供劳务等日常活动所发生的经济利益的流出，包括计入生产经营成本的费用和计入当期损益的期间费用，即费用是指企业为承包工程、销售商品、提供劳务等日常活动所发生的经济利益的流出。

成本和费用可以综合反映企业生产经营活动的管理水平、技术水平、资金利用效率、劳动生产率等。掌握了工程项目生产的成本和费用，对于改进经营管理工作、降低工程成本、提高经济效益有着重要意义。

2.2.2 成本和费用的联系与区别

1. 联系

成本和费用的联系在于：①企业一定时期(月，季，年)内所发生的费用是构成产品成本的基础，产品成本是企业为生产一定种类和数量的产品所发生的生产费用的归集，是对象化了的费用，二者在经济内容上是一致的，都是企业除偿债性支出和分配性支出以外的支出的构成部分；②费用和成本都是企业为达到生产目的而发生的支出，都需要企业生产经营过程中实现的收入来补偿；③费用和成本在一定情况下可以相互转化。如，产品成本在销售以前是以其制造成本列为资产，在销售以后其制造成本转化为当期费用。

2. 区别

成本和费用的区别为：费用一般与一定的会计期间相联系，而成本一般与一定种类和数量的具体产品相关联，而不论费用是否发生在当期。企业在一定会计期间发生的费用构成企业本期完工产品的成本，但是本期完工的产品成本并不都是由本期发生的费用组成的，它可能包括以前期间所发生而由本期产品负担的费用，如待摊销费；也可能包括本期尚未发生，但应由本期产品成本负担的费用，如预提费用。另外，企业本期投入生产的产品，本期不一定完工；本期完工的产品成本，也可能是以前期间投入生产的。因此，本期完工产品的成本可能还包括部分期初结转的未完工产品成本，即以前期间所发生的费用。同样，本期发生的费用也不都形成本期完工产品成本，它还包括一些结转到下期的未完工产品上的支出，以及一些不由具体产品负担的期间费用。期间费用包括营业费用、管理费用和财务费用。企业一定要合理划分期间费用和成本的界限，期间费用应当直接计入当期损益，冲减当期实现的收入。同时企业还应当将已销售的产品或已提供的劳务的成本转入当期费用，直接冲减当期实现的收入；而没有销售的产品成本不能转化成当期费用，就不能冲减当期实现的收入。

2.2.3　总成本

总成本(Total Cost)费用是指工程项目在一定时期内(一年内)为生产和销售产品而耗费的全部成本。总成本费用包括生产成本和期间费用，生产成本又包括直接材料、直接工资、其他直接支出及制造费用；期间费用包括管理费用、财务费用、营业费用，如图 2-2 所示。

- 总成本费用
  - 生产成本
    - 直接材料
    - 直接工资
    - 其他直接支出
    - 制造费用
  - 期间费用
    - 管理费用
    - 财务费用
    - 营业费用

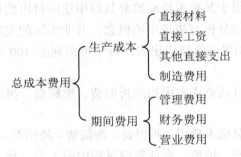

图 2-2　总成本费用

2.2.4　工程产品成本的分类

1. 按成本的作用划分

工程经济分析中，最常用的就是按成本的作用将工程产品成本划分为预算成本、计划成本和实际成本。

(1)　工程预算成本是根据已完工(或已结算)工程实物量和预算单价等资料计算的工程成本。

(2) 计划成本是在工程项目建设施工前预计将会发生的成本总额。

(3) 实际成本是将工程施工过程中发生的施工费用，按各项成本项目进行归集和分配，从而计算出各个工程项目在一定时期及自开工至竣工期间所发生的工程成本。

在这三种成本中，预算成本用于控制工程成本最高限额，以其作为中间结算的依据，同时作为工程供工、料和作为考核工程活动的经济效果、降低工程成本的依据。计划成本反映的是企业的成本水平，是企业内部进行经济评价和考核工程经济活动效果的依据。实际成本和计划成本比较，可作为企业内部考核的依据，能较准确地反映工程活动和企业经营管理水平。

2. 按成本与工程量的习性划分

按成本与工程量的习性，可分为固定成本和变动成本。

(1) 固定成本。是指成本总额在一定时期和一定产量范围内，不受产量增减变动影响的成本。如固定资产折旧费等。在实践中，固定成本还可以根据其支出数额是否能改变，进一步分为酌量性固定成本和约束性固定成本两类。

(2) 变动成本。凡成本总额随着产量变化而变化的成本叫作变动成本，如直接工人的工资、直接材料费用等。

3. 按经营决策的需要划分

按经营决策的需要，成本可分为边际成本、机会成本、经营成本和沉没成本。

(1) 边际成本是指在一定产量水平上，产量增加一个单位，给总成本带来多大变化。

边际成本=成本增量/产量增量

(2) 机会成本是资源用于某种用途而放弃其他用途所付出的代价。机会成本和财务管理上的成本不同，它是经济分析与决策中的概念，并非实际的支出或收益。比如：甲用自己的钱 1000 元办工厂，如果这笔钱借出去，每年可得利息 100 元，则甲的机会成本就是 100 元。

(3) 经营成本是指项目从总成本中扣除折旧费、维简费、摊销费和利息支出以后的成本，即

经营成本=总成本费用－折旧费－维简费－摊销费－利息支出

经营成本涉及产品生产、销售，企业管理过程中的人力、物力投入，能准确地反映企业的生产和管理水平，与同类产品(服务)的生产企业具有可比性，是经济分析的重要指标。

经营成本中不包括折旧费、维简费、摊销费和贷款利息的原因如下。

① 现金流量表反映项目在计算期内逐年发生的现金流入和流出。与常规会计方法不同，现金收支何时发生，就何时计算，不作分摊。由于投资已按其发生的时间作为一次性支出被计入现金流出，所以不能再以折旧费、维简费和摊销费的方式计为现金流出，否则会发生重复计算。因此，作为经常性支出的经营成本中不包括折旧费和摊销费，同理也不包括维简费。

② 因为全部投资现金流量表以全部投资作为计算基础，不分投资资金来源，利息支出不作为现金流出，而自有资金现金流量表中已将利息支出单列，因此经营成本中也不包

括利息支出。

(4) 沉没成本是指有的成本不因决策而变化(即与决策无关的成本)，那么这种成本就是沉没成本。例如，一个项目过去的投资对于现在的投资决策就是沉没成本。经济学上在进行投资决策时常以沉没成本为出发点，不考虑过去实际发生的损益情况。

2.2.5 降低工程成本的途径

工程成本是一项综合性指标。影响工程成本的因素很多，其中有企业内部的因素，也有外部的因素。从外部因素来说，主要是工程任务能否饱满，地区供应材料能否饱满等。从内部因素来说，主要是材料消耗的节约情况，施工组织和劳动组织的合理与否，机械设备的利用情况，以及费用开支是否节约等。事实证明，决定企业工程成本高低的主要因素，是企业主观努力的程度和企业管理水平的高低，即使在外部条件较差的情况下，只要企业切实改进经营管理，深入挖掘内部潜力，仍能在降低成本方面取得较好的成绩。工程成本指标能反映施工企业的经营活动成果，是评定企业工作质量的一个综合指标，其主要的降本途径有以下几个方面。

(1) 科学地组织工程成本控制，可以用较少的物化劳动和活化劳动耗费，取得较大的经济效益，不断降低工程成本，提高企业的管理水平。工程成本是现代化管理工作中的重要环节，是落实工程成本目标、实现工程成本计划的有力保证。工程成本控制是指企业在施工经营过程中，按照既定的工程成本目标，对构成工程成本的一切耗费进行严格的计算、考核和监督，及时揭示偏差，并采取有效措施，纠正不利差异，发展有利差异，使工程成本被限制在预定的目标范围之内。

(2) 要有效地控制工程成本，必须建立健全责任成本制度。责任成本制度是在企业内部按施工经营组织系统，确定成本责任层次，建立责任成本中心，并按责任归属传递、控制考核报告工程成本信息，从而把工程成本责任落实到各部门、各层组织和执行人，按照经营决策所规定的成本目标，进行控制和考核的一种经济责任制度。责任成本制度的建立，对工程成本控制起到不可缺少的辅助作用，从而达到降低工程成本的目的。

(3) 加强材料管理，节约材料费用。材料在工程成本中占最大的比重，节约材料费用，对降低成本有着十分重要的作用。随着装配化程度的不断提高，材料费在工程成本中的比重还要增大，因此，大力节约主要材料、结构件、周转材料、其他材料的耗费，降低采购成本，对于降低工程成本有着非常重要的意义。但在目前不少施工企业，由于盲目采购、大量积压、保管不妥、损坏变质、大材小用、整材零用而造成材料损失和浪费等现象仍然相当严重，在降低工程成本方面，还大有潜力可挖。为了节约材料费，必须在材料采购、运输、保管、使用以及回收等各个环节，采取有效措施。

工程成本中材料费的高低，首先取决于采购、运输过程中材料采购成本的高低。采购材料不仅要注意材料的质量和规格，同时必须从价格和分批采购数量上加以精打细算。

① 要贯彻执行“合理储备”的原则，避免因积压而引起的损失浪费，为此，必须建立逐级按工程任务编制要料计划、按要料计划编制供应计划、再按供应计划编制采购计划，

严格遵守采购计划的制度，克服盲目分散采购的现象，采购之前，必须摸清材料供应情况，做到比物比价、分批采购、陆续备料。

② 要根据“就地取材”原则，节约材料采购成本。

另外，要充分了解运输条件，注意场外和场内运输配合与衔接，尽可能地缩短运距，利用经济有效的运输方法，减少中转环节。根据工程进度，随时掌握供应计划，严格控制进场材料，防止到料过多造成大批退料的转运损失。在材料构件运输装卸过程中，要力求减少材料磨损，防止断裂损失。对运来的材料，要加强验收，防止材料短缺，质量不符合要求。在保管过程中，要根据材料的物理、化学性质进行科学合理存储，防止变质和损耗。

(4) 提高劳动生产率，降低工资费用，可以减少单位工程用工，增加单位时间内完成的工程数量。这样不仅能够减少单位工程成本中的人工费，而且还可相应地降低其他费用。因为在间接费用中，大部分费用如施工单位管理人员工资、福利费、办公费、差旅交通费、折旧费等的总额，是比较固定的，它们不是与工程数量成比例变动，当劳动生产率提高而使完成工程数量增加时，这部分费用分摊到单位工程成本上的数额就随之减少。

(5) 提高机械设备利用率，降低机械使用费。提高机械设备利用率，就是最有效地利用施工机械运输设备，充分发挥现有机械设备效能，从而减少单位工程成本中的折旧费和其他机械使用费。

(6) 减少工程返工损失。工程返工就会造成人力、物力的浪费，消灭工程返工事故对降低工程成本有着十分重要的意义。为此，施工企业必须不断提高工人的施工技术水平，改进施工工艺和操作方法，严格执行工程质量检查验收制度。同时，必须注意按图施工，防止砼捣厚，防止基础挖深、垫层加厚等造成人力物力浪费的行为。

(7) 节约间接费用。为了节约工程成本中的间接费用，企业必须：①认真贯彻执行勤俭办企业的方针，发挥艰苦奋斗的作风，处处精打细算，严格防止间接费亏损。②不断提高工作效率，精减管理人员，合理降低非生产人员的比重。③制定各项费用开支定额，实行费用分管，并严格执行各项费用开支标准，遵守国家财政纪律，节约一切可以节约的费用开支。

以上是从一般情况来说明施工企业内部降低工程成本的几个主要途径。在实际工作中，由于每个企业的工程特点、技术装备以及施工工艺、施工组织不同，在降低工程成本的方法上，侧重点也是不同的。因此，必须根据本单位的工程特点和具体条件，结合各个时期的实际情况，采取适当的措施，才能取得良好的效果。

2.3 收入和销售税金及附加

2.3.1 收入

产品销售收入(Income)是指建设项目提供劳务或建成投产后销售产品取得的收入，主要包括产品销售收入和其他销售收入。产品销售收入包括销售成品、半成品、自制半成品、提供工业性劳务等取得的收入；其他销售收入包括材料销售、资产出租、外购商品销售、无形资产转让及提供非工业性劳务等取得的收入。

销售收入的计算公式为

$$S=\sum_{i=1}^{n} P_i \cdot X_i$$

式中：S——销售收入；
　　P_i——第 i 种产品单位售价；
　　X_i——第 i 种产品销售量。

对于施工企业而言，其收入是指企业承包工程、销售商品、提供劳务、让渡资产使用权等日常活动中所形成的经济利益的总流入。收入可按不同的标准进行分类。

(1) 按照收入和性质分类。分为工程结算收入、商品销售收入、劳务收入、让渡资产使用权收入等。

(2) 按企业经营业务的主次分类。可以分为主营业务收入和其他业务收入。不同行业的主营业务收入所包含的内容不同，施工企业的主营业务收入主要是建造合同收入，而其他业务收入主要包括销售商品、销售材料、提供机械作业和运输作业、出租固定资产、出租无形资产等取得的收入。主营业务收入一般占企业收入的比重比较大，对企业的经济效益产生的影响也比较大。

2.3.2 销售税金及附加

1. 销售税金及附加

税金(Tax)是国家凭借其政治权力，用法律强制手段，参与国民收入的分配与再分配的一种形式。税金是国家依法向有纳税义务的单位或个人征收的财政资金。工程项目应按规定计算并交纳税金，税金在经济分析中是一种现金流出，在国民经济分析中是一种转移支付。

销售税金及附加是指建设项目生产经营期内销售产品(营业或提供劳务)而发生的营业税、消费税、资源税、城市维护建设税及教育费附加。销售税金及附加根据国家税法规定的税目、税率、税种、计税依据估算项目投资后每年产品销售所应缴纳的各种税金。现行税收制度包括几十个税种，企业缴纳的税收主要有流转的增值税、营业税和消费税，所得税类的企业所得税和外商投资企业及外国企业所得税等。

2. 增值税

增值税是以生产、经营、进口应税商品和应税劳务的增值额作为征税对象的一种税。

增值税应纳税额=当期销项税额-当期进项税额

销项税=运营销售收入×适用税率

进项税=运营外购原材料、燃料和动力等支出×适用税率

3. 企业所得税

企业所得税是指国家对境内实行独立经营核算的各类企业，来源于我国境内、境外的

生产、经营所得和其他所得依法征收的一种税。

纳税人应纳所得税额，是按应纳税所得额和适用税率计算。

应纳税额=应纳税所得额×适用税率(如 25%)

2.3.3 销售收入、总成本费用及利润、税金各要素之间的关系

对于一般工程项目而言，销售收入、总成本费用、利润和税金之间的关系如下

销售利润=销售净额－销售成本－销售费用－销售税金及附加

其中：

销售净额=产品销售总额－(销货退回＋销货折扣与折让)

营业利润=销售利润＋其他业务利润－期间费用

期间费用=销售费用＋管理费用＋财务费用

销售税金及附加是指营业税、资源税、城市维护建设税与教育费附加等。

利润总额=营业利润＋投资收益＋营业外收入－营业外支出

净利润=销售利润－所得税额

建筑工程项目销售收入、总成本费用、利润和税金之间的关系为

工程结算利润=工程结算收入－工程实际成本－工程结算税金及附加

营业利润=工程结算利润－期间费用

利润总额=营业利润＋投资收益＋营业外收入－营业外支出

净(税后)利润=利润总额－所得税额

2.4 固定资产折旧

2.4.1 固定资产的管理

1. 固定资产的概念

固定资产(Fixed Assets)是指使用期限较长，单位价值较高，并且能在使用过程中保持原有实物形态的资产。对于生产经营中使用的固定资产，只要使用期限在一年以上，就可以认为是固定资产，而对单位价值不加以限制；对于非生产经营领域中使用的固定资产，期限要长于两年，单位价值在 2000 元以上，两个条件同时满足才能被认定是固定资产。

2. 固定资产的分类

1) 按照固定资产的使用情况，可分为以下三种

(1) 使用中的固定资产。包括季节性停用和大修理停用的固定资产，也包括经营性租出的固定资产。

(2) 未使用的固定资产。指已经完工但尚未交付使用的固定资产。

(3) 不需用的固定资产。指本企业多余或不适用的固定资产。

2) 综合分类

(1) 生产经营用固定资产。

(2) 非生产经营用固定资产。

(3) 租出固定资产。

(4) 不需用固定资产。

(5) 未使用固定资产。

(6) 土地：指过去已经估价单独入账的土地，不提折旧。

(7) 融资租入固定资产。

3) 按固定资产的所有权划分

(1) 租入固定资产。

① 融资租入固定资产。视为自有固定资产计提折旧(实质重于形式)。

② 经营租入固定资产。不计提折旧。

(2) 自有固定资产，指拥有所有权的固定资产，计提折旧。

4) 按经济用途划分

按固定资产的经济用途，可分为生产经营用固定资产和非生产经营用固定资产。

2.4.2 固定资产折旧

1. 折旧的概念

折旧是指在固定资产的使用过程中，随着资产损耗而逐渐转移到产品成本费用中的那部分价值。折旧费计入成本费用是企业回收固定资产投资的一种手段。按照国家规定的折旧制度，企业把已发生的资本性支出转移到产品成本费用中去，然后通过产品的销售，逐步回收初始的投资费用。固定资产折旧是指固定资产在使用过程中，由于损耗而逐渐转移到成本、费用中去的那部分价值。固定资产的损耗分为有形损耗和无形损耗两种。有形损耗指固定资产在使用过程中由于使用和自然力的影响而引起的使用价值和价值上的损耗；无形损耗指由于科学技术进步、劳动生产率的提高而使原有固定资产继续使用已不经济或其生产出的产品已失去竞争力而引起的价值损失。

2. 折旧的性质

固定资产长期参与生产经营而保持原有形态不变，其价值不是一次性转入产品成本或费用，而是随着固定资产的使用逐渐转移的，转移的价值就是通过计提折旧的形式，形成折旧费用，计入各期成本费用，并从当期收入中得到补偿。因此折旧是对固定资产由于损耗而转移到产品成本或企业费用部分价值的补偿。从本质上讲，折旧也是一种费用，只不过这一费用没有在计提期间付出实实在在的货币资金，属于非付现费用。不提折旧或不正确地计提折旧，都将对企业计算产品成本(或营业成本)和计算损益产生错误影响。所以，正确地计提折旧很有必要。

3. 影响折旧的因素

固定资产折旧的过程，实际上是一个持续的成本分配过程，即公司采用合理而系统的分配方法将固定资产的取得成本(原始成本)逐渐分配至各受益期。企业计算各期折旧额的依据或者说影响折旧的因素主要有以下三个方面。

1) 固定资产原价

企业会计准则规定，企业的固定资产折旧，以固定资产账面原价为计算依据。

2) 固定资产的净残值

固定资产的净残值是指固定资产报废时预计可以收回的残值收入扣除预计清理费用后的数额。固定资产的账面原价减去预计净残值即为固定资产应提折旧总额。

由于在计算折旧时，对固定资产的残余价值和清理费用只能人为估计，就不可避免存在主观性。为了避免人为调整净残值的数额从而人为地调整计提折旧额，根据我国现行企业财务制度的规定，固定资产的预计净残值一般应在固定资产原值的3%～5%，由企业自行确定；由于特殊情况，需调整残值比例的，应报主管财政机关备案。

$$固定资产净残值=残余价值-预计清理费用=固定资产原值\times 净残值率$$

3) 预计使用年限

固定资产预计使用年限是指固定资产预计经济使用年限，即折旧年限，它通常短于固定资产的实物年限。以经济使用年限作为固定资产的折旧年限，是因为企业在计算折旧时，不仅需要考虑固定资产的有形损耗，还要考虑固定资产的无形损耗。由于固定资产的有形损耗和无形损耗也很难估计得准确，因此，固定资产的使用年限也只能预计，同样具有主观随意性。企业应根据国家的有关规定，结合本企业的具体情况合理地确定折旧年限，作为计算折旧的依据。

4. 计提折旧的范围

计算折旧要明确哪些固定资产应当提取折旧，哪些固定资产不应当提取折旧。具体讲，应计提折旧的固定资产包括以下几种。

(1) 房屋和建筑物。

(2) 机器设备、仪器仪表、运输工具。

(3) 以经营租赁方式租出的固定资产。

(4) 以融资租赁方式租入的固定资产。

对上述第(1)、(2)类固定资产，无论是否使用，都会发生有形损耗或无形损耗，故都应计提折旧。对上述第(3)类固定资产，因所有权仍属于出租方，其原始价值仍在出租方计提折旧的固定资产账面中反映，故应属计提折旧的范围。对上述第(4)类固定资产，虽然从其法律形式上看，承租方未取得该项资产的所有权，但从交易的实质内容看，租赁资产上的一切风险和报酬都已转移给承租方，根据实质重于形式的原则，该类资产作为承租方的资产计价入账，故应属计提折旧的范围。

不提折旧的固定资产包括以下几种。

(1) 已提足折旧继续使用的固定资产。

(2) 未提足折旧提前报废的固定资产。

(3) 以经营租赁方式租入的固定资产。

(4) 在建工程项目交付使用之前的固定资产。

(5) 按规定单独估价作为固定资产入账的土地。

5. 固定资产折旧的方法

由于折旧率和折旧基数的确定方法不同，折旧的方法也不同，目前我国会计上常用的有平均年限法、工作量法、双倍余额递减法、年数总和法等。下面主要介绍平均年限法、工作量法及年数总和法。

1) 平均年限法

平均年限法又称直线法，是根据固定资产的原值、预计净残值率和规定的预计使用年限平均计算固定资产折旧额的一种方法。采用这种方法计算的每期折旧额均是等额的。

折旧率的计算方法(折旧率包括个别折旧率、分类折旧率、综合折旧率)如表 2-2 所示。

表 2-2 折旧率计算方法表

方 法	定 义	公 式
个别折旧率	折旧率按个别固定资产单独计算，即某项固定资产在一定期间的折旧额与该项固定资产原价的比率	年折旧额=(固定资产原值 − 预计净残值)/预计使用年限 年折旧率=年折旧额/固定资产原值 =(1 − 预计净残值率)/预计使用年限 × 100% 月折旧率=年折旧率÷12 月折旧额=固定资产原价 × 月折旧率
分类折旧率	指固定资产分类折旧额与该类固定资产原价的比率，采用这种方法，应先把性质、结构和使用年限接近的固定资产归为一类，再按类计算平均折旧率，用该类折旧率对该类固定资产折旧；优点是计算方法简单，但准确性不如个别折旧率	某类固定资产年分类折旧率 = 该类固定资产折旧额之和/该类固定资产原值之和
综合折旧率	现行制度规定一般不得使用	

【例 2-5】 某固定资产的原价 20 000 元，预计使用年限为 5 年，预计净残值 200 元。按直线法计算折旧。

解：

$$年折旧率 = (1-200\div 20\ 000)\div 5\times 100\% = 19.8\%$$

$$年折旧额 = 20\ 000\times 19.8\% = 3960(元)$$

采用年限平均法计算固定资产折旧虽然比较简单，但它也存在着一些明显的局限性。首先，固定资产在不同使用年限提供的经济效益是不同的。一般来讲，固定资产在其使用前期工作效率相对较高，所带来的经济利益也较多；而在其使用后期，工作效率一般呈下降趋势，因而所带来的经济利益也就逐渐减少。平均年限法不考虑这一事实，明显不合理。其次，固定资产在不同的使用年限发生的维修费也不一样，固定资产的维修费用将随其使用时间的延长而不断增大，而年限平均法也没考虑这一因素。

当固定资产各期的负荷程度相同，各期应分摊相同的折旧费，这时采用年限平均法计算折旧是合理的。但是，若固定资产各期负荷程度不同，采用年限平均法计算折旧时，则不能反映固定资产的实际使用情况，提取的折旧数与固定资产的损耗程度也不相符。

2) 工作量法

工作量法是指根据设备实际工作量计提折旧的一种方法。这种方法弥补平均年限法只重时间、不考虑使用强度的缺点。工作量法主要包括以下三种方法：行驶里程折旧法、工作台班折旧法、工作时数折旧法。

(1) 行驶里程折旧法。是根据运输设备实际行驶的里程计算各期折旧额的方法。它只适用于运输设备。其计算公式为

$$\text{单位里程折旧额}=\frac{\text{固定资产原值}\times(1-\text{预计净残值率})}{\text{预计的总行驶里程数}}$$

$$\text{月折旧额}=\text{月实际行驶里程}\times\text{单位里程折旧额}$$

【例 2-6】 某公司有一辆运输汽车，原值为 150 000 元，预计净残值率 5%，预计总行驶里程为 600 000km，当月行驶 5000km，则月计提折旧额是多少？

解： $\text{单位里程折旧额}=150\,000\times(1-5\%)\div600\,000=0.2375(\text{元/km})$

$\text{本月折旧额}=5000\times0.2375=1187.50(\text{元})$

(2) 工作台班折旧法。是指以固定资产实际工作的台班数计算各期折旧额的方法，主要适用于大型建筑工程机械等按工作台班计算工作量的固定资产。计算公式为

$$\text{每台班折旧额}=\frac{\text{固定资产原值}\times(1-\text{预计净残值率})}{\text{预计的总工作台班数}}$$

$$\text{月折旧额}=\text{月实际工作台班数}\times\text{每台班折旧额}$$

(3) 工作时数折旧法。是指根据固定资产实际工作的小时数量计算各期折旧额的方法，主要适用于加工、修理设备等按工作小时数计算工作量的固定资产。其计算公式为

$$\text{每工作小时折旧额}=\frac{\text{固定资产原值}\times(1-\text{预计净残值率})}{\text{预计的总工作小时数}}$$

$$\text{月折旧额}=\text{月实际工作小时数}\times\text{每工作小时折旧额}$$

工作量法也是直线法的一种，只不过不是以时间来计算折旧额，而是以工作量来计算。其优点是简单明了，容易计算，而且计算的折旧额与固定资产的使用程度相联系，符合配比原则，充分考虑了固定资产有形耗损的影响；其缺点是忽视了无形损耗对固定资产的影响，同时，在实务中要准确地预计固定资产的总工作量也存在困难。

3) 年数总和法

年数总和法又称合计年限法，是以固定资产的原值减去净残值后的净额为基数，以一个逐年递减的分数为折旧率，计算各年固定资产折旧额的一种方法。这种方法的特点是，计提折旧的基数是固定不变的，折旧率依据固定资产的使用年限来确定，且各年折旧率呈递减趋势，所以计算出的年折旧额也呈递减趋势。

计算时，折旧率的分子代表固定资产尚可使用的年数，分母代表使用年数的逐年数字总和。计算公式为

年折旧率=(预计的使用年限-已使用年限)/年数总和×100%

年数总和=预计的折旧年限×(预计的折旧年限＋1)/2

月折旧率=年折旧率÷12

年折旧额=(固定资产原值-预计净残值)×年折旧率

月折旧额=(固定资产原值-预计净残值)×月折旧率

【例 2-7】 某公司购入设备一台，原值 60 000 元，预计净残值率为 5%，预计使用 5 年，采用年数总和法计算固定资产折旧。

解： 该项资产各年计提折旧的基数为$6000\times(1-5\%)=57\ 000$(元)，年折旧率的分母计算为$1+2+3+4+5=15$或根据公式$5\times(1+5)/2=15$，每年的折旧额计算如表 2-3 所示。

表 2-3　折旧计算表　　元

年次	原值-净残值	折旧率	折旧额	累计折旧额	期末账面净值
1	57 000	5/15	19 000	19 000	41 000
2	57 000	4/15	15 200	34 200	25 800
3	57 000	3/15	11 400	45 600	14 400
4	57 000	2/15	7 600	53 200	6 800
5	57 000	1/15	3 800	57 000	3 000

2.5　建设产品的利润

2.5.1　建设产品利润的概念

利润(Profit)是企业在一定时期内从事生产经营活动所取得的财务成果，它能够综合地所映企业的生产经营各方面的情况。通常用利润总额和利润率来反映企业的水平。利润总额包括销售利润、投资收益和营业外收支净额，即实现利润(利润总额)=销售利润＋投资净收益＋营业外收支净额；利润率是一定时期利润额与相关指标的比率，用来反映工程项目经济效益的综合水平，企业利润率主要包括四种，即产值利润率、销售利润率、成本利润率、资本金利润率。

2.5.2　产品利润的意义

利润的最大化是企业经营者的主要目标，是项目经营目标的集中体现和项目在一定时期内的经营净成果，只有获取符合一定要求的利润，企业才可以持续发展。根据经济分析的需要，利润指标主要有销售利润、产品销售利润、其他销售利润、利润总额。它们的关系式为

销售利润=产品销售利润＋其他销售利润-管理费用及财务费用

产品销售利润=产品销售收入-产品销售成本-产品销售费用-产品销售税金及附加

其他销售利润=其他销售收入-其他销售成本-其他销售税金及附加

利润总额=销售利润＋投资净收益＋营业外收支净额

2.5.3 建设产品利润的来源及计算

对于工程项目来讲，利润的构成是相对简单的。按现行财务制度规定，建筑企业的产品利润即工程结算利润，是建筑施工企业的劳动者为社会和集体劳动创造的价值，计算公式为

工程结算利润=工程价款收入－工程实际成本－工程结算税金及附加

营业利润=工程结算利润＋其他业务利润

利润总额=营业利润＋投资收益＋营业外收支净额＋补贴收入

式中，工程结算利润指企业向工程发包方办理工程价款结算而形成的利润，等于施工企业已结算的价款收入减去结算工程的实际成本和流转税金及附加后的余值；工程价款收入除包括预算价格中的直接工程费、间接费、计划利润和税金外，还包括工程索赔收入、向发包单位收取的临时设施基金、劳动保险基金和施工机构调遣费等；其他业务利润是指其他业务收入减去其他业务成本及应负担的税金及附加后的净值；投资收益主要指对外投资所得的股利、债券利息、所分利润等；营业外收入指与企业营业收入相对应的，和企业的生产经营活动没有因果关系，但与企业有一定的联系的收入；营业外支出指与企业生产经营没有直接关系，但却是企业必须负担的各项支出，如固定资产盘亏、非季节性停工损失、赔偿金、违约金等；补贴收入是施工企业收到的各种补贴收入，包括国家拨入的亏损补贴、退还的增值税等。

2.5.4 利润的分配

利润分配是指对企业实现的净利润，按规定在企业、职工和投资者之间的分配。施工企业实现的净利润应按照国家有关法规的规定进行分配，分配的基本程序如下。

(1) 弥补企业以前的年度亏损。企业发生的年度亏损，可以用下一年度的税前利润弥补；下一年度利润不足弥补的，可以在五年内延续弥补；如延续五年未弥补完，用税后利润弥补。

(2) 提取法定盈余公积金。法定公积金按照税后利润和扣除税后弥补亏损后的余额的10%提取，法定盈余公积金达到注册资本的50%时可不再提取。

(3) 提取法定公益金。公益金的计提基数与法定盈余公积金相同，计提比例为5%～10%。

(4) 向投资者分配利润。企业实现的净利润在扣除上述项目后，再加上期初未分配利润，即为提供投资者分配的利润，企业可按投资各方的出资比例分配给各投资者。

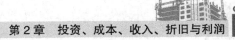

股份制企业在提取法定公益金后，可供投资者分配的利润，还应按下列顺序分配：①应付优先股股利；②提取任意盈余公积金；③应付普通股股利；④转作资本(或股东)的普通股股利。

可供投资者分配的利润，在经过上述分配后即为未分配利润(或未弥补亏损)。未分配利润可留待以后年度进行分配。企业如发生亏损，可以按规定由以后年度利润进行弥补。

思考题与习题

1. 成本的分类和构成是什么？
2. 利润的组成以及分类有哪些？
3. 工程投资费用的组成是什么？
4. 固定资产的分类和折旧形式是什么？
5. 固定资产的投资估算方法有哪些？
6. 某固定资产的原价 18 000 元，预计使用年限为 8 年，预计净残值 200 元。按直线法计提折旧。
7. 某公司购入设备一台，原值 50 000 元，预计使用 5 年，预计净残值 2000 元。采用年数总和法计算固定资产折旧。

第3章　现金流量的构成与资金时间价值计算

本章学习目标

- 掌握现金流量的概念，能够正确绘制现金流量图；
- 理解单利和复利的区别；
- 掌握资金等值、资金的时间价值的概念；
- 掌握资金等值的计算。

3.1　现金流量的概念及构成

工程项目建设和生产运营的目的，是为了通过投入资本、劳务、技术等生产要素，向社会提供有用的物品或服务。工程经济分析的任务就是要根据所考察系统的预期目标和所拥有的资源条件，分析该系统的现金流量情况，对工程项目进行经济评价，或选择合适的技术方案，以获得最佳的经济效果。这就需要用货币量化工程项目的投入和产出，通过分析比较投入与产出的经济价值来判断工程项目的效益。因此，分析工程项目投入和产出的经济价值是工程经济分析最重要的基础工作，也是正确计算工程项目经济效果评价指标的前提。

3.1.1　现金流量

在进行工程经济分析时，可把所考察的对象视为一个系统，这个系统可以是一个工程项目，也可以是一个企业。而投入的资金、花费的成本、获取的收入，均可看成是以货币形式体现的该系统的资金流出或资金流入。这种考察对象在一定时期各时点上实际发生的资金流出或资金流入称为现金流量(Cash Flowing)。其中流出系统的资金称为现金流出(Cash Out)，一般表现为该系统的支出；流入系统的资金称为现金流入(Cash Income)，一般表现为系统的收入；现金流入与现金流出之差称之为净现金流量(Net Cash Flowing)或净收益。

现金流量的内涵和构成随工程经济分析的范围和经济评价方法的不同而不同。在对工程项目进行财务评价时，使用从项目的角度出发，按现行财税制度和市场价格确定的财务现金流量。在对工程项目进行国民经济评价时，使用从国民经济角度出发，按资源优化配置原则和影子价格确定的国民经济效益费用流量。

3.1.2　现金流量图

对于一个经济系统，其现金流量的流向(支出或收入)、数额和发生时点都不尽相同，为了正确地进行经济效果评价，有必要借助现金流量图来进行分析。所谓现金流量图就是一种反映经济系统资金运动状态的图示，即把经济系统的现金流量绘入一个时间坐标图中，表示出各现金流入、流出与相应时间的对应关系，如图 3-1 所示。

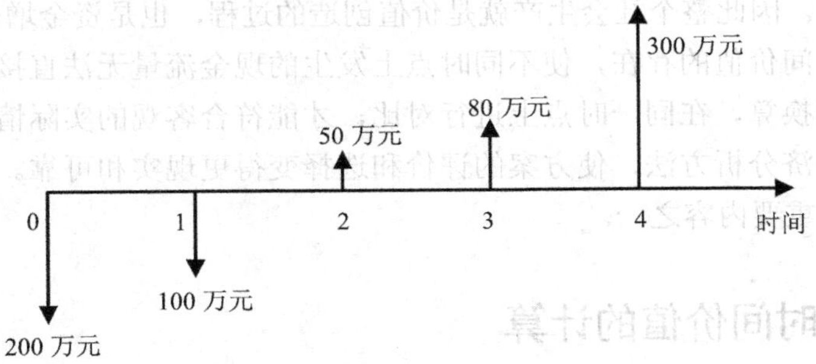

图 3-1　现金流量图

现以图 3-1 说明现金流量图的作图方法和规则：

(1)　横轴为时间轴，轴上分布的是时点坐标；如：第一年，第二年，第三年，……；或第一个月，第二个月，……；等等。

(2)　垂直向上的箭杆代表某一时点的现金流入量；如图 3-1，该图上显示某项目在第 2、3、4 年年末的现金流入量分别为 50 万元、80 万元和 300 万元。

(3)　垂直向下的箭杆代表某一时点的现金流出量；如图 3-1 显示某项目在期初和第 1 年年末的支出分别为 200 万元、100 万元。

(4)　箭杆长度与现金流量数值大小本应成比例。但由于经济系统中各时点现金流量的数额常常相差悬殊而无法成比例绘出，故在现金流量图绘制中，箭杆长短只是示意性地体现各时点现金流量数额的差异，并在各箭杆上方(或下方)注明其现金流量的数值即可。

(5)　箭杆与时间轴的交点即为现金流量发生的时点。

从上述可知，要正确绘制现金流量图，必须把握好现金流量的三要素，即现金流量的大小(资金数额)、方向(资金流入或流出)和作用点(资金的发生时点)。

3.2　资金的时间价值

3.2.1　资金时间价值

在工程经济分析时，不仅要着眼于方案资金数量的大小，而且也要考虑资金发生的时点。因为今天可以用来投资的一笔资金，比将来同等数量的资金更有价值，也就是说，随着时间的流逝，资金会逐渐增值。这是由于当前可用的资金能够立即用来投资，带来收益。举例说明：现在将 1000 元存入银行，假设利率为 2%，一年以后可从银行取出 1020 元 =1000×(1+2%)。也就是说，经过一年的时间，1000 元钱增值成了 1020 元。其增值的这 20 元资金就是原有 1000 元资金的时间价值。资金时间价值的实质是资金作为生产要素，在扩大再生产及资金流通过程中，随时间的变化而产生增值。资金的增值过程是与生产和流通过程相结合的，离开了生产过程和流通领域，资金是不可能实现增值的。资金在生产过程和流通领域之间如此不断地周转循环，这种循环过程不仅在时间上是连续的，而且在价值上是不断增值的。因此整个社会生产就是价值创造的过程，也是资金增值的过程。

由于资金时间价值的存在，使不同时点上发生的现金流量无法直接加以比较。因此，要通过一系列的换算，在同一时点上进行对比，才能符合客观的实际情况。这种考虑了资金时间价值的经济分析方法，使方案的评价和选择变得更现实和可靠。它也就构成了工程经济学要讨论的重要内容之一。

3.2.2 资金时间价值的计算

资金时间价值的计算方法与资金计息的方法完全相同，因为利息就是资金时间价值的一种重要表现形式。而且通常用利息作为衡量资金时间价值的绝对尺度，用利率作为衡量资金时间价值的相对尺度。为了便于学习我们也以利率来衡量资金时间价值。

1. 利息和利息率

1) 利息

利息(Interest)是借贷资本的增值额或使用借贷资本的代价，即在借贷过程中，债务人支付给债权人的超过原借款本金的部分。用公式表示为

$$I=F-P \tag{3-1}$$

式中：I——利息；

F——本金与利息的总和，又称本利和；

P——本金。

在工程经济分析中，利息常常被看成是资金的一种机会成本。这是因为如果一笔资金投入在某一工程项目中，就相当于失去了在银行产生利息的机会，也就是说，使用资金要付出一定的代价，当然投资于项目是为了获得比银行利息更多的收益。从投资者的角度来看，利息体现为对放弃现期消费的损失所作的必要补偿。比如资金一旦用于投资，就不能用于现期消费，而牺牲现期消费又是为了能在将来得到更多的消费。所以，利息就成了投资分析中平衡现在与未来的杠杆，投资这个概念本身就包含着现在和未来两方面的含义。事实上，投资就是为了在未来获得更大的回收而对目前的资金进行某种安排，很显然，未来的回收应当超过现在的投资，正是这种预期的价值增长才能刺激人们从事投资。因此，在工程经济学中，利息是指占用资金所付的代价或者是放弃近期消费所得的补偿。

2) 利息率

利息率(Interest Rate)就是在一定时期内所得利息额与借款本金之比，简称利率，即

$$i=\frac{I_t}{P}\times 100\% \tag{3-2}$$

式中，i——利率；

I_t——单位时间内的利息；

P——本金。

时间单位称为计息周期，计息周期通常为年、月或日。年利率一般按本金的百分之几表示，通常称为年息几厘；月利率一般按本金的千分之几表示，通常称为月息几厘；日利率一般按本金的万分之几表示，通常称为日息几厘。

【例 3-1】 某人年初借本金 1000 元，一年后付息 20 元，试求这笔借款的年利率。

解：

$$\begin{aligned}i&=\frac{I_t}{P}\times 100\%\\&=\frac{20}{1000}\times 100\%\\&=2\%\end{aligned}$$

2. 单利和复利

1) 单利

单利(Simple Interest Rate)是指在计算利息时，仅考虑最初的本金，而不计入在先前利息周期中所产生的利息，即通常所说的“利不生利”的计息方法。其公式如下

$$R_t=P\times i \tag{3-3}$$

$$R=P\times i\times n \tag{3-4}$$

$$F=P(1+n\times i) \tag{3-5}$$

式中：R_t——第 t 个计息期的利息；

R——n 个计息期的利息总额；

i——利率；

n——计息周期数。

$(1+n\times i)$——单利终值系数。由式(3-5)得

$$P= F/(1+n\times i) \tag{3-6}$$

$1/(1+n\times i)$——单利现值系数。

【例 3-2】 现有本金 1000 元，年利率为 5%，单利计息，5 年末的利息总额、本利和分别是多少？

解：

$$R=P\times i\times n=1000\times 5\%\times 5=250(\text{元})$$

$$F=P(1+n\times i)=1000\times(1+5\times 5\%)=1250(\text{元})$$

2) 复利

复利(Compound Interest Rate)是指在计算利息时，某一计息周期的利息是由本金加上先

前周期累积的利息总额来计算的，也就是人们平时所说的“利滚利”。其计算公式如下

$$F=P(1+i)^n \tag{3-7}$$

$$R=P[(1+i)^n-1] \tag{3-8}$$

由公式(3-7)推导如下：

第一年的本利和 $F_1=P\times(1+i)$；

第二年的本利和 $F_2=F_1\times(1+i)=P\times(1+i)^2$；

第三年的本利和 $F_3=F_2\times(1+i)=P\times(1+i)^2\times(1+i)=P\times(1+i)^3$；

第 n 年的本利和 $F_n=F_{n-1}\times(1+i)=P\times(1+i)^{n-1}\times(1+i)=P\times(1+i)^n$。

【例 3-3】 数据同例 3-2，现用复利计算，可得

$$F=P(1+i)^n=1000\times(1+5\%)^5=1276(\text{元})$$

$$R=P[(1+i)^n-1]=1000\times[(1+5\%)^5-1]=276(\text{元})$$

由例 3-2 和例 3-3 可以看出，在其他条件都相同的情况下，用复利计算出的利息总额和本利和，比用单利计算出的要大。这是因为在用复利计算的情况下，利息也要计算利息；而用单利计算时，利息不再计算利息。两者相比较，用复利计息更合理一些，所以复利的应用特别广泛，本书中也以复利的方式进行计算。

3. 名义利率与实际利率

在现实生活中，当利率标明的时间单位与计息周期不一致时，就出现了名义利率(Nominal Interest Rate)和实际利率(Real Interest Rate)的区别。所谓名义利率，是央行或其他提供资金借贷的机构所公布的未调整通货膨胀因素的利率，即利息(报酬)的货币额与本金的货币额的比率。实际利率是指在复利支付利息条件下的一种复合利率。当复利支付次数在每年一次以上时，实际利率自然要高于一般的市场利率。因此，名义利率仅存在于复利的计息中。假设现年利率为 12%，每月计息 1 次，则月利率为 12%÷12=1%，年末的有效利率 $i=(1+1\%)^{12}-1=12.68\%\neq12\%$，这就出现了不一致。12%叫作名义年利率，12.68%叫作实际年利率。

1) 实际(年)利率

间断式计息期内的实际年利率设名义年利率为 r，在一年中计息 m 次，则每一计息周期的利率为 r/m。若年初借款为 P，则一年的本利和 $F=P\left(1+\dfrac{r}{m}\right)^m$，利息 $R=F-P=P\left(1+\dfrac{r}{m}\right)^m-P=P\times\left[\left(1+\dfrac{r}{m}\right)^m-1\right]$，实际年利率 $i=R/P=\left(1+\dfrac{r}{m}\right)^m-1$。

【例 3-4】 某企业向银行借款进行投资，有两种计息方式：方式 A，年利率 8%，按月计息；方式 B，年利率 8%，按半年计息。问该企业应选择哪一种计息方式进行贷款？

解：

方式 A：$i_A=(1+8\%/12)^{12}-1=8.3\%$

方式 B：$i_B=(1+8\%/2)^2-1=8.16\%$

$i_A>i_B$，所以应选方式 B。

2)　连续式计息期内的有效年利率

在企业或工程项目中，要是收入和支出几乎是在不间断流动的话，可以把它们看作连续的现金流。当涉及现金流的复利问题，就是使用连续复利的概念，即在一年中按无限多次计息。此时可以认为 $m\to\infty$，求此时的实际利率，就是对 $i=\left(1+\dfrac{r}{m}\right)^m-1$ 求 $m\to\infty$时的极限。得 $i=e^r-1$。

4. 名义利率和有效(年)利率的应用

若计息期为一年，实际年利率与名义利率相同，可直接运用资金等值计算的基本公式；计息期短于一年的等值计算如下。

(1) 计息期短于支付期。

【例 3-5】 按年利率为 12%，每季度计息一次计算利息，从现在起连续 3 年的等额年末支付借款为 1000 元，问与其等值的第 3 年年末的借款金额为多少？

第一种方法：将名义利率转化为年有效利率，以一年为基础进行计算。

$$i=(1+12\%/4)^4-1=12.55\%$$

$$F=1000\times(F/A,12.55\%,3)$$
$$=1000\times3.392$$
$$=3392(\text{元})$$

第二种方法：把等额支付的每一个支付看作为一次支付，求出每个支付的将来值，然后把将来值加起来，和就是等额支付的实际结果。有效利率 i=12%/4=3%，所以

$$F=1000(F/P,3\%,8)+1000(F/P,3\%,4)+1000$$
$$=3392(\text{元})$$

第三种方法：取一个循环周期，使这个周期的年末支付转变成等值的计息期末的等额支付系列，其现金流量如图 3-2 所示。

$$A=1000\times(A/F,3\%,4)$$
$$=1000\times0.2390$$
$$=239(\text{元/季})$$

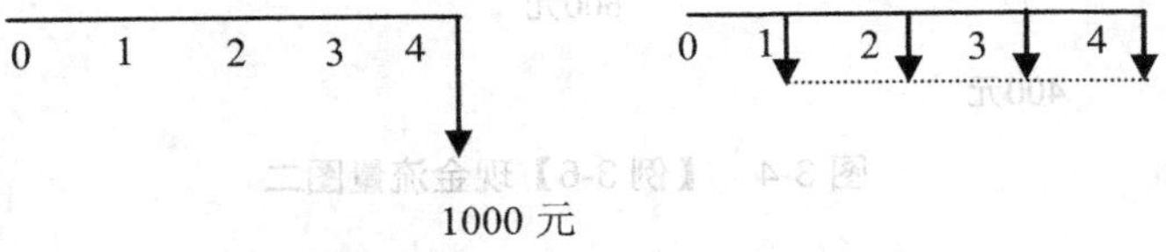

图 3-2　【例 3-5】现金流量图

经转换后，支付期与计息期相同，可直接利用利息公式计算，并适用于其他两年。

$$F=239(F/A,3\%,12)$$
$$=239\times14.162$$
$$=3392(\text{元})$$

通过三种方法计算表明，按年利率 12%，每季度计息一次，从现在起连续三年的 1000 元

等额年末借款与第三年年末的3392元等值。

(2) 计息期长于支付期。以存款为例，通常规定存款必须满一个计息期时才计利息，即在计息期间存入的款项在该期不计息，要到下一期才计利息。因此，在计息期内存入的款项，相当于在下一个计息期初的存入；在计息期间提取的款项，相当于在前一个计息期末的支取。

【例3-6】 有一项财务活动的现金流量如图3-3所示。如果年利率为8%，按季计息，则这个现金流量年末的金额是多少？

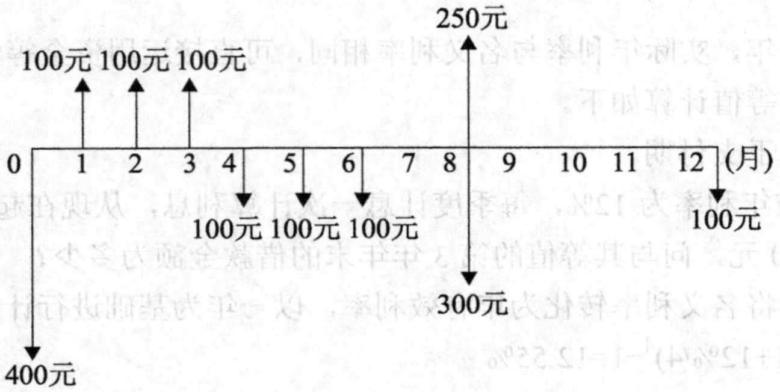

图3-3 【例3-6】现金流量图一

解：按上述原则整理，得现金流量如图3-4所示并计算。

$$F=(400-200)\times(F/P, 2\%, 4)-100\times(F/P, 2\%, 3)+(600-250)\times(F/P, 2\%, 2)+100$$
$$=200\times1.082-100\times1.061+350\times1.040+100$$
$$=574(元)$$

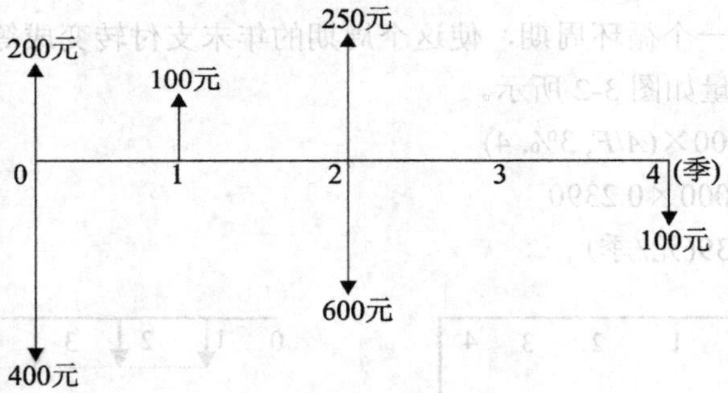

图3-4 【例3-6】现金流量图二

3.3 资金的等值计算

3.3.1 资金等值的概念

由前述已知，资金有时间价值。即相同的金额，因其发生的时点不同，其价值就不相同；反之，不同时点绝对值不等的资金在时间价值的作用下却可能具有相等的价值。资金等值是指与某一时间点上的金额实际经济价值相等的另一时间点上的价值。例如：现将 1000 元钱存入银行，年利率为 2%，一年后可取出 1020 元。那么我们说，一年后的 1020 元与现在的 1000 元钱是等值的。在工程经济分析中，资金等值是一个十分重要的概念，它为我们提供了一个计算某一经济活动有效性或者进行方案比较、优选的可能性。

3.3.2　资金等值的计算方法

等值的计算方法与利息的计算方法相同。根据支付的方式不同，可以分为一次支付系列，等额支付系列，等差支付系列和等比支付系列。

1. 一次支付系列

一次支付又称整付，是指所分析系统的现金流量，无论是流入或是流出，均是一次性发生。

1)　一次支付终值公式

一次支付终值公式如下

$$F = P(1+i)^n \tag{3-9}$$

其经济含义是：期初发生的一笔资金 P，经过 n 次计息后的价值是多少。其中 $(1+i)^n$ 又被称为一次支付终值(Future Value)系数，用$(F/P，i，n)$表示；因此式(3-9)也可以表达为

$$F = P(F/P，i，n) \tag{3-10}$$

公式中各符号含义同前，现金流量图如图 3-5 所示。

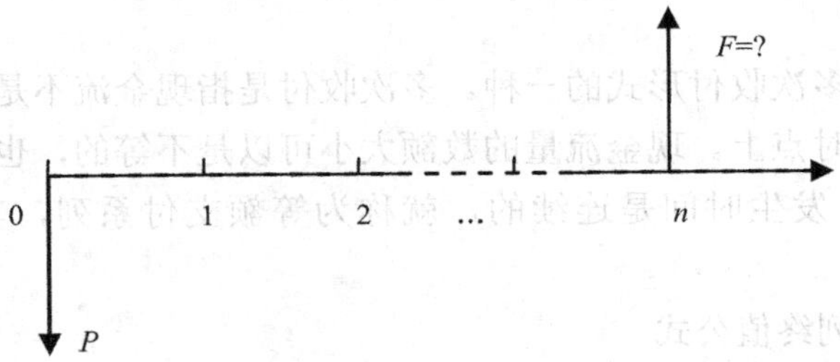

图 3-5　现金流量

【例 3-7】 某人年初借本金 1000 元，年利率 3%，借款期限 5 年。试求 5 年后该人应还的本息和是多少。

解：利用式(3-9)可得

$$F = P(1+i)^n = 1000\times(1+3\%)^5 = 1159(\text{元})$$

也可以查复利系数表得$(F/P，i，n)$=1.159，则

$$F = P(F/P，i，n) = 1000\times1.159 = 1159(\text{元})$$

2)　一次支付现值(Present Value)公式

一次支付现值公式如下：

$$P = F/(1+i)^n \tag{3-11}$$

式(3-11)可由式(3-9)推导得出。其含义是：n 年后的一笔资金 F，折算成现在的价值是多少。$1/(1+i)^n$ 又被称为一次支付现值系数，用$(P/F, i, n)$表示；因此式(3-11)也可以表达为

$$P = F(P/F, i, n) \tag{3-12}$$

在复利系数公式中，括号内斜线上面的符号表示未知的，斜线下面的符号表示已知的。一次支付现值公式的现金流量图如图 3-6 所示。

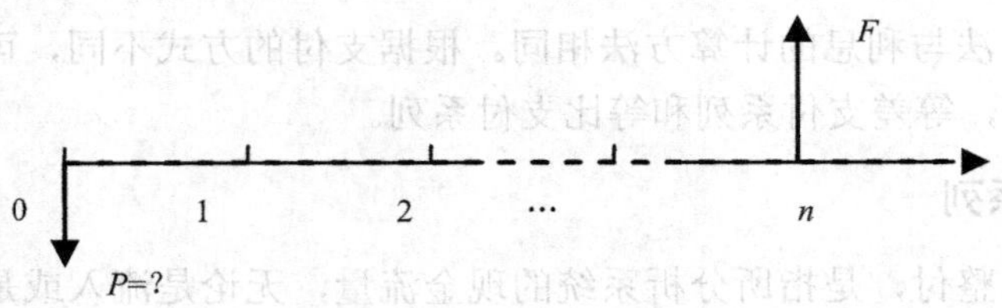

图 3-6　支付现值公式的现金流量图

【例 3-8】某人 5 年前借了银行一笔钱，年利率 3%，借款期限 5 年，5 年后一次性还给银行 1000 元。试求 5 年前此人借了多少钱。

解：(1)　利用式(3-11)计算，得

$$P = F/(1+i)^n = 1000/(1+3\%)^5 = 862.6(\text{元})$$

(2)　利用式(3-12)计算，查复利系数表得$(P/F, 3\%, 5)=0.8626$，则

$$P = F(P/F,i,n) = 1000\times0.8626 = 862.6(\text{元})$$

2. 等额支付系列

等额支付系列是多次收付形式的一种。多次收付是指现金流不是集中在一个时点上发生，而是发生在多个时点上。现金流量的数额大小可以是不等的，也可以是相等的。当现金流大小是相等的，发生时间是连续的，就称为等额支付系列，其现金流又叫作年金(Annuity)。

1)　等额支付系列终值公式

等额支付系列终值公式为

$$F = A\left[\frac{(1+i)^n - 1}{i}\right] \tag{3-13}$$

式中：$\left[\frac{(1+i)^n - 1}{i}\right]$——等额支付系列终值系数，亦可用$(F/A, i, n)$来表示。因此式(3-13)又可以被记作

$$F=A(F/A,\ i,\ n) \tag{3-14}$$

该公式的含义是在一个时间系列中，在利率为 i 的情况下，连续在每个计息期末支付一笔等额的资金 A，在 n 个计息期后的本利和 F 应为多少。公式推导如下：

第一年的本利和 $F_1=A$；

第二年的本利和 $F_2=A+A\times(1+i)=A\times[1+(1+i)]$；

第三年的本利和 $F_3=A+A\times(1+i)+A\times(1+i)^2=A\times[1+(1+i)+(1+i)^2]$；

第 n 年的本利和 $F_n=A\times[1+(1+i)+(1+i)^2+\cdots+(1+i)^{n-1}]$；利用等比级数求和公式得 $F=A\left[\frac{(1+i)^n-1}{i}\right]$。公式的现金流量图如图 3-7 所示。

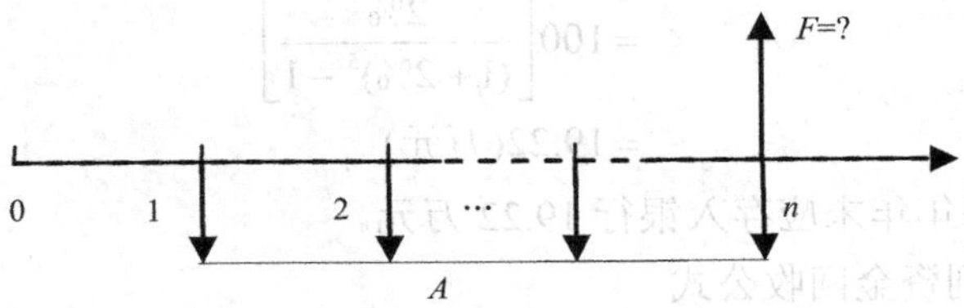

图 3-7　终值公式的现金流量图

【例 3-9】某人每年定期存入银行 1000 元，年利率 2%，5 年后可从银行一次性取出多少钱？

解：利用式(3-13)可得

$$F=A\left[\frac{(1+i)^n-1}{i}\right]$$

$$=1000\times\left[\frac{(1+2\%)^5-1}{2\%}\right]$$

$$=5204.04(\text{元})$$

所以，5 年后可一次性取出 5204.04 元。

2)　等额支付系列偿债基金公式

等额支付系列偿债基金公式为

$$A=F\left[\frac{i}{(1+i)^n-1}\right] \tag{3-15}$$

本公式可由式(3-13)推导得出，式中 $\frac{i}{(1+i)^n-1}$ 称为等额支付系列资金回收系数，亦可用$(A/F, i, n)$来表示。因此式(3-15)也可以被记作

$$A=F(A/F, i, n) \tag{3-16}$$

该公式的含义是为了筹集未来 n 年后需要的一笔资金 F，在利率为 i 的情况下，每个计息期末应等额存储的金额 A 是多少。其现金流量图如图 3-8 所示。

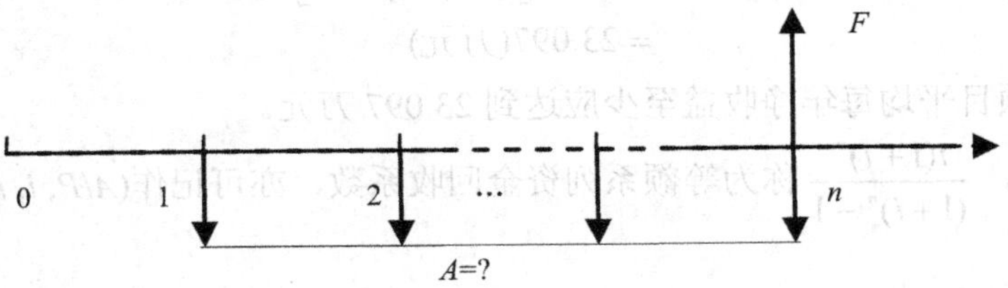

图 3-8　偿债基金公式的现金流量图

【例 3-10】 某企业 5 年后需要一笔 100 万元的资金用于固定资产的更新改造，若年利率 2%，问从现在开始，该企业每年年末应存入银行多少钱？

解：

$$A = F\left[\frac{i}{(1+i)^n - 1}\right]$$

$$= 100\left[\frac{2\%}{(1+2\%)^5 - 1}\right]$$

$$= 19.22(\text{万元})$$

因此，该企业每年年末应存入银行 19.22 万元。

3) 等额支付系列资金回收公式

在式(3-15)中，因为 $F = P(1+i)^n$，所以由式(3-15)可推导出等额支付系列资金回收公式为

$$A = P\left[\frac{i(1+i)^n}{(1+i)^n - 1}\right] \tag{3-17}$$

式(3-17)的含义是：期初一次性投资数额为 P，欲在 n 年内将投资全部收回，则在年利率为 i 的情况下，每年等额回收的资金 A 为多少。其现金流量图如图 3-9 所示。

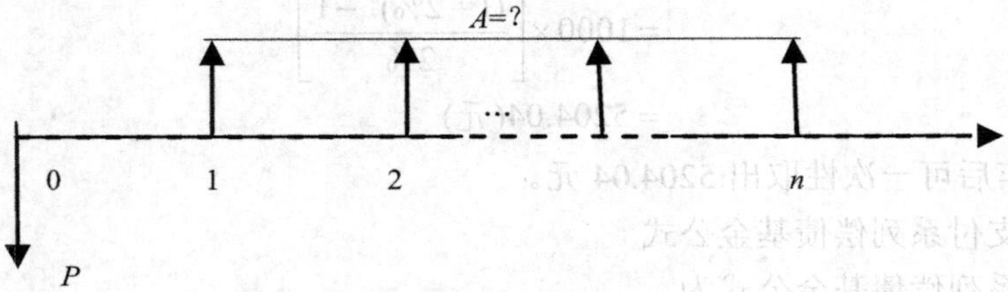

图 3-9　资金回收公式的现金流量图

【例 3-11】 某项目投资 100 万元，计划在 5 年内全部回收资金，若年利率为 5%，问该项目平均每年净收益至少应达到多少？

解：

$$A = P\left[\frac{i(1+i)^n}{(1+i)^n - 1}\right]$$

$$= 100 \times \left[\frac{5\%(1+5\%)^5}{(1+5\%)^5 - 1}\right]$$

$$= 23.097(\text{万元})$$

因此，该项目平均每年净收益至少应达到 23.097 万元。

式(3-17)中，$\frac{i(1+i)^n}{(1+i)^n - 1}$ 称为等额系列资金回收系数，亦可记作$(A/P, i, n)$，所以式(3-17)可以被写作

$$A=P(A/P, i, n) \tag{3-18}$$

对于【例 3-9】可以查复利系数表得：$(A/P, 5\%, 5)=0.23097$，所以

$$A=P(A/P, i, n)=100\times 0.23097=23.097(\text{万元})$$

4) 等额支付系列年金现值公式

由式(3-17)可推导出

$$P=A\left[\frac{(1+i)^n-1}{i(1+i)^n}\right] \tag{3-19}$$

式(3-19)的含义是：在年利率为 i 的情况下，在 n 年内每年等额收支一笔资金 A，则此等额收支的现值总额 P 应为多少。其现金流量图如图 3-10 所示。

式(3-19)中，$\frac{(1+i)^n-1}{i(1+i)^n}$ 称为等额系列年金现值系数，记作$(P/A, i, n)$。因此式(3-19)亦可写成

$$P=A(P/A, i, n) \tag{3-20}$$

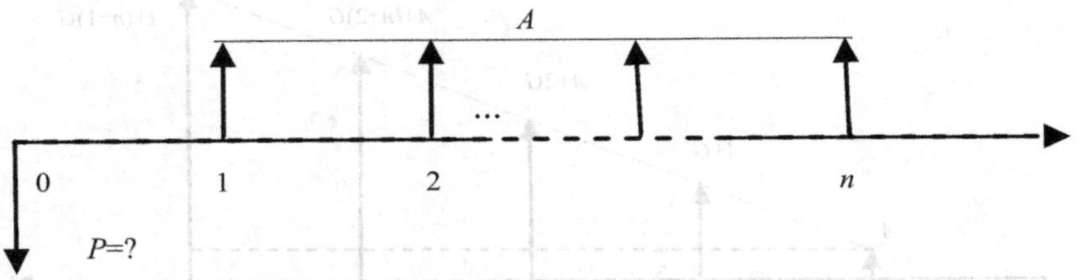

图 3-10　年金现值公式的现金流量图

【例 3-12】某项目连续 10 年每年年末净收益为 5 万元，若年利率为 5%，第 10 年恰好收回期初全部投资。问该项目期初投资是多少？

解：由式(3-19)可直接得

$$\begin{aligned}P&=A\left[\frac{(1+i)^n-1}{i(1+i)^n}\right]\\&=5\times\left[\frac{(1+5\%)^5-1}{5\%(1+5\%)^5}\right]\\&=5\times 4.329\\&=21.645(\text{万元})\end{aligned}$$

也可查复利系数表得$(P/A, 5\%, 5)=4.329$，求得 $P=A(P/A, i, n)=5\times 4.329=21.645$(万元)。

3. 等差系列公式

在很多技术经济分析中，常常会遇到这样的问题：其现金流量呈等差数列规律变化，可能递增，也可能递减。例如工程的机器设备在使用过程中的折旧费、维修保养费等逐年增加，而收益却逐年递减，若每年增加或减少的量是相等的，就适合用等差系列公式。

1) 等差系列现值公式

等差系列现值公式为

$$P=\left(\frac{A}{i}+\frac{G}{i^2}\right)\left[1-\frac{1}{(1+i)^n}\right]-\frac{G}{i}\times\frac{n}{(1+i)^n} \tag{3-21}$$

式中：G——每年发生金额的等差值；

A——第 1 年年末发生的金额。

该公式的含义是，第 1 年年末发生的金额为 A，此后每年发生金额的差额为 G，第 n 年年末发生的金额为$(n-1)G$，求这些金额的现值总额 P 为多少。现金流量图如图 3-11 所示。公式推导如下。

从第 1 年至第 n 年，每年发生的现金流量分别为

A，$A+G$，$A+2G$，$A+3G$，…，$A+(n-2)G$，$A+(n-1)G$

根据式(3-19)，将每年的现金流量分别折算成现值后相加可得

$$P=\frac{A}{1+i}+\frac{A+G}{(1+i)^2}+\frac{A+2G}{(1+i)^3}+\cdots+\frac{A+(n-2)G}{(1+i)^{n-1}}+\frac{A+(n-1)G}{(1+i)^n} \quad ①$$

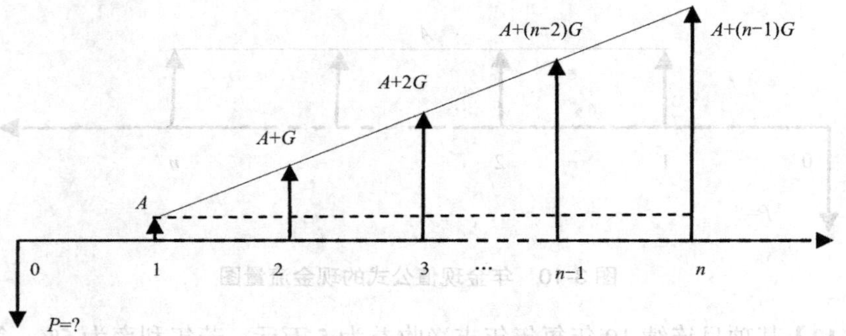

图 3-11　现值公式的现金流量图

在上式两边各乘以$\frac{1}{1+i}$，可得

$$\frac{P}{1+i}=\frac{A}{(1+i)^2}+\frac{A+G}{(1+i)^3}+\frac{A+2G}{(1+i)^4}+\cdots+\frac{A+(n-2)G}{(1+i)^n}+\frac{A+(n-1)G}{(1+i)^{n+1}} \quad ②$$

①-②得

$$P-\frac{P}{1+i}=\frac{A}{(1+i)}+\frac{G}{(1+i)^2}+\frac{G}{(1+i)^3}+\cdots+\frac{G}{(1+i)^{n-1}}+\frac{G}{(1+i)^n}-\frac{A+(n-1)G}{(1+i)^{n+1}}$$，展开得：

$$\frac{iP}{1+i}=\frac{A}{(1+i)}+\frac{G}{(1+i)^2}+\frac{G}{(1+i)^3}+\cdots+\frac{G}{(1+i)^{n-1}}+\frac{G}{(1+i)^n}-\frac{A}{(1+i)^{n+1}}-\frac{nG}{(1+i)^{n+1}}+\frac{G}{(1+i)^{n+1}}$$，

两边再同时乘以$(1+i)$，得

$$iP=A+\frac{G}{(1+i)}+\frac{G}{(1+i)^2}+\frac{G}{(1+i)^3}+\cdots+\frac{G}{(1+i)^{n-1}}+\frac{G}{(1+i)^n}-\frac{A}{(1+i)^n}-\frac{nG}{(1+i)^n}$$

化简得

$$iP=A+\frac{G}{i}\left[1-\frac{1}{(1+i)^n}\right]-\frac{A}{(1+i)^n}-\frac{nG}{(1+i)^n}$$

$$=A\left[1-\frac{1}{(1+i)^n}\right]+\frac{G}{i}\left[1-\frac{1}{(1+i)^n}\right]-\frac{nG}{(1+i)^n}$$

$$=\left(A+\frac{G}{i}\right)\left[1-\frac{1}{(1+i)^n}\right]-\frac{nG}{(1+i)^n},$$

两边同除以 i，得

$$P=\left(\frac{A}{i}+\frac{G}{i^2}\right)\left[1-\frac{1}{(1+i)^n}\right]-\frac{G}{i}\times\frac{n}{(1+i)^n}$$

式(3-21)又可写作

$$P=\frac{A}{i}\left[1-\frac{1}{(1+i)^n}\right]+\frac{G}{i^2}\left[1-\frac{1}{(1+i)^n}\right]-\frac{G}{i}\times\frac{n}{(1+i)^n} \tag{3-22}$$

因此可得

$$P=\frac{A}{i}\left[1-\frac{1}{(1+i)^n}\right]+\frac{G}{i}\left[\frac{(1+i)^n-1}{i(1+i)^n}-\frac{n}{(1+i)^n}\right]$$

当 A=0 时，有

$$P=\frac{G}{i}\left[\frac{(1+i)^n-1}{i(1+i)^n}-\frac{n}{(1+i)^n}\right] \tag{3-23}$$

式中，$\frac{1}{i}\left[\frac{(1+i)^n-1}{i(1+i)^n}-\frac{n}{(1+i)^n}\right]$称为等差系列现值系数，用符号$(P/G, i, n)$表示。于是式(3-22) 又可记作

$$P=G(P/G, i, n) \tag{3-24}$$

【例 3-13】 某项目建成投产后第一年年末净收益为 5 万元，以后每年净收益会递增 2 万元。若年利率为 5%，10 年后其每年收益的现值总和是多少？

解： 根据式(3-20)得

$$P=\frac{A}{i}\left[1-\frac{1}{(1+i)^n}\right]+\frac{G}{i}\left[\frac{(1+i)^n-1}{i(1+i)^n}-\frac{n}{(1+i)^n}\right]$$

$$=\frac{5}{5\%}\left[1-\frac{1}{(1+5\%)^{10}}\right]+\frac{2}{5\%}\left[\frac{(1+5\%)^{10}-1}{5\%(1+5\%)^{10}}-\frac{10}{(1+5\%)^{10}}\right]$$

$$=101.913(\text{万元})$$

因此，10 年后其净收益现值总和为 101.913 万元。

2) 等差系列终值公式

将 $F=P(1+i)^n$ 代入式(3-20)，得

$$F=\left(\frac{A}{i}+\frac{G}{i^2}\right)\left[(1+i)^n-1\right]-\frac{nG}{i} \tag{3-25}$$

该公式的经济含义是：期初发生一笔现金流量 A，以后每期都以 G 的差额递增或递减，则经过 n 期以后，其现金流量的终值 F 是多少。其现金流量图如图 3-12 所示。

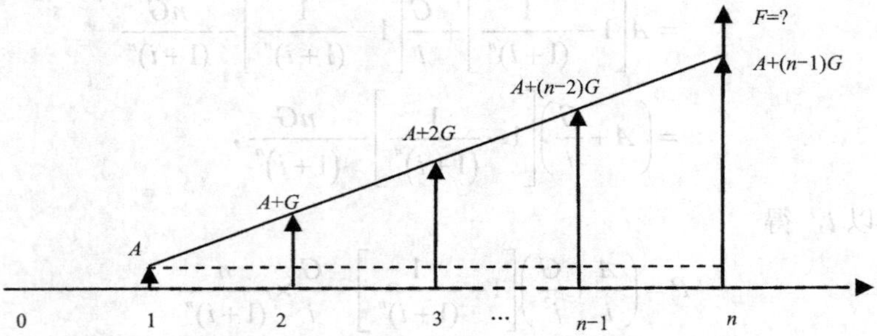

图 3-12　终值公式的现金流量图

当 A=0 时，

$$F=\frac{G}{i}\left[\frac{(1+i)^n-1}{i}-n\right] \tag{3-26}$$

其中，$\frac{1}{i}\left[\frac{(1+i)^n-1}{i}-n\right]$ 称为等差系列终值系数，用符号$(F/G, i, n)$表示，因此式(3-24)又可记作

$$F=G(F/G, i, n) \tag{3-27}$$

【例 3-14】 某设备投产后，第一年折旧 3 万元，以后每年折旧会递增 1 万元。若年利率为 5%，10 年后该设备的折旧总额是多少？

解：根据式(3-24)可得

$$\begin{aligned} F &= \left(\frac{A}{i}+\frac{G}{i^2}\right)\left[(1+i)^n-1\right]-\frac{nG}{i} \\ &= \left(\frac{3}{5\%}+\frac{1}{(5\%)^2}\right)\left[(1+5\%)^{10}-1\right]-\frac{10\times1}{5\%} \\ &= 89.292(\text{万元}) \end{aligned}$$

所以，10 年后该设备折旧总额为 89.292 万元。

3) 等差系列年值公式

将式(3-13)代入式(3-25)可得等差系列年值公式

$$A=G\left(\frac{1}{i}-\frac{n}{(1+i)^n-1}\right) \tag{3-28}$$

式中，$\left(\frac{1}{i}-\frac{n}{(1+i)^n-1}\right)$ 称为等差系列年值系数，用符号$(A/G, i, n)$表示，因此式(3-27)又可记作

$$A=G(A/G, i, n) \tag{3-29}$$

4. 等比系列公式

在工程经济分析中，还有一些现金流量是以一定的比率递增或递减的，这时就需要用到等比系列公式。

1) 等比系列现值公式

等比系列现值公式为

$$\left.\begin{aligned} P &= \frac{A}{i-j}\left[1-\left(\frac{1+j}{1+i}\right)^n\right] \quad (i \neq j) \\ P &= \frac{nA}{1+i} \quad (i = j) \end{aligned}\right\} \tag{3-30}$$

式中：A——第一年年末现金流量；

j——现金流量每年递增或递减的比率。

$\frac{1}{i-j}\left[1-\left(\frac{1+j}{1+i}\right)^n\right]$ 称为等比系列现值系数，记作$(A/P, i, j, n)$，所以式(3-30)在 $i \neq j$ 时，又可记作

$$P=A(A/P, i, j, n) \tag{3-31}$$

式(3-30)的经济含义是：第一年的现金流量是 A，以后每年的现金流量以 j 的比率递增，则 n 年后各年的现金流量现值的总和是多少。其现金流量图如图 3-13 所示。

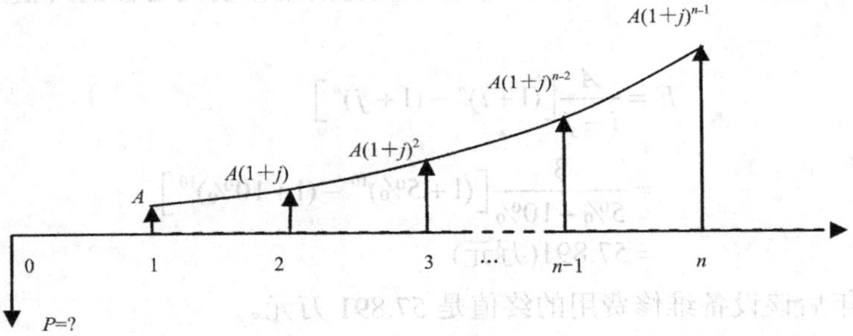

图 3-13　等比系列现值公式的现金流量图

【例 3-15】 某设备的维修费用第一年为 3 万元，以后每年会递增 10%。若年利率为 5%，10 年后该设备的维修费用总额的现值是多少？

解：根据式(3-30)可得

$$\begin{aligned} P &= \frac{A}{i-j}\left[1-\left(\frac{1+j}{1+i}\right)^n\right] \\ &= \frac{3}{5\%-10\%}\left[1-\left(\frac{1+10\%}{1+5\%}\right)^{10}\right] \\ &= 35.54(\text{万元}) \end{aligned}$$

所以，10 年后该设备的维修费用总额的现值为 35.54 万元。

2) 等比系列终值公式

将 $P=F/(1+i)^n$ 代入式(3-30)，可得

$$\left.\begin{aligned} F &= \frac{A}{i-j}\left[(1+i)^n-(1+j)^n\right] \quad (i \neq j) \\ F &= nA(1+i)^{n-1} \quad (i = j) \end{aligned}\right\} \tag{3-32}$$

式中，$\frac{1}{i-j}\left[(1+i)^n-(1+j)^n\right]$称为等比系列终值系数，用符号$(A/F, i, j, n)$表示，所以在 $i\neq j$ 时，式(3-31)又可被记作

$$F=A(A/F, i, j, n) \tag{3-33}$$

其现金流量图如图 3-14 所示。

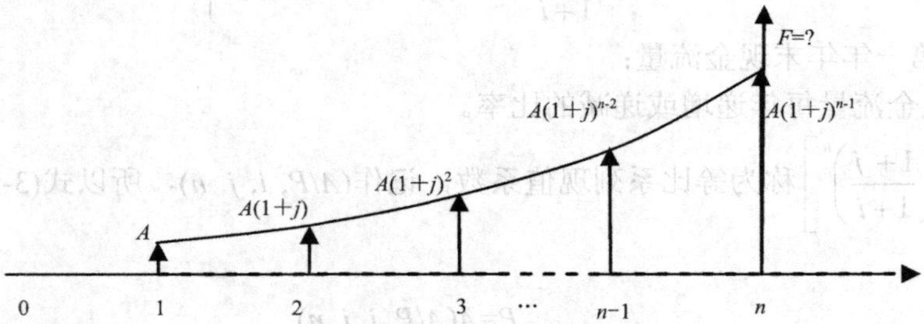

图 3-14　等比系列终值公式的现金流量图

【例 3-16】 条件同例 3-12，求 10 年后该设备的维修费用总额的终值是多少？

解：

$$\begin{aligned} F &= \frac{A}{i-j}\left[(1+i)^n-(1+j)^n\right] \\ &= \frac{3}{5\%-10\%}\left[(1+5\%)^{10}-(1+10\%)^{10}\right] \\ &= 57.891(\text{万元}) \end{aligned}$$

所以，10 年后该设备维修费用的终值是 57.891 万元。

5. 资金等值系列公式中的基本假设条件

(1) 项目的期初投资 P 发生在现金流量图的 0 点；

(2) 本期的期末即是下期的期初；

(3) A 和 F 均在期末发生。

资金等值计算公式汇总表见表 3-1。

表 3-1　资金等值计算公式汇总表

类别	公式名称	已知	求	复利公式	复利系数公式
一次支付	终值公式	P	F	$F=P(1+i)^n$	$F=P(F/P, i, n)$
	现值公式	F	P	$P=F/(1+i)^n$	$P=F(P/F,\ i,\ n)$
等额支付	终值公式	A	F	$F=A\left[\frac{(1+i)^n-1}{i}\right]$	$F=A(F/A, i, n)$
	偿债基金公式	F	A	$A=F\left[\frac{i}{(1+i)^n-1}\right]$	$A=F(A/F, i, n)$
	现值公式	A	P	$P=A\left[\frac{(1+i)^n-1}{i(1+i)^n}\right]$	$P=A(P/A, i, n)$

续表

类别	公式名称	已知	求	复利公式	复利系数公式
等额支付	资金回收公式	P	A	$A=P\left[\frac{i(1+i)^n}{(1+i)^n-1}\right]$	$A=P(A/P,i,n)$
等差系列	终值公式	G	F	$F=\frac{G}{i}\left[\frac{(1+i)^n-1}{i}-n\right]$	$F=G(F/G,i,n)$
	现值公式	G	P	$P=\frac{G}{i}\left[\frac{(1+i)^n-1}{i(1+i)^n}-\frac{n}{(1+i)^n}\right]$	$P=G(P/G,i,n)$
	年值公式	G	A	$A=G\left(\frac{1}{i}-\frac{n}{(1+i)^n-1}\right)$	$A=G(A/G,i,n)$
等比系列	终值公式	A，j	F	$F=\frac{A}{i-j}\left[(1+i)^n-(1+j)^n\right]$，$(i\neq j)$ $F=nA(1+i)^{n-1}$，$(i=j)$	$F=A(A/F,i,j,n)$
	现值公式	A，j	P	$P=\frac{A}{i-j}\left[1-\left(\frac{1+j}{1+i}\right)^n\right]$，$(i\neq j)$ $P=\frac{nA}{1+i}$，$(i=j)$	$P=A(A/P,i,j,n)$

3.4　Excel 在资金等值换算方面的应用

这里介绍 Microsoft Excel 2007 等值换算操作过程。应该注意的是，在 Excel 中对函数涉及金额的参数规定：支出的款项，如向银行存入的款项，用负数表示；收入的款项，如利息收入，用正数表示。

3.4.1　资金等值计算函数表达

1. 终值计算函数：FV(Rate，Nper，Pmt，PV，Type)

其中：Rate——利率；

Nper——总投资期，即该项投资总的付款期数；

Pmt——各期支出金额，在整个投资期内不变(若该参数为 0 或省略，则函数值为复利终值)；

PV——现值，也称本金(若该参数为 0 或忽略，则函数值为年金终值)；

Type——只有数值 0 或 1，0 忽略表示收付款时间是期末，1 表示收付款时间是期初。

2. 现值计算函数：PV(Rate，Nper，Pmt，FV，Type)

其中，参数 Rate，Nper，Pmt，Type 的含义与 FV 函数中参数含义相同。FV 代表未来值，或在最后一次付款期后获得的一次性偿还额。在 PV 函数中，若 Pmt 参数为 0 或省略，则函数值为复利现值；若 FV 参数为 0 或省略，则函数值为年金现值。

3. 偿债基金和资金回收计算函数：PMT(Rate，Nper，PV，FV，Type)

在 PMT 函数中，若 PV 参数为 0 或省略，则该函数计算的是偿债基金值；若 FV 参数为 0 或省略，则该函数计算的是资金回收值。

3.4.2　Excel 在资金等值换算方面的应用

【例 3-17】利率为 5%，现值为 2000，计算 5 年后的终值。

(1) 启动 Excel 软件。单击主菜单栏上的“公式”命令，然后单击“插入函数”，弹出“插入函数”对话框，先在上面“选择函数类别”栏中选择“财务”，在“选择函数”栏中选择 FV 选项，见图 3-15 所示计算步骤 1，然后单击“确定”按钮。

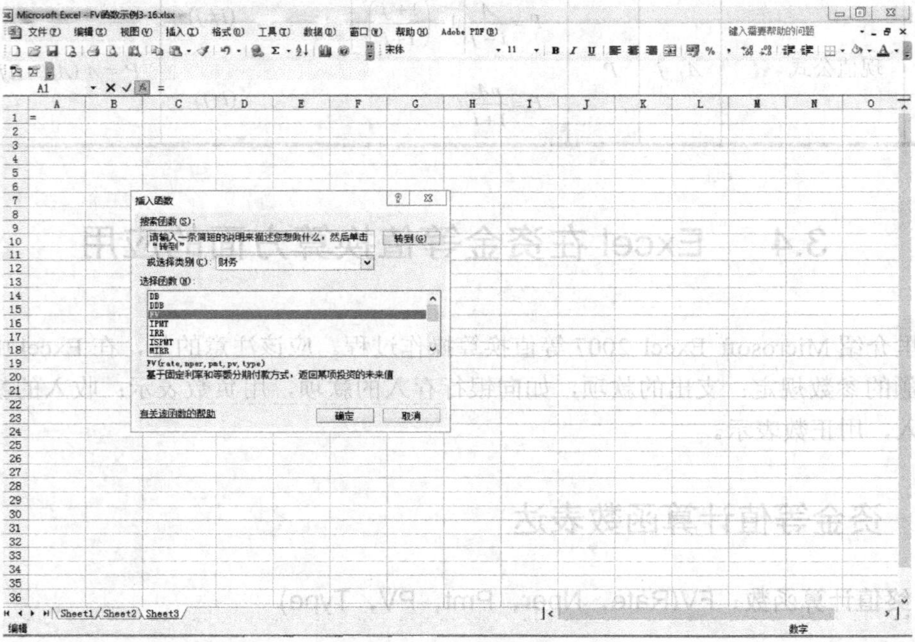

图 3-15　FV 函数计算步骤 1

(2) 在弹出的 FV 函数对话框中，在 Rate 栏输入 5%，在 Nper 栏输入 5，在 PV 栏输入 2000(也可以直接在单元格 A1 中输入公式：=FV(5%，5，，2000))，见图 3-16。然后单击“确定”按钮。

(3) 单元格 A1 显示结果-2552.56。见图 3-17。

利用 Excel 中的财务函数还可以进行复利的其他计算，计算过程与上面所列示的相同，在运用时，注意参数的转换和准确填写即可。

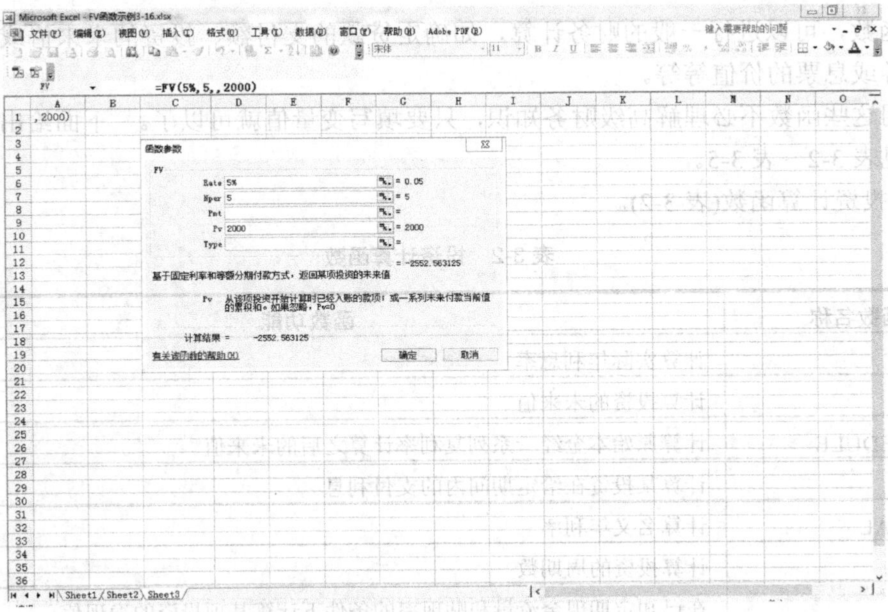

图 3-16　FV 函数计算步骤 2

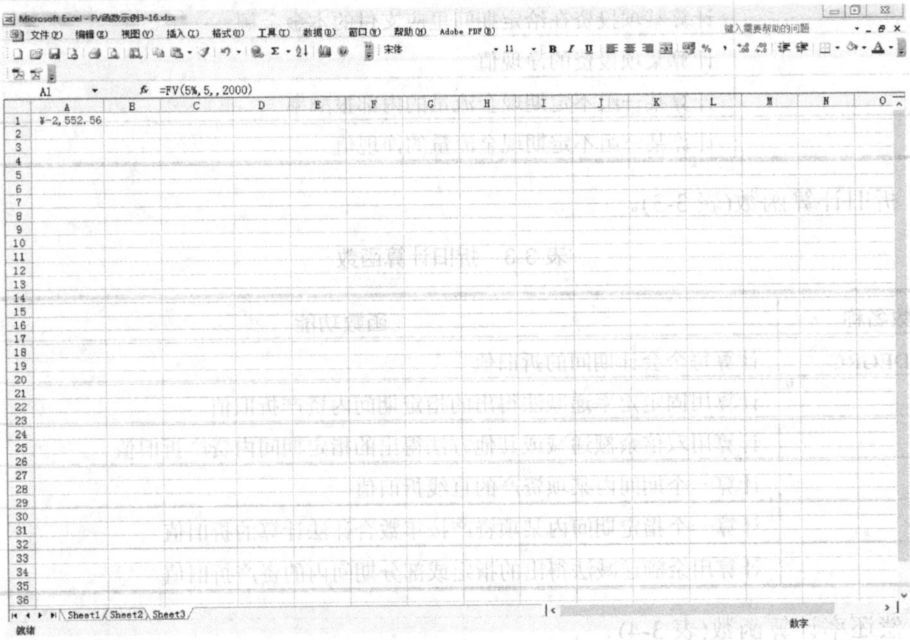

图 3-17　FV 函数计算步骤 3

3.4.3　Excel 常用财务函数

Excel 提供了许多财务函数，这些函数大体上可分为四类：投资计算函数、折旧计算函数、偿还率计算函数、债券及其他金融函数。这些函数为财务分析提供了极大的便利。利用这些函数，可以进行一般的财务计算，如确定贷款的支付额、投资的未来值或净现值，以及债券或息票的价值等等。

使用这些函数不必理解高级财务知识，只要填写变量值就可以了。下面给出了财务函数列表见表 3-2～表 3-5。

(1) 投资计算函数(表 3-2)。

表 3-2 投资计算函数

函数名称	函数功能
EFFECT	计算实际年利息率
FV	计算投资的未来值
FVSCHEDULE	计算原始本金经一系列复利率计算之后的未来值
IPMT	计算某投资在给定期间内的支付利息
NOMINAL	计算名义年利率
NPER	计算投资的周期数
NPV	在已知定期现金流量和贴现率的条件下计算某项投资的净现值
PMT	计算某年金每期支付金额
PPMT	计算某项投资在给定期间里应支付的本金金额
PV	计算某项投资的净现值
XIRR	计算某一组不定期现金流量的内部报酬率
XNPV	计算某一组不定期现金流量的净现值

(2) 折旧计算函数(表 3-3)。

表 3-3 折旧计算函数

函数名称	函数功能
AMORDEGRC	计算每个会计期间的折旧值
DB	计算用固定定率递减法得出的指定期间内资产折旧值
DDB	计算用双倍余额递减或其他方法得出的指定期间内资产折旧值
SLN	计算一个期间内某项资产的直线折旧值
SYD	计算一个指定期间内某项资产按年数合计法计算的折旧值
VDB	计算用余额递减法得出的指定或部分期间内的资产折旧值

(3) 偿还率计算函数(表 3-4)。

表 3-4 偿还率计算函数

函数名称	函数功能
IRR	计算某一连续现金流量的内部报酬率
MIRR	计算内部报酬率。此外正、负现金流量以不同利率供给资金计算
RATE	计算某项年金每个期间的利率

(4) 债券及其他金融函数(表 3-5)。

表 3-5　债券及其他金融函数

函数名称	函数功能
ACCRINTM	计算到期付息证券的应计利息
COUPDAYB	计算从付息期间开始到结算日期的天数
COUPDAYS	计算包括结算日期的付息期间的天数
COUPDAYSNC	计算从结算日期到下一个付息日期的天数
COUPNCD	计算结算日期后的下一个付息日期
COUPNUM	计算从结算日期至到期日期之间的可支付息票数
COUPPCD	计算结算日期前的上一个付息日期
CUMIPMT	计算两期之间所支付的累计利息
CUMPRINC	计算两期之间偿还的累计本金
DISC	计算证券的贴现率
DOLLARDE	转换分数形式表示的货币为十进制表示的数值
DOLLARFR	转换十进制形式表示的货币分数表示的数值
DURATION	计算定期付息证券的收现平均期间
INTRATE	计算定期付息证券的利率
ODDFPRICE	计算第一个不完整期间面值$100 的证券价格
ODDFYIELD	计算第一个不完整期间证券的收益率
ODDLPRICE	计算最后一个不完整期间面值$100 的证券价格
ODDLYIELD	计算最后一个不完整期间证券的收益率
PRICE	计算面值$100 定期付息证券的单价
PRICEDISC	计算面值$100 的贴现证券的单价
PRICEMAT	计算面值$100 的到期付息证券的单价
PECEIVED	计算全投资证券到期时可收回的金额
TBILLPRICE	计算面值$100 的国库债券的单价
TBILLYIELD	计算国库债券的收益率
YIELD	计算定期付息证券的收益率
YIELDDISC	计算贴现证券的年收益额
YIELDMAT	计算到期付息证券的年收益率

在财务函数中有两个常用的变量：f 和 b，其中 f 为年付息次数，如果按年支付，则 f=1；按半年期支付，则 f=2；按季支付，则 f=4。b 为日计数基准类型，如果日计数基准为“US(NASD)30/360”，则 b=0 或省略；如果日计数基准为“实际天数/实际天数”，则 b=1；如果日计数基准为“实际天数/360”，则 b=2；如果日计数基准为“实际天数/365”，则 b=3 如果日计数基准为“欧洲 30/360”，则 b=4。

思考题与习题

1. 什么是现金流量？

2. 构成现金流量图的基本要素有哪些？

3. 绘制现金流量图的目的及主要注意事项是什么？

4. 何谓资金的时间价值？如何理解资金的时间价值？

5. 资金等值的含义是什么？

6. 单利与复利的区别是什么？试举例说明。

7. 什么是终值、现值？

8. 什么是名义利率、实际利率？

9. 某项目建设期为 3 年，项目期初向银行贷款 100 万元，年利率为 10%。问：

(1) 若银行要求建成投产后即偿还全部贷款，则企业应还本利和多少钱？

(133.1 万元)

(2) 若银行要求建成投产后分 3 年偿还，企业应平均每年偿还多少钱？

(40.21 万元)

10. 某企业于年初向银行借了 50 万元，贷款年利率为 8%，按季计息，到年底一次性还清。问该笔贷款的实际年利率为多少？

(8.24%)

11. 某项目在期初向银行一次性贷了一笔款，银行要求采用分期还款的方式，连续 5 年每年年末偿还 150 万元，贷款年利率为 8%。问：

(1) 该项目贷款的本金为多少？

(598.91 万元)

(2) 截至第 5 年年末，该项目累计还款的本利和是多少？

(880 万元)

12. 利用复利系数表确定下列系数值：

(1) $(F/A, 6\%, 10)$;

(2) $(A/F, 4\%, 20)$;

(3) $(P/A, 5\%, 15)$;

(4) $(A/P, 12\%, 15)$;

(5) $(F/P, 20\%, 5)$;

(6) $(P/F, 25\%, 30)$。

13. 现有一项目，其现金流量为：第一年年末支付 100 万元，第二年年末支付 150 万元，第三年年末支付 200 万元，设年利率为 12 %，求：

(1) 现值；

(351.22 万元)

(2) 第 3 年的终值。

(493.44 万元)

14．某设备价格为 60 万元，合同签订时付了 20 万元，然后采用分期等额付款方式，每半年付款一次，2 年内全部付清。设年利率为 12 %。问每次应付款多少？

(11.54 万元)

15．某项目采用分期还款的方式，连续 5 年每年年末偿还银行借款 150 万元，如果银行借款年利率为 8%，按季计息，问截止到第 5 年年末，该项目累计还款的本利和是多少？

(884.27 万元)

16．某项目建成投产后第一年年末净收益为 20 万元，以后每年净收益递增 5 万元。若年利率为 6%，10 年后其收益的现值总和是多少？

(295.21 万元)

17．某设备投产后，第一年折旧 5 万元，以后每年折旧会递增 1 万元。若年利率为 6%。求：

(1) 10 年后该设备的折旧总额是多少？

(118.92 万元)

(2) 若每年折旧为递增 1%，则 10 年后该设备的折旧总额是多少？

(68.62 万元)

18．某设备的维修费用第一年为 10 万元，以后每年会递增 20%。若年利率为 5%，问：

(1) 5 年后该设备的维修费用总额的现值是多少？

(63.31 万元)

(2) 求 5 年后该设备的维修费用总额的终值是多少？

(80.8 万元)

19．某企业连续 5 年每年年末支付一笔贷款，第 1 年为 20 万元，以后每年递增 20 万元。若年利率为 8%，10 年后其全部支付款项的现值是多少？

(333.98 万元)

20．某家庭以抵押贷款的方式购买了一套价值为 30 万元的住宅，如果该家庭首期付款为房价的 30%，其余为在 20 年内按月等额偿还的抵押贷款。若年贷款利率为 12%，问月还款额为多少？

(1907.23 万元)

第 4 章　工程项目技术经济评价

本章学习目标

- 掌握工程项目静态经济评价指标;
- 掌握工程项目动态经济评价指标;
- 掌握投资方案的选择方法。

经济评价的指标是多种多样的，它们从不同角度反映项目的经济性。这些指标主要可以分三大类：第一类是以时间单位计量的时间型指标，如借款偿还期、投资回收期等；第二类是以货币单位计量的价值型指标，如净现值、净年值、费用现值和费用年值等；第三类是反映资金利用效率的效率型指标，如投资收益率、内部收益率和净现值率等。由于这三类指标是从不同角度考察项目的经济性，所以，在对项目方案进行经济效益评价时，应当尽量同时选用这三类指标而不仅是单一指标。同时，由于项目方案的决策结构是多种多样的，因此各类指标的适用范围和应用方法也是不同的。

根据是否考虑资金的时间因素，经济评价方法可分为静态经济评价和动态经济评价。

静态经济评价是指在进行方案的效益和费用计算时，不考虑资金的时间价值，不进行复利计算的评价方法。因此，一般地讲，静态经济评价比较简单、直观，使用方便，但不够精确。经常应用于可行性研究初始阶段的粗略分析和评价，以及方案的初选阶段。

动态经济评价方法在进行方案的效益和费用计算时，考虑了资金的时间价值，采用复利计算方法，把不同时间点的效益流入和费用流出折算为同一时间的等值价值，为方案的技术经济比较确立了相同的时间基础，并能反映未来时期的发展变化趋势。动态经济评价方法主要用于详细可行性研究中对方案的最终决策。动态经济评价是经济效益评价的主要评价方法。

4.1　静态经济评价指标

在经济效益评价中，不考虑资金时间因素的评价方法，称为静态经济评价方法。静态评价方法主要有：静态投资回收期法、投资收益率法和差额投资回收期法等。本节主要讨论静态投资回收期法和投资收益率法，差额投资回收期法将在 4.3.1 节中讨论。

4.1.1 静态投资回收期法

1．概念

投资回收期法，又叫投资返本期法或投资偿还期法。所谓投资回收期是指以项目的净收益抵偿全部投资所需的时间，一般以年为计算单位，从项目投建之年算起，如果从投产年算起，应予注明。投资回收期有静态和动态之分，关于动态投资回收期我们将在 4.2 节中介绍。

静态投资回收期是反映项目方案在财务上投资回收能力的重要指标，是考察项目盈利水平的经济效益指标。

2．计算

静态投资回收期的计算公式为

$$\sum_{t=0}^{P_t}(\mathrm{CI}-\mathrm{CO})_t=0 \tag{4-1}$$

式中：CI——现金流入量；

CO——现金流出量；

$(\mathrm{CI}-\mathrm{CO})$——第 t 年的净现金流量；

P_t——静态投资回收期(年)。

静态投资回收期亦可根据全部投资的财务现金流量表中累计净现金流量计算求得，其计算公式为

$$P_t=\left(\begin{matrix}\text{累计净现金流量}\\\text{开始出现正值的年份数}\end{matrix}\right)-1+\frac{\text{上年累计现金流量绝对值}}{\text{当年净现金流量}} \tag{4-2}$$

用投资回收期评价投资项目时，需要与根据同类项目的历史数据和投资者的意愿确定的基准投资回收期相比较。设基准投资回收期为 P_c，判别准则为

若 $P_t \leqslant P_c$，则项目可以接受；

若 $P_t > P_c$，则项目应予拒绝。

【例 4-1】 某项目现金流量如表 4-1 所示，基准投资回收期为 5 年，试用投资回收期法评价方案是否可行。

表 4-1 现金流量表　　万元

年份	0	1	2	3	4	5	6
投资	1000						
收入		500	300	200	200	200	200

解：

$$\begin{cases}\sum_{t=0}^{P_t}(\mathrm{CI}-\mathrm{CO})_t=-1000+500+300+200=0\\P_t=3(\text{年})\end{cases}$$

因此，$P_t < P_c$，方案可行。

【例 4-2】 某项目现金流量如表 4-2 所示，用投资项目财务分析中使用的现金流量表计算投资回收期。基准投资回收期为 9 年。

解：

$$P_t=7-1+\frac{400}{2000}=6.2(年)<9\ 年$$

方案可以接受。

静态投资回收期的优点：①概念清晰，反映问题直观，计算方法简单；②也是最重要的，该指标不仅能在一定程度上反映项目的经济性，而且能反映项目的风险大小。项目决策面临着未来的不确定因素的挑战，这种不确定性所带来的风险随着时间的延长而增加，因为离现时越远，人们所能确知的东西就越少。为了减少这种风险，就必然希望投资回收期越短越好。因此，作为能够反映一定经济性和风险性的投资回收期指标，在项目评价中具有独特的地位和作用，被广泛用作项目评价的辅助性指标。

静态投资回收期指标的缺点在于：①它没有反映资金的时间价值；②由于没有考虑回收期以后的收入与支出，故不能全面反映项目在寿命期内的真实效益，难以对不同方案的比较做出正确判断。

表 4-2 现金流量表

万元

项目 \ 年份	0	1	2	3	4	5	6	7	8～N
净现金流量	-6000	0	0	800	1200	1600	2000	2000	2000
累计净现金流量	-6000	-6000	-6000	-5200	-4000	-2400	-400	1600	

4.1.2 投资收益率法

1. 概念

投资收益率也叫作投资效果系数，是指项目达到设计生产能力后的一个正常年份的净收益额与项目总投资的比率。对生产期内各年的净收益额变化幅度较大的项目，则应计算生产期内年平均净收益额与项目总投资的比率。投资收益率法适用于项目处在初期勘察阶段或者项目投资不大、生产比较稳定的财务营利性分析。

2. 计算

投资收益率的计算公式为

$$R=\frac{NB}{K} \tag{4-3}$$

式中：K——投资总额，包括固定资产投资和流动资金等；

NB——项目生产后按正常年份的净收益或平均净收益，包括企业利润和折旧；

R ——投资收益率。

投资收益率指标未考虑资金的时间价值，而且没有考虑项目建设期、寿命期等众多经济数据，故一般仅用于技术经济数据尚不完整的初步可行性研究阶段。

用投资收益率指标评价投资方案的经济效果，需要与根据同类项目的历史数据及投资者意愿等确定的基准投资收益率作比较。设基准投资收益率为 R_b，判别准则为

若 $R \geqslant R_b$，则项目可以接受；

若 $R < R_b$，则项目应予拒绝。

【例 4-3】 某项目经济数据如表 4-3 所示，假定全部投资中没有借款，现已知基准投资收益率为 15%，试以投资收益率指标判断项目的取舍。

解： 由表中数据可得

$$R = \frac{200}{750} \approx 0.27$$

由于 $R > R_b$，故项目可以接受。

表 4-3　某项目的投资及年净收入表　　万元

项目分类	0	1	2	3	4	5	6	7	8	9	10	合计
(1)建设投资	180	240	80									500
(2)流动资金			250									250
(3)总投资 =(1)+(2)	180	240	330									750
(4)收入				300	400	500	500	500	500	500	500	3700
(5)总成本				350	300	350	350	350	350	350	350	2650
(6)折旧				50	50	50	50	50	50	50	50	400
(7)净收入 =(4)−(5)+(6)				100	150	200	200	200	200	200	200	1450
(8)累积净现金流量	−180	−420	−750	−650	−500	−300	−100	100	300	500	700	

4.1.3　静态经济评价方法小结

(1)　工程技术经济分析的静态评价方法是一种在世界范围内被广泛应用的方法，它的最大优点是简便、直观，主要适用于方案的粗略评价。

(2)　静态投资回收期、投资收益率等指标都要与相应的基准值比较，由此形成评价方案的约束条件。

(3)　静态投资回收期和投资收益率是绝对指标，即只能判断方案可行与否，不能判断两个或两个以上的方案孰优孰劣。

(4)　静态评价方法也有一些缺点：

①　不能客观地反映方案在寿命期内的全部经济效果；

②　未考虑各方案经济寿命的差异对经济效果的影响；

③　没有引入资金的时间因素，当项目运行时间较长时，不宜用这种方法进行评价。

4.2 动态经济评价指标

考虑资金时间价值的评价方法叫动态评价方法。它以等值计算公式为基础，把投资方案中发生在不同时点的现金流量转换成同一时点的值或者等值序列，计算出方案的特征值(指标值)，然后依据一定的指标并在满足时间可比的条件下，进行评价比较，以确定较优方案。

常用的动态评价方法主要有：现值法、年值法、净现值率法、动态投资回收期法和内部收益率法等。

4.2.1 现值法

1. 净现值法

1) 概念

净现值法是在建设项目的财务评价中计算投资经济效果的一种常用的动态分析方法。净现值是指按一定的折现率(基准收益率)，将方案寿命期内各年的净现金流量折现到计算基准年(通常是期初)的现值累加值。

2) 计算

净现值的计算公式为

$$\mathrm{NPV}=\sum_{t=0}^{n}(\mathrm{CI}-\mathrm{CO})_t(P/F,i_0,t) \tag{4-4}$$

式中：i_0——基准收益率(基准折现率)；

CI——现金流入量；

CO——现金流出量；

$(\mathrm{CI}-\mathrm{CO})_t$——第 t 年的净现金流量；

NPV——方案净现值；

n——计算期。

3) 净现值的判别准则

由于是按基准收益率计算，因此净现值的大小是按基准收益率所表明的投资收益率来衡量项目方案的。对单一方案而言，若 NPV ≥ 0，表示项目实施后的收益率不小于基准收益率，方案予以接受；若 NPV <0，表示项目的收益率未达到基准收益率，应拒绝方案。多方案比较时，以净现值大的方案为优。

【例 4-4】 某企业基建项目设计方案总投资为 1995 万元，投产后年经营成本为 500 万元，年销售额为 1500 万元，第三年年末工程项目配套追加投资为 1000 万元，若计算期为 5 年，基准收益率为 10%，残值等于零。试计算投资方案的净现值。

解： 现金流量如图 4-1 所示。

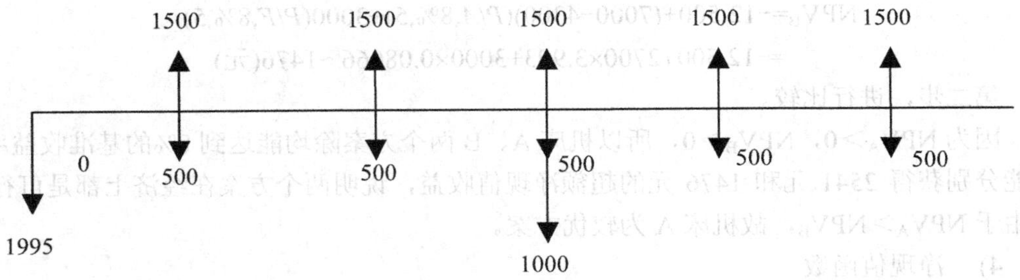

图 4-1　项目现金流量图(万元)

$$
\begin{aligned}
NPV&=-1995+1500(P/A, 0.1, 5)-500(P/A, 0.1, 5)\\
&\quad -1000(P/F, 0.1, 3)\\
&=-1995+1500\times3.7908-500\times3.7908-1000\times0.7513\\
&=-1955+3790.8-751.3\\
&=1044.5(\text{万元})
\end{aligned}
$$

该基建项目净现值为 1044.5 万元，说明该项目实施后的经济效益除达到 10%的收益率外，还有 1044.5 万元收益现值。

净现值也可以采用财务现金流量表来计算，例 4-4 的净现值如表 4-4 所示。

表 4-4　财务现金流量表　　万元

年限①	费　用		销售收入④	净现金流量 ⑤=④-③-②	现值系数 (P/F,10%,t)⑥	第 t 年净值 ⑦=⑤×⑥	累计净现值⑧
	投资②	经营成本③					
0	1995	0	0	-1995	1.0000	-1995	-1995
1		500	1500	1000	0.909	909	-1068
2		500	1500	1000	0.826	826	-260
3	1000	500	1500	0	0.751	0	-260
4		500	1500	1000	0.683	683	-423
5		500	1500	1000	0.621	621	1044.5

【例 4-5】 现有两种可选择的小型机床，其有关资料如表 4-5 所示，它们的使用寿命相同，都是 5 年，基准收益率为 8%，试用净现值法评价选择最优可行的机床方案。

表 4-5　机床有关资料　　元

项目方案	投　资	年收入	年支出	净残值
机床 A	10 000	5000	2200	2000
机床 B	12 500	7000	4300	3000

解： 第一步，计算两方案的 NPV 值。

$$
\begin{aligned}
NPV_A&=-10\,000+(5000-2200)(P/F,8\%,5)\\
&=-10\,000+2800\times3.993+2000\times0.68066\approx2541(\text{元})
\end{aligned}
$$

$$NPV_B=-12\,500+(7000-4300)(P/A,8\%,5)+3000(P/F,8\%,5)$$
$$=-12\,500+2700\times3.993+3000\times0.08066\approx1476(元)$$

第二步，进行比较。

因为 $NPV_A>0$，$NPV_B>0$，所以机床 A、B 两个方案除均能达到 8%的基准收益率外，还能分别获得 2541 元和 1476 元的超额净现值收益，说明两个方案在经济上都是可行的，但由于 $NPV_A>NPV_B$，故机床 A 为较优方案。

4) 净现值函数

所谓净现值函数就是指 NPV 随折现率 i 变化的函数关系。从净现值的计算式(4-4)可知，当方案的净现金流量固定不变而折现率 i 变化时，则净现值 NPV 将随 i 的增大而减小，若 i 连续变化，则可能得出 NPV 值随 i 变化的函数曲线，此为净现值函数。例如，某项目于第 0 年年末投资 1000 万元并投产，在寿命期 4 年内每年净现金流量为 400 万元，该项目的净现流量及其净现值随折现率变化而变化的对应关系如表 4-6 所示。

表 4-6 某项目现金流量及其净现值函数

万元

年 份	净现金流量	折现率/%	$NPV(i)=-1000+400(P/A,I,4)$
0	−1000	0	600
1	400	10	268
2	400	20	35
3	400	22	0
4	400	30	−133
		40	−260
		50	−358
		∞	−1000

根据表 4-6 的数据，用纵坐标表示净现值 NPV，横坐标表示折现率 i，绘制的净现值函数曲线如图 4-2 所示。

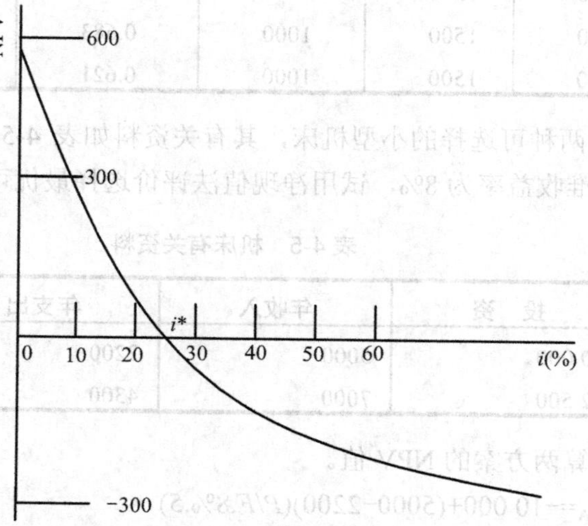

图 4-2 净现值函数曲线

从图 4-2 中，可以发现净现值函数一般有以下特点：

(1) 同一净现金流量的净现值随 i 的增大而减小，故基准折现率 i_0 越大，则净现值就越小，甚至为零或负值，因而可被接受的方案也就越少。

(2) 净值随折现率的增大可从正值变为负值，因此，必然会有当 i 为某一数值 i^* 时，使得净现值 NPV=0。如图 4-2 所表明的，当 $i < i^*$ 时，NPV(i)>0；当 $i > i^*$，NPV(i)<0；只有当净现值函数曲线与横坐标相交时(即图中 i^*=22%)，NPV(i)=0。i^* 是一个具有重要经济意义的折现率临界值，后面还要对它作详细分析。

5) 净现值对 i 的敏感性问题

表 4-7 中列出了两个互相排斥的方案 A 和方案 B 的净现金流量及其在折现率分别为 10%和 20%时的净现值。由表 4-7 可知，在 i 为 10%和 20%时，两方案的净现值均大于零。根据净现值越大越好的原则，当 i=10%时，$NPV_A > NPV_B$，故方案 A 优于方案 B；当 i=20%时，$NPV_A < NPV_B$，则方案 B 优于方案 A。这一现象对投资决策具有重要意义。例如，假设在一定的基准折现率 i_0 和投资总限额 K_0 下，净现值大于零的项目有 5 个，其投资总额恰为 K_0，故上述项目均被接受，按净现值的大小，设其排列顺序为 A、B、C、D、E。但若现在的投资总额必须压缩，减至 K_1 时，新选项目是否仍然会遵循 A、B、C、D、E 的原则顺序直至达到投资总额为止呢？一般说不会的。随着投资现额的减少，为了减少被选取的方案数(准确地说，是减少被选取项目的投资总额)，应该提高基准折现率，但基准折现率提高到某一数值时，由于各项目方案净现值对基准折现率的敏感性不同，原先净现值小的项目，其净现值现在可能大于原先净现值大的项目。因此，在基准折现率随着投资总额变动的情况下，按净现值准则选择项目不一定会遵循原有的项目排列顺序。所以基准折现率是投资项目经济效果评价中一个十分重要的参数。

表 4-7　方案 A、B 在基准折现率变动时的净现值　　万元

年份方案	0	1	2	3	4	5	NPV_A (i=10%)	NPV_B (i=20%)
A	−230	100	100	100	50	50	83.91	24.81
B	−100	30	30	30	30	30	75.40	33.58

6) 净现值法的优缺点

净现值法的优点如下。

(1) 考虑了投资项目在整个经济寿命期内的收益，在决定短期利益时常常使用某年的净利润一词，而净现值则往往在决定长期利益时使用；

(2) 考虑了投资项目在整个经济寿命期内的更新或追加投资；

(3) 反映了纳税后的投资效果；

(4) 既能在费用效益对比上进行评价，又能和其他投资方案进行同收益率的比较。

净现值法的缺点如下。

(1) 需要预先确定基准折现率 i_0，这给项目决策带来了困难。i_0 定得略高，则 NPV 比较小，使方案不易通过；反之，i_0 略低，方案容易被通过。影响基准折现率 i_0 大小的因素主

要有投资收益率(资金成本、投资的机会成本等)、通货膨胀率以及项目可能面临的风险。

因此基准折现率 i_0 是评价项目方案经济效益的合理性尺度，是选择方案的决策标准，国家计委按照企业和行业的平均投资收益率，并考虑了产业政策、资源劣化程度、技术进步和价格变动等因素，分行业确定颁布基准折现率，基准折现率是国家对投资调控的手段。

(2) 用净现值比选方案时，没有考虑各方案投资额的大小，因而不能直接反映资金的利用效率。例如A、B两个项目，A方案投资总额为1000万元，净现值为10万元；B方案投资总额为50万元，净现值为5万元。如按净现值比选方案，$NPV_A > NPV_B$，所以A方案优于B方案。但A方案的投资总额是B方案的20倍，且净现值却只有B方案的2倍，如果建20个B方案，净现值可达100万元，显然B方案的资金利用率高于A方案。为了考虑资金的利用效率，人们通常将净现值率作为净现值的辅助指标。

2. 费用现值法

1) 概念

在对多个方案比较选优时，如果诸方案产出价值相同，或者诸方案能够满足同样需要但其产出效益难以用价值形态计量(如环保、教育、保健、国防)时，可以通过对各方案按费用现值或费用年值的比较进行选择。

费用现值，就是把不同方案计算期内的各年年成本按基准收益率换算成基准年的现值和，再加上方案的总投资现值。费用现值越小，其方案经济效益越好。

2) 计算

考虑资金时间的费用现值公式为

$$\begin{aligned} PC &= \sum_{t=0}^{n} CO_t (P/F, i_0, t) \\ &= \sum_{t=0}^{n} (K + c' - S_v - W)_t (P/F, i_0, t) \end{aligned} \tag{4-5}$$

式中：PC——费用现值或现值成本；

c'——年经营成本；

S_v——计算期末回收的固定资产余值；

W——计算期末回收的流动资金。

【例4-6】 某项目有A、B、C三个方案均能满足同样的需要，其费用数据如表4-8所示。在基准折现率为10%的情况下，试用费用现值法确定最优方案。

表4-8 三个方案的费用数据表 万元

方 案	总投资(第0年年末)	年费用(第1年到第10年年末)
A	200	80
B	300	50
C	500	20

解： $PC_A=200+80(P/A,10\%,10)=691.6$(万元)

$PC_B=300+50(P/A,10\%,10)=607.25$(万元)

$PC_C=500+20(P/A,10\%,10)=622.9$(万元)

根据费用最小的选优原则，B 方案最优，C 方案次之，A 方案最差。

在运用费用现值法进行多方案比较时，应注意以下两点：

(1) 各方案除费用指标外，其他指标和有关因素应基本相同，如产量、质量、收入应基本相同，在此基础上比较费用的大小；

(2) 被比较的各方案，特别是费用现值只能反映费用的大小，而不能反映净收益情况，所以这种方法只能判断方案优劣，而不能用于判断方案是否可行。

4.2.2 年值法

年值(金)法，是把每个方案在寿命周期内不同时点发生的所有现金流量都按设定的收益率(基准收益率)换算成与其等值的等额支付序列年值(金)。由于换算为各年的等额现金流量，所以满足了时间上的可比性，故可根据此法进行不同寿命期方案的评价、比较和选择。

1. 净年值法

1) 概念

净年值法，是将方案各个不同的净现金流量按基准收益率折算成与其等值的整个寿命期内的等额支付序列年值后再进行评价、比较和选择的方法。

2) 计算

净年值的计算公式为

$$\begin{aligned}\text{NAV} &= \text{NPV}(A/P,i_0,n)\\ &= \left[\sum_{t=0}^{n}(\text{CI}-\text{CO})_t(A/P,i_0,t)\right](A/P,i_0,n)\end{aligned} \tag{4-6}$$

式中：NAV——净年值。

3) 判别准则

在独立方案或单一方案评价时，NAV≥0，方案可行；NAV＜0，拒绝接受方案。

在多方案比较时，净年值越大，方案经济效果越好。

显而易见，净年值的经济意义是方案在寿命期内除每年获得按基准收益率计算的收益外，还可获得等额的超额净收益。

将式(4-6)与式(4-4)相比较可知，净年值与净现值两个指标的比值为一常数，在评价方案时，结论总是一致的。因此，就项目的评价结论而言，净年值与净现值是等效评价指标。净现值给出的信息是项目在整个寿命期内获取的超出最低期望盈利的超额净收益现值，净年值给出的信息是项目在寿命期内每年的等额超额净收益。由于在某些决策结构形式下，采用净年值比净现值更为简便和易于计算，特别是净年值指标可直接用于寿命期不等的多方案比较，故净年值指标在经济评价指标体系中占有相当重要的地位。

【例 4-7】 某投资方案的净现金流量如图 4-3 所示，设基准收益率为 10%，求该方案的净年值。

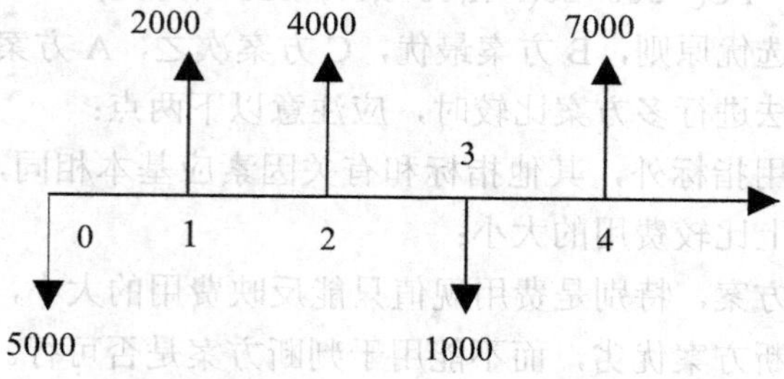

图 4-3 投资方案现金流量(万元)

解：用现值求

NAV=[−5000+2000(P/F,10%,1)+4000(P/F,10%,2)
−1000(P/F,10%,3)+7000(P/F,10%,4)](A/P,10%,4)
=1311(万元)

用终值求

NAV=[−5000(F/P,10%,4)+2000(F/P,10%,3)
+4000(F/P,10%,2)−1000(F/P,10%,1)+7000](A/F,10%,4)
=1311(万元)

2. 费用年值法

1) 概念

与净现值和净年值指标的关系类似，费用年值与费用现值也是一对等效评价指标，费用年值是将方案计算期内不同时点发生的所有费用支出，按基准收益率折算成与其等值的等额支付序列年费用。

2) 计算

$$AC=\left[\sum_{i=0}^{n}CO_t(P/F,i_0,t)\right](A/F,i_0,n)=\left[\sum_{i=0}^{n}(K+C'-S_v-W)_t(P/F,i_0,t)\right](A/P,i_0,n) \quad (4\text{-}7)$$

式中：AC——费用年值或年值成本。

【例 4-8】 两种机床资料如表 4-9 所示，基准收益率为 15%，试用年费用比较选择最优可行方案。

表 4-9 资料数据 万元

机 床	投 资	年经营费用	净残值	使用寿命
A	3000	2000	500	3
B	4000	1600	0	5

解：

AC_A=[3000+2000(P/A,15%,3)−500(P/F,15%,3)](A/P,15%,3)

=3170(万元)

AC_B=[4000+1600(P/A,15%,5)](A/P,15%,5)

=2793(万元)

机床 B 为较优方案。

4.2.3　净现值率法

1. 概念

净现值率反映了投资资金的利用效率，常作为净现值指标的辅助指标。净现值率是指按基准折现率求得的方案计算期内的净现值与其全部投资现值的比率。

2. 计算

净现值率的计算公式为

$$NPVR = \frac{NPV}{K_p} \tag{4-8}$$

式中：NPVR——净现值率；

K_p——项目总投资现值。

净现值率的经济含义是单位投资现值所取得的净现值额，也就是单位投资现值所取得的超额净效益。净现值率的最大化，将有利于实现有限投资取得净贡献值的最大化。

净现值率法的判别准则为：用净现值率评价方案时，当 NPVR≥0 时，方案可行；当 NPVR＜0 时，方案不可行。

用净现值率进行方案比较时，以净现值率较大的方案为优。净现值率法主要适用于多方案的优劣排序。

【例 4-9】 某工程有 A、B 两种方案均可行，现金流量如表 4-10 所示，当基准折现率为 10%时，试用净现值法和净现值率法比较择优。

表 4-10　A、B 方案的现金流量表　　万元

年份 \ 项目	0		1		2		3		4		5	
	A	B	A	B	A	B	A	B	A	B	A	B
投资	2000	3000										
现金流入			1000	1500	1500	2500	1500	2500	1500	2500	1500	2500
现金流出			400	1000	500	1000	500	1000	500	1000	500	1000

解：按净现值判断

NPV_A=−2000+(1000−400)(P/F,10%,1)

+(1500−500)(P/A,10%,4)(P/F,10%,1)

=1427(万元)

$$NPV_B=-3000-1000(P/A,10\%,5)+1500(P/F,10\%,1)$$
$$+2500(P/A,10\%,4)(P/F,10\%,1)$$
$$=1777(\text{万元})$$

因为 $NPV_A>0$，$NPV_B>0$，且 $NPV_A<NPV_B$，故 B 方案为优选方案。

按净现值率判断

$$NPVR_A=1427/2000=0.7135$$
$$NPVR_B=1777/3000\approx 0.5923$$
$$NPVR_A>NPVR_B$$

A 方案为优选方案，与净现值法的结论相反。

由此可见，当投资额不相同时，除应用净现值法外，往往需要进行净现值率的计算，只有这样才能做出正确的评价。如单纯采用净现值率对方案进行选择，可能会导致不正确的结论，NPVR 最大准则仅适用于投资额相近的方案选择。

上面计算 A 方案的净现值率为 0.7135，其含义是方案 A 除了有 10%的基准收益率外，每万元现值投资尚可获得 0.7135 万元的净收益。

4.2.4 动态投资回收期法

1. 概念

所谓动态投资回收期，是在考虑资金时间价值条件下，按设定的基准收益率收回投资所需的时间。它克服了静态投资回收期未考虑时间因素的缺点。

2. 计算

动态投资回收期可由下式求得

$$\sum_{t=0}^{P_D}(\mathrm{CI}-\mathrm{CO})_t(1+i_0)^{-t}=0 \tag{4-9}$$

式中：P_D——动态投资回收期。

式(4-9)中的 P_D 是指按基准收益率将各年净收益和投资折现，使净现值刚好等于零的计算期期数。

也可用全部投资的财务现金流量表中的累计净现值计算求得，其详细计算式为

$$P_D=\frac{\text{累计净现值开始}}{\text{出现正值年份数}}-1+\frac{\text{上年累计净现值绝对值}}{\text{当年净现值}} \tag{4-10}$$

用动态投资回收期评价投资项目的可行性需要与基准动态投资回收相比较。设基准动态投资回收期为 P_b，判别准则为：若 $P_D\leqslant P_b$，项目可以接受，否则应予以拒绝。

【例 4-10】用例 4-2 的数据，计算动态投资回收期，并对项目可行性进行判断(i_0=10%)。基准投资回收期是 9 年。具体计算过程见表 4-11。

解：列表并根据公式计算如下：

表 4-11　现金流量表　　单位：万元

项目 \ 年份	0	1	2	3	4	5	6	7	8	9	10~n
净现金流量	-6000	0	0	800	1200	1600	2000	2000	2000	2000	2000
现值系数	1	0.9091	0.8264	0.7513	0.6830	0.6209	0.5645	0.5132	0.4665	0.4241	0.3855~
净现金流量现值	-6000	0	0	601.04	819.6	993.44	1129	1026.4	933	848.2	771
累计净现金流量现值	-6000	-6000	-6000	-5398.96	-4579.36	-3585.92	-2456.92	-1430.52	-497.52	350.68	1121.68

根据公式

$$P_D=\begin{Bmatrix}\text{累计净现值开始}\\\text{出现正值年份数}\end{Bmatrix}-1+\frac{\text{上年累计净现值绝对值}}{\text{当年净现值}}$$

$$P_D=9-1+\frac{497.52}{848.2}\approx 8.59\text{(年)}<9\text{ 年}$$

该方案可以接受。

4.2.5　内部收益率法

1. 概念

内部收效率又称内部报酬率，它是除净现值以外的另一个最重要的动态经济评价指标。净现值是求所得与所费的绝对值，而内部收益率是求所得与所费的相对值。

所谓内部收益率是指项目在计算期内各年净现金流量现值累计(净现值)等于零时的折现率。

2. 计算

内部收益率可由式(4-11)计算得到

$$\sum_{t=0}^{n}(\mathrm{CI}-\mathrm{CO})_t(P/F,\mathrm{IRR},t)=0 \tag{4-11}$$

式中：IRR ——内部收益率。

内部收益率的几何意义可以在图 4-2 中得到解释。由图 4-2 可知，随着折现率的不断增大，净现值不断减小。当折现率增至 22%时，项目净现值为零。对该项目而言，其内部收益率即为 22%。一般而言，IRR 是 NPV 曲线与横坐标交点处对应的折现率。

3. 内部收益率的判别准则

计算求得内部收益率 IRR 要与项目的基准收益率 i_0 相比较。当 IRR $\geqslant i_0$ 时，则表明项目的收益率已达到或超过基准率水平，项目可行；反之，当 IRR $< i_0$ 时，则表明项目不可行。

由于式(4-11)是一个高次方程，直接用式(4-11)求得比较复杂，因此，在实际应用中通常采用“线性插值法”，求 IRR 的原理如图 4-4 所示，其求解步骤如下。

(1) 计算方案各年的净现金流量。

(2) 在满足下列两个条件的基础上预先估计两个适当的折现率i_1和i_2。

① $i_1 < i_2$且$(i_2 - i_1) \leqslant 5\%$；

② $NPV(i_1) > 0$，$NPV(i_2) < 0$。

如果预估的i_1和i_2不满足这两个条件要重新预估，直至满足条件。

(3) 用线性插值法近似求得内部收益率IRR，如图4-4所示。因为

$$\triangle ABE \backsim \triangle CDE$$

所以

$$AB : CD = BE : DE$$

即

$$NPV_1 : |NPV_2| = BE : [(i_2 - i_1) - BE]$$

$$BE = \frac{(i_2 - i_1)NPV_1}{NPV_1 + |NPV_2|}$$

$$IRR = i_1 + BE = i_1 + \frac{NPV_1}{NPV_1 + |NPV_2|}(i_2 - i_1)$$

式中：i_1——插值用的低折现率；

i_2——插值用的高折现率；

NPV_1——用i_1计算的净现值(正值)；

NPV_2——用i_2计算的净现值(负值)。

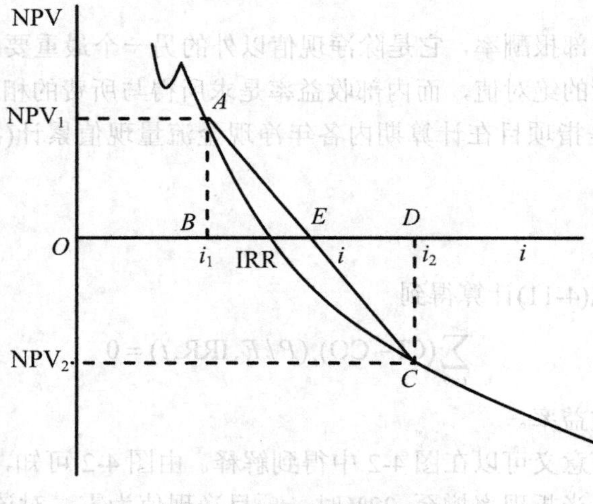

图4-4 线性插值法求IRR

【例4-11】 某工程的现金流量表如表4-12所示，基准收益率为10%，试用内部收益率法分析该方案是否可行。

表4-12 现金流量表 万元

年份	0	1	2	3	4	5
现金流量	−2000	300	500	500	500	1200

解：i_1=12%

$$NPV(i_1)=-2000+300(P/F,12\%,1)+500(P/A,12\%,3)(P/F,12\%,1)+1200(P/F,12\%,5)$$

$$=-2000+300\times0.8929+500\times2.4018\times0.8929+1200\times0.5674$$

$$=149.65(万元)>0$$

$$NPV(i_2)=-2000+300(P/F,14\%,1)+500(P/A,14\%,3)(P/F,14\%,1)+1200(P/F,14\%,5)$$

$$=-9(万元)<0$$

可见 IRR 在 12%～14%。

$$IRR=i_1+\frac{NPV(i_1)}{NPV(i_1)+|NPV(i_2)|}(i_2-i_1)$$

$$=12\%+\frac{21}{21+9}(14\%-12\%)$$

$$\approx 13.4\%$$

IRR=13.4%>10%，则该方案可取。

4. 内部收益率的经济含义

内部收益率是用以研究项目方案全部投资的经济效益问题的指标，其数值大小表达的并不是一个项目初始投资的收益率，而是尚未回收的投资余额的年盈利率。内部收益率的大小与项目初始投资和项目在寿命期内各年的净现金流量的大小有关。

【例 4-12】 某企业用 10 000 元购买设备，计算期为 5 年，各年的现金流量如图 4-5 所示。

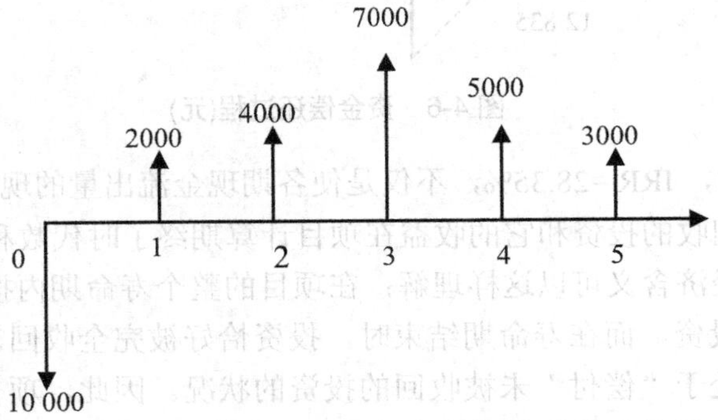

图 4-5　设备现金流量(元)

解：

$$NPV=-1000+2000(P/F,i,1)+4000(P/F,i,2)+7000(P/F,i,3)+5000(P/F,i,4)+3000(P/F,i,5)$$

$$=0$$

以 i_1=28%代入，得 NPV_1=-79 元

以 i_2=30%代入，得 NPV_2=-352 元

$$IRR=28\%+\frac{79}{79+352}\times(30\%-28\%)\approx 28.37\%$$

以 IRR=28.37%，计算图中的现金流量，按此利率计算收回全部投资的年限，如表 4-13

所示。

表 4-13　投资余额利息计算表　万元

年　限	t 期期初未回收的投资	t 至 t+1 期获得的盈利	t 期期末的现金流量	t+1 期期初未回收的投资
	①	②=①×i	③	④=①+②+③
0			-10 000	-10 000
1	-10 000	-2 835	2 000	-10 835
2	-10 835	-3 072	4 000	-9 907
3	-9 907	-2 809	7 000	-5 716
4	-5 716	-1 621	5 000	-2 337
5	-2 337	-663	3 000	0

在 5 年内现金收入偿还投资过程如图 4-6 所示。

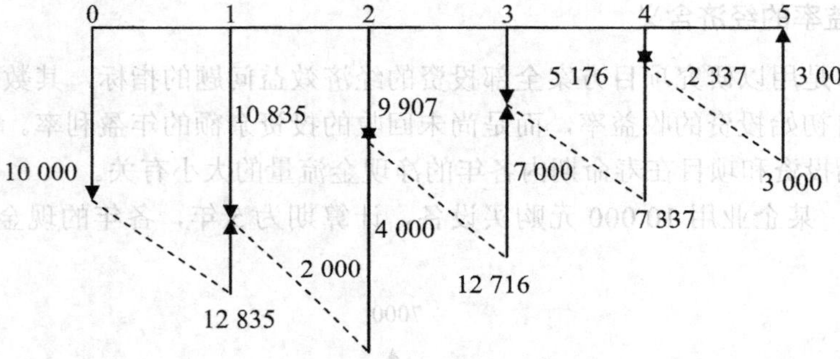

图 4-6　资金偿还过程(元)

从图 4-6 中可知，IRR =28.35%，不仅是使各期现金流出量的现值之和为零的折现率，而且也是使各年未回收的投资和它的收益在项目计算期终了时代数和为零的折现率。

内部收益率的经济含义可以这样理解：在项目的整个寿命期内按利率 i = IRR 计算，始终存在未能收回的投资，而在寿命期结束时，投资恰好被完全收回。也就是说，在项目寿命期内，项目始终处于“偿付”未被收回的投资的状况。因此，项目的“偿付”能力完全取决于项目内部，故有“内部收益率”之称。

由例 4-12 中，内部收益率的经济含义还有另一种表达方式，即它是项目寿命期内没有回收的投资的盈利率。它不是初始投资在整个寿命期内的盈利率，因而它不仅受到项目初始投资规模的影响，而且受项目寿命期内各年净收益大小的影响。

4.3　投资方案的选择

对技术项目方案进行经济评价，一般常遇到两种情况：一种是单方案评价，即投资项目只有一种技术方案或独立的项目方案可供评价；另一种是多方案评价，即投资项目有几种可供选择的技术方案。对单方案的评价，采用前述的经济指标就可以决定项目的取舍。但是，在实践中，由于决策结构的复杂性，往往只有对多方案进行比较评价，才能决策出技术上先进适用，经济上合理有利，社会效益大的最优方案。

多方案动态评价方法的选择与参加比选的项目方案的类型(即项目方案之间的相互关系)有关。按方案之间的经济关系可分为相关方案与非相关方案。如果采纳或放弃某一方案并不显著地改变另一方案的现金流系列，或者不影响另一方案，则认为这两个方案在经济上是不相关的。如果采纳或放弃某一方案显著地改变了其他方案的现金流系列，或者要影响其他方案，则认为这两个(或多个)方案在经济上是相关的。为了叙述上的方便，根据方案的性质，可将方案分为以下三种类型：

(1) 互斥型。即在多方案中只能选择一个，其余方案必须放弃。方案不能同时存在，方案之间的关系具有互相排斥的性质。

(2) 独立型。作为评价对象的各个方案的现金流量是独立的，不具有相关性，且任一方案的采用与否都不影响其他方案是否采用的决策。即方案之间不具有排斥性，采纳一方案并不要求放弃另外的方案。如果决策的对象是单一方案，则可以认为是独立方案的特例。

(3) 混合型。在方案群内包括的各个方案之间既有独立关系，又有互斥关系。

不同类型方案的评价指标和方法是不同的，但比较的宗旨只有一个：最有效地分配有限的资金，以获得最好的经济效益。

4.3.1　互斥方案的选择

在对互斥方案进行评价时，经济效果评价包含两部分内容：一是考察各个方案自身的经济效果，即进行绝对效果检验，用经济效果评价标准(如 NPV_0，NAV_0，$IRR\,i_0$)检验方案自身的经济性，叫作“绝对(经济)效果检验”。凡通过绝对效果检验的方案，就认为它在经济上是可以接受的，否则就应予以拒绝。二是考察哪个方案相对最优，称作“相对(经济)效果检验”。一般先用绝对经济效果方法筛选方案，然后以相对经济效果方法优选方案，其步骤如下。

(1) 按项目方案投资额大小将方案排序。

(2) 以投资额最低的方案为临时最优方案，计算此方案的绝对经济效果指标，并与判别标准比较，直至成立。

(3) 依次计算各方案的相对经济效益，并与判别标准如基准收益率比较，优胜劣汰，最终取胜者，即为最优方案。

上节介绍的投资回收期、净现值、净年值、内部收益率均是绝对经济效益指标。关于相对经济效益指标将在下面介绍。

使用互斥方案进行比较时，必须具备以下基本条件：

(1) 被比较方案的费用及效益计算方式一致。

(2) 被比较方案在时间上可比。

(3) 被比较方案现金流量具有相同的时间特征。

如果以上条件不能满足，各个方案之间不能进行直接比较，必须经过一定转化后方能进行比较。

1. 寿命期相同的互斥方案的选择

对于寿命周期相同的互斥方案，计算期通常设定为其寿命周期，这样能满足在时间上的可比性。互斥方案的评价与选择通常采用净现值、净年值和内部收益率比较法，这些方法在前面已讲述过，这里我们介绍一种新的方法——增量分析法。

1) 增量分析法

先分析一个互斥方案评价的例子。

【例 4-13】 方案 A、B 是互斥方案，其各年的现金流量如表 4-14 所示，试对方案进行评价选择(i_0=10%)。

解：首先计算两个方案的绝对经济效果指标 NPV 和 IRR，计算结果如表 4-14 所示。

$$NPV_A = 2300 + 650(P/A,10\%,10) = 1693.6\ (万元)$$
$$NPV_B = 1500 + 500(P/A,10\%,10) = 1572\ (万元)$$

表 4-14 互斥方案 A、B 的净现金流量及经济效果指标 万元

现金流量	0	1～10	NPV	IRR
方案 A 的净现金流量	-2300	650	1693.6	25.34%
方案 B 的净现金流量	-1500	500	1572	31.22%
增量净现金流量 A-B	-800	150	121.6	13.6%

由方程式

$$-2300 + 650(P/A,IRR_A,10) = 0$$
$$-1500 + 500(P/A,IRR_B,10) = 0$$

经查表并插值计算可得

$$IRR_A = 25.34\%\text{，}\ IRR_B = 31.22\%$$

NPV_A、NPV_B均大于零，IRR_A、IRR_B均大于基准折现率，所以方案 A 和方案 B 都能通过绝对经济效果检验，且使用 NPV 指标和使用 IRR 指标进行绝对经济效果检验的结论是一致的。

由于NPV_A＞NPV_B，故按净现值最大准则，方案 A 优于方案 B。但计算结果还表明IRR_A＜IRR_B，若以内部收益率最大为比选准则，方案 B 优于方案 A，这与按净现值最大准则比选的结论相矛盾。究竟按哪种准则进行互斥方案比选更合理呢？解决这个问题需要分析投资方案比选的实质。投资额不等的互斥方案比选的实质是判断增量投资(或差额投资)的经济合理性，即投资大的方案相对于投资小的方案多投入的资金能否带来满意的增量收益。显然，若增量投资能够带来满意的增量收益，则投资额大的方案优于投资额小的方案，若增量投资不能带来满意的增量收益，则投资额小的方案优于投资额大的方案。

采用这种通过计算增量净现金流量评价增量投资的经济效果，对投资额不等的互斥方案进行比选的方法称为增量分析法或差额分析法。这是互斥方案比选的基本方法。

2) 增量分析指标

净现值、净年值、投资回收期和内部收益率等评价指标都可用于增量分析，下面进一步讨论。

(1) 差额净现值。对于互斥方案，利用两方案的差额净现金流现值来分析，称为差额净现值法。设 A、B 为投资额不等的互斥方案，A 方案比 B 方案投资大，两方案的差额净现值可由下式求出

$$\Delta NPV=\sum_{t=0}^{n}\left[(CI_A-CO_A)_t(CI_B-CO_B)_t\right](1+i_0)^{-t}$$

$$=\sum_{t=0}^{n}(CI_A-CO_A)_t(1+i_0)^{-t}-\sum_{t=0}^{n}(CI_B-CO_B)_t(1+i_0)^{-t}$$

$$=NPV_A-NPV_B$$

其分析过程是：首先计算两个方案的净现金流量之差，然后分析投资大的方案相对投资小的方案所增加的投资在经济上是否合理，即差额净现值是否大于零。若$\Delta NPV\geqslant 0$，即$NPV_A>NPV_B$，表明增加的投资在经济上是合理的，投资大的方案优于投资小的方案；反之，则说明投资小的方案是更经济的。

当有多个互斥方案进行比较时，为了选出最优方案，需要对各个方案之间进行两两比较。当方案很多时，这种比较就显得很烦琐。在实际分析中，可采用简化方法来减少不必要的比较过程。对于需要比较的多个互斥方案，首先将它们按投资额的大小顺序排列，然后从小到大进行比较。每比较一次就淘汰一个方案，从而可以大大减少比较次数。

必须注意的是，差额净现值只能用来检验差额投资的效果，或者说是相对效果。差额净现值大于零只表明增加的投资是合理的，并不表明全部投资是合理的。因此，在采用差额净现值法对方案进行比较时，首先必须确定作为比较基准的方案其绝对效果是好的。

【例 4-14】 有三个互斥型的投资方案，寿命期均为 10 年，各方案的初始投资和年净收益如表 4-15 所示。试在折现率为 10%的条件下选择最佳方案。

表 4-15 互斥方案 A、B、C 的初始投资和年净收益 万元

方 案	初始投资	年净收益
A	−170	44
B	−260	59
C	−300	68
B−A	−90	15
C−B	−40	9

解： 各投资方案按投资额大小排列顺序是 A、B、C。首先检验 A 方案的绝对效果，可看作是 A 方案与不投资进行比较。

$$NPV_{A-0}=\left[-170+44(P/A,10\%,10)\right]=100.34\ (万元)$$

由于NPV_{A-0}大于零，说明 A 方案的绝对效果是好的。

$$NPV_{B-A}=\left[-90+15(P/A,10\%,10)\right]=2.17\ (万元)$$

NPV_{B-A}大于零，即方案B优于方案A，淘汰方案A。

$$NPV_{C-B}=\left[-40+9(P/A,10\%,10)\right]=15.30\text{(万元)}$$

NPV_{C-B}大于零，表明投资大的C方案优于投资小的B方案。三个方案的优劣顺序是：C方案最优，B方案次之，A方案最差。

如下用净现值最大原则来比选，可以得到同样的结论。

$$NPV_A=-170+44(P/A,10\%,10)=100.34\text{(万元)}$$
$$NPV_B=-260+59(P/A,10\%,10)=102.51\text{(万元)}$$
$$NPV_C=-300+68(P/A,10\%,10)=117.81\text{(万元)}$$

因为$NPV_C > NPV_B > NPV_A$，故C方案最优，B方案次之，A方案最差。

因此，实际工作中应根据具体情况选择比较方便的比选方法。当有多个互斥方案时，直接用净现值最大准则选择最优方案比两两比较的增量分析更为简便。分别计算各备选方案的净现值，根据净现值最大准则选择最优方案可以将方案的绝对经济效果检验和相对经济效果检验结合起来，判别准则可表述为：净现值最大且非负的方案为最优方案。

(2) 差额内部收益率。所谓差额投资内部收益率，是指相比较的两个方案各年净现金流量差额的现值之和等于零时的折现率。其计算公式为

$$NPV_A-NPV_B=0$$

即

$$\sum_{t=0}^{n}(\Delta CI-\Delta CO)_t\left(1+\Delta IRR\right)^{-t}=0 \tag{4-12}$$

式中：ΔCI——互斥方案A、B的差额(增量)现金流入，$\Delta CI=CI_A-CI_B$；

ΔCO——互斥方案A、B的差额(增量)现金流出，$\Delta CO=CO_A-CO_B$；

ΔIRR——互斥方案A、B的差额内部收益率。

由式(4-12)可以推出

$$\sum_{t=0}^{n}(CI_A-CO_A)_t(1+\Delta IRR)^{-t}-\sum_{t=0}^{n}(CI_B-CO_B)_t(1+\Delta IRR)^{-t}=0 \tag{4-13}$$

因此，差额内部收益率的另一种表述是：两互斥方案净现值(或净年值)相等时的折现率。

用差额内部收益率比选方案的判别准则是：若$\Delta IRR > i_0$，则投资大的方案为优；若$\Delta IRR < i_0$，则投资小的方案为优。

下面用净现值函数曲线来说明差额投资内部收益率的几何意义以及比选方案的原理。

在图4-7中曲线A、B分别为方案A、B的净现值函数曲线。

在图中，a点为A、B两方案净现值曲线的交点，在这一点两方案净现值相等。因此a点所对应的折现率即为两方案的差额内部收益率ΔIRR。由图4-7(a)中，当$\Delta IRR > i_0$时，$NPV_A > NPV_B$；在图4-7(b)中，当$\Delta IRR < i_0$时，$NPV_A < NPV_B$。用ΔIRR与用NPV比选方案的结论是一致的。

在对互斥方案进行比较选择时，净现值最大准则是正确的，而内部收益率最大准则只在基准折现率大于被比较的两方案的差额内部收益率的前提下成立。也就是说，如果将投资大的方案相对于投资小的方案的增量投资用于其他投资时，会获得高于差额内部收益率

的盈利率，这时用内部收益率最大准则进行方案比选的结论就是正确的。但是若基准折现率小于差额内部收益率，用内部收益率最大准则选择方案就会导致错误的决策。由于基准折现率是独立确定的，不依赖于具体的比选方案的差额内部收益率，故用内部收益率最大准则比选方案是不可靠的。

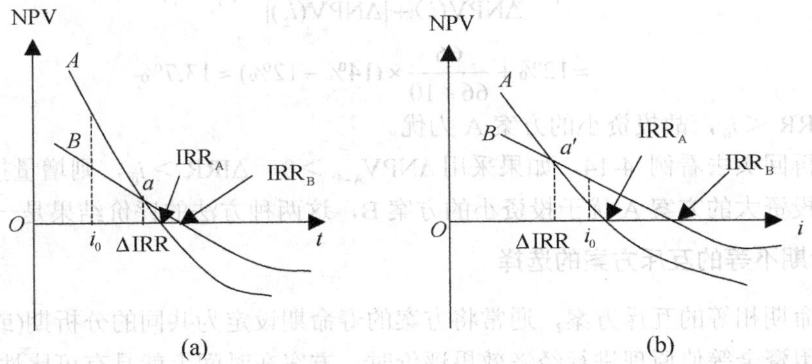

图 4-7　用于方案比较的差额内部收益率

与差额净现值法类似，差额内部收益率只能说明增加投资部分的经济性，并不能说明全部投资的绝对效果。因此，采用差额内部收益率法进行方案评选时，首先必须要判断被比选方案的绝对效果，只有在某一方案绝对效果好的情况下，才能作为比较对象。

【例 4-15】 两个互斥方案，寿命相同，资料数据如表 4-16 所示，基准折现率为 15%，试用差额投资内部收益率法比较和选择最优可行方案。

表 4-16　资料数据　　万元

项目 / 方案	投　资	年收入	年支出	净残值	使用寿命
A	5000	1600	400	200	10
B	6000	2000	600	0	10

解：第一步，计算 NPV 值，判别可行性。

$$NPV_A = -5000 + (1600-400)(P/A,15\%,10) + 200(P/F,15\%,10)$$
$$=-1500+1200\times5.019+200\times0.2472\approx 7572\text{（万元）}$$
$$NPV_B = -6000 + (2000-600)(P/A,15\%,10)$$
$$=-6000+1400\times5.019\approx 1027\text{(万元)}$$

NPV_A 和 NPV_B 均大于零，所以方案 A、B 均可行，按净现值最大判断，方案 A 最优。

第二步，计算差额投资内部收益率，比较、选择最优可行方案。设

$$i_1 = 12\%, i_2 = 14\%$$

$$\Delta NPV(i_1) = [-6000 + (2000-600)(P/A,12\%,10)] - [-5000 + (1600-400)(P/A,12\%,10) + 200(P/F,12\%,10)] \approx 66\text{(万元)}$$

$$\Delta NPV(i_2)=\left[-6000+(2000-600)(P/A,14\%,10)\right]$$
$$-\left[-5000+(1600-400)(P/A,14\%,10)+200(P/F,14\%,10\right]$$
$$\approx -10(万元)$$

$$\Delta IRR=i_1+\frac{\Delta NPV(i_1)}{\Delta NPV(i_1)+\left|\Delta NPV(i_2)\right|}\times(i_2-i_1)$$
$$=12\%+\frac{66}{66+10}\times(14\%-12\%)\approx 13.7\%$$

因为$\Delta IRR < i_0$，故投资小的方案A为优。

这里，再回头去看例 4-14，如果采用$\Delta NPV_{A-B}>0$，$\Delta IRR > i_0$，则增量投资有满意的经济效果。投资大的方案A优于投资小的方案B，这两种方法的评价结果是一致的。

2. 寿命期不等的互斥方案的选择

对于寿命期相等的互斥方案，通常将方案的寿命期设定为共同的分析期(或称计算期)，这样，在利用资金等值原理进行经济效果评价时，方案在时间上就具有可比性。

对寿命不等的互斥方案进行比选，同样要求方案具有可比性。满足这一要求需要解决两个方面的问题：①设定一个合理的共同分析期；②给寿命期不等于分析期的方案选择合理的方案持续假定或者残值回收假定。下面结合具体指标来分析。

1)　年值法

年值法是指投资方案在计算期的收入及支出，按一定的折现率换算为等值年值，用以评价或选择方案的一种方法。在对寿命期不等的互斥方案进行评选时，特别是参加比选的方案数目众多时，年值法是最为简便的方法。年值法使用的指标有净年值与费用年值。

设m个互斥方案，其寿命期分别为$n_1,n_2,n_3,\cdots,n_m$，方案$j(j=1,2,\cdots,m)$在其寿命期内的净年值为

$$NAV_j=NPV_j(A/P,i_0,n_j)$$
$$=\left[\sum_{t=0}^{n_j}(CI_t-CO_j)_t(P/F,i_0,t)\right](A/P,i_0,n_j) \tag{4-14}$$

净年值最大且非负的方案为最优的可行方案。

【例 4-16】 现有互斥方案A、B、C，各方案的现金流量见表4-17，试在基准折现率为12%的条件下选择最优方案。

表4-17　A、B、C方案的现金流量

方　案	投资额/万元	年净收益/万元	寿命期/年
A	204	72	5
B	292	84	6
C	380	112	8

解：计算各方案的净年值

$$NAV_A=-204(A/P,12\%,5)+72=15.41\,(万元)$$
$$NAV_B=-292(A/P,12\%,6)+84=12.98\,(万元)$$

$$NAV_C = -380(A/P,12\%,8) + 112 = 35.51(\text{万元})$$

由于 $NAV_C > NAV_A > NAV_B$，故以方案 C 为最优方案。

用年值法进行寿命不等的互斥方案比选，实际上隐含着这样一种假定：各备选方案在其寿命结束时均可按原方案重复实施或以与原方案经济效果水平相同的方案接续。因为一个方案无论重复实施多少次，其年值是不变的，所以年值法实际上假定了各方案可以无限多次重复实施。在这一假定前提下，年值法以“年”为时间单位比较各方案的经济效果，从而使寿命不等的互斥方案间具有可比性。

2)　最小公倍数法

当互斥方案寿命不等时，一般情况下，各方案的现金流在各自寿命期内的现值不具有可比性。如果要使用现值指标进行方案比选，必须设定一个共同的分析期。分析期的设定通常采用最小公倍数法。

此法是以不同方案使用寿命的最小公倍数作为研究周期，在此期间各方案分别考虑以同样规模重复投资多次，据此算出各方案的净现值，然后进行比较选优。

【例 4-17】 某企业技术改造有两个方案可供选择，各方案的有关数据见表 4-18，试在基准折现率为 12%的条件下选择最优方案。

表 4-18　A、B 方案的经济数据

方　案	投资额/万元	年净收益/万元	寿命期/年
A	800	360	6
B	1200	480	8

解：由于各方案的寿命期不同，须先求出两个方案寿命期的最小公倍数，其值为 24 年。两个方案重复后的现金流量如图 4-8 所示。从现金流量图中可以看出，方案 A 重复 4 次，方案 B 重复 3 次。

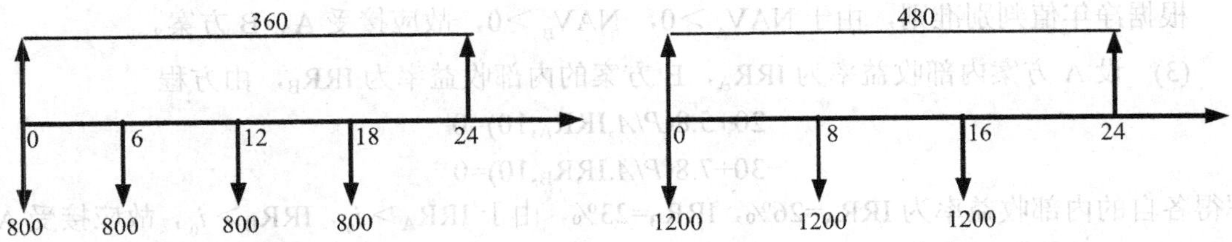

(a) 方案 A　　(b) 方案 B

图 4-8　现金流量示意图

$$\begin{aligned}NPV_A &= -800 - 800(P/F,12\%,6) - 800(P/F,12\%,12)\\&\quad - 800(P/F,12\%,18) + 360(P/A,12\%,24)\\&= 1287.7(\text{万元})\end{aligned}$$

$$\begin{aligned}NPV_B &= -1200 - 1200(P/F,12\%,8)\\&\quad - 1200(P/F,12\%,16) + 480(P/A,12\%,24)\\&= 1856.1(\text{万元})\end{aligned}$$

由于 $NPV_B > NPV_A$，故方案 B 优于方案 A。

4.3.2 独立方案的选择

独立方案采用与否，只取决于方案自身的经济性，即只需检验它们是否能够通过净现值、净年值或内部收益率等绝对效益评价方法。

【例 4-18】 两个独立方案 A 和 B，其现金流量如表 4-19 所示。试判断其经济可行性(i_0=12%)。

表 4-19 独立方案 A、B 的净现金流量

万元

年份/方案	0	1~10
A	-20	5.8
B	-30	7.8

解：本例为独立方案，可计算方案自身的绝对效果指标——净现值、净年值和内部收益率等，然后根据各指标的判别准则进行绝对效果检验并决定取舍。

(1)

$$NPV_A=-20+5.8(P/A,12\%,10)=12.77(\text{万元})$$

$$NPV_B=-30+7.8(P/A,12\%,10)=14.07(\text{万元})$$

由于 $NPV_A>0$，$NPV_B>0$，根据净现值判别准则，A、B 方案均可接受。

(2)

$$NAV_A=NPV_A(A/P,12\%,10)=2.26\ (\text{万元})$$

$$NAV_B=NPV_B(A/P,12\%,10)=2.49\ (\text{万元})$$

根据净年值判别准则，由于 $NAV_A>0$，$NAV_B>0$，故应接受 A、B 方案。

(3) 设 A 方案内部收益率为 IRR_A，B 方案的内部收益率为 IRR_B，由方程

$$-20+5.8(P/A,IRR_A,10)=0$$

$$-30+7.8(P/A,IRR_B,10)=0$$

解得各自的内部收益率为 IRR_A=26%，IRR_B=23%，由于 $IRR_A>i_0$，$IRR_B>i_0$，故应接受 A、B 方案。

对于独立方案而言，经济上是否可行的判断根据的是其绝对经济效果指标是否优于一定的检验标准。不论采用净现值、净年值和内部收益率中的哪种评价指标，评价结论都是一样的。

4.3.3 混合型方案的选择

当方案组合中既包含互斥方案，也包含独立方案时，就构成了混合方案。独立方案或互斥方案的选择，属于单项决策。但在实际情况下，需要考虑各个决策之间的相互关系。

混合型方案的特点，就是在分别决策的基础上，研究系统内各个方案的相互关系，从中选择最优秀的方案组合。

选择混合型方案的程序如下所述。

(1) 按组际间方案互相独立、组合内方案互相排斥的原则，形成各种可能的方案组合。

(2) 以互斥型方案比选的原则筛选组合内方案。

(3) 在总的投资限额下，以独立型方案比选原则选择最优秀的方案组合。

【例 4-19】 某投资项目有六个可供选择的方案，其中两个互斥型方案，其余为独立型方案。基准收益率为 10%，其投资、净现值等指标如表 4-20 所示，试进行方案选择。分别假设：①该项目投资额为 1000 万元；②该项目投资限额为 2000 万元。

表 4-20　混合方案比选　　万元

投资方案		投　资	净现值	净现值率
互斥型	A	500	250	0.500
	B	1000	300	0.300
独立型	C	500	200	0.400
	D	1000	275	0.275
	E	500	175	0.350
	F	500	150	0.300

解： 六个方案的净现值都是正值，表明方案都是可取的。

(1) 在 1000 万元资金限额下，以净现值率来判断，选择 A、C 两个方案。A、C 方案的组合效益

$$NPV=250+200=450(万元)$$

(2) 在 2000 万元资金限额时，选择 A、C、E、F 四个方案。A、C、E、F 四个方案的组合效益

$$NPV=250+200+175+150=775(万元)$$

本例说明，先以 NPV 筛选方案淘汰一些可取的方案，然后以 NPVR 优选方案。

思考题与习题

1. 某厂将购买一台机床，已知该机床的制造成本为 6000 元，售价为 8000 元，预计运输费需 200 元，安装费用为 200 元，该机床运行投产后，每年可加工工件 2 万件，每件净收入为 0.2 元，试问该机床的初始投资几年可以收回？如果基准投资回收期为 4 年，购买此机床是否合理？(不计残值)

($p_t=2.1$ 年)

2. 某工程项目各年净现金流量如表 4-21 所示。

表 4-21 净现金流量

年 末	0	1	2
净现金流量/元	−250 000	−200 000	120 000

如果基准折现率为 10%，试计算该项目的静态投资回收期、动态投资回收期、净现值和内部收益率。

($p_t = 5.75$ 年，$p_D = 7.3$ 年，NPV=136 530 元，IRR=17.94%)

3. 某项目初始投资为 1000 万元，第一年年末投资 2000 万元，第二年年末再投资 1500 万元，从第三年起连续 8 年每年年末获利 1450 万元，当残值忽略不计，基准收益率为 12% 时。计算其净现值，并判断该项目经济上是否可行？

(NPV=1761 元)

4. 方案 A、B 在项目计算期内的现金流量如表 4-22 所示。

表 4-22 方案 A、B 的现金流量表　　万元

方案＼年末	0	1	2	3	4	5
A	−500	−500	500	400	300	200
B	−800	−200	200	300	400	500

试分别采用静态评价指标和动态评价指标比较其经济性。($i_0 = 10\%$)

(A: $P_t = 3.33$ 年，$P_D = 4.29$ 年，NPV=88 元)

(B: $P_t = 4.2$ 年，$P_D > 5$ 年，NPV=−7.6 元)

5. 某工程项目期初投资 130 万元，年销售收入为 100 万元，年折旧费用为 20 万元，计算期为 6 年，年经营成本为 50 万元，所得税税率为 35%，不考虑固定资产残值，基准收益率为 10%，试计算该工程项目投资的内部收益率。

(IRR=21.12%)

6. 现有 A、B 两台机床，其经济指标如表 4-23 所示，基准收益率为 15%，试比较选择方案。

表 4-23 机床 A、B 的投资和成本　　元

项 目	机床 A	机床 B
期初投资	3000	4000
年经营成本	2000	1600
残值	500	0
计算期	10	10

(方案 B)

7. 有 A、B 两个方案，其费用和计算期如表 4-24 所示，基准收益率为 10%。

表 4-24　方案 A、B 的已知数据　万元

方　案	A	B
投资	150	100
年经营成本	15	20
计算期	15	10

试用①最小公倍数法，②年成本法比选方案。

(A：PC=327.32 万元，AC=34.57 万元)

(B：PC=341.95 万元，AC=36.27 万元)

8. 有三个方案 A、B、C(不相关)，各方案的投资、年净收益和寿命期如表 4-25 所示，经计算可知，各方案的 IRR 均大于基准收益率的 15%。

表 4-25　A、B、C 方案的有关数据　元

方　案	投　资	年净收益	寿命期
A	12 000	4300	5
B	10 000	4200	5
C	17 000	5800	10

已知总投资限额是 30 000 元，因此，这三个方案不能同时都选上，问应当怎样选择方案。

9. 某工程项目有 A、B 两个设计方案，设基准收益率为 15%，两方案的现金流量如表 4-26 所示，计算期均为 6 年，试以差额内部收益率比选方案。

表 4-26　方案 A、B 的投资和年经营成本　元

方案＼年限	0	1	2	3	4	5	6	第 6 年残值
A	−5000	−1000	−1000	−1000	−1200	−1200	−1200	1500
B	−4000	−1100	−1100	−1100	−1400	−1400	−1400	1000

(ΔIRR =7.6%)

10. 某厂为降低成本，现考虑三个相互排斥的方案，三个方案的寿命期均为 10 年，各方案的初始投资和年成本节约金额如表 4-27 所示。

表 4-27　初始投资和年成本节约额　万元

方　案	初始投资	年成本节约金额
A	40	12
B	55	15
C	72	17.8

试在折现率为10%的条件下选择经济上最有利的方案。 (C)

11. 某公司下设的A、B、C三个分厂，各向公司提出了若干个技术改造方案，各方案指标如表4-28所示。已知各工厂之间是相互独立的，但各工厂内部的投资方案是互斥的，假定各方案的寿命均为6年，设基准折现率为12%，试分别在下列资金限制下，从整个公司的角度作出最优决策：①资金限制280万元，②资金限制330万元。

表4-28 各方案指标

万元

工厂	方案	初始投资	年净收益
A	A1	50	18
	A2	68	23
	A3	82	27
B	B1	60	16
	B2	73	20
	B3	88	28
C	C1	100	38
	C2	130	47
	C3	185	66

(按净现值最大原则①A1，B3，C2；②A1，B3，C3)

(按净现值率最大原则①A1，B3，C1；②A2，B2，C3)

第5章　不确定性分析

本章学习目标

- 掌握盈亏平衡分析方法；
- 掌握敏感性分析方法；
- 掌握概率分析方法；
- 会作风险决策。

不确定性分析是对决策方案受到各种事前无法控制的外部因素变化与影响所进行的研究与估计，是研究技术方案中主要不确定性因素对经济效益影响的一种方法。

由于主观和客观的原因，使得技术经济分析中各因素的实际情况很难测定准确，像技术进步和革新指标、价格浮动指标、生产能力指标等，加之政治、社会、道德、文化、风俗习惯等因素的共同作用，而这些因素又随着时间的推移不断发生变化，因此技术经济分析的结论并非绝对的，即存在不确定性。

进行不确定性分析，是为了分析不确定因素，尽量弄清和减少不确定因素对经济效果评价的影响，以预测项目可能承担的风险，确定项目在财务上、经济上的可靠性。避免项目投产后不能获得预期的利润和收益，以致使投资不能如期收回或企业造成亏损。在项目评价中，不确定性就意味着项目风险性。风险性大的工程项目，必须具有较大的潜在获利能力。也就是说，风险越大，则项目的内部收益率也应越大。

不确定性分析包括盈亏平衡分析(收支平衡分析)、敏感性分析(灵敏度分析)和概率分析(风险分析)。盈亏平衡分析一般只用于财务评价，敏感性分析和概率分析可同时用于财务评价和国民经济评价。三者的选择使用，要看项目性质、决策者的需要和相应的财力人力等。

5.1　盈亏平衡分析法

各种不确定因素(如投资、成本、销售量、产品价格、项目寿命期等)的变化会影响投资方案的经济效果，当这些因素的变化达到某一界限值时，就会影响方案的取舍。盈亏平衡分析的目的就是找出这个临界值，判断投资方案对不确定因素变化的承受能力，为决策提供依据。通过对项目投产获得盈亏平衡点(或称保本点)的预测分析，帮助我们观察该项目可承受多大的风险而不至于发生亏损的经济界限。

在投资分析中，最常见的盈亏平衡分析是研究产量、成本和利润之间的关系。但盈亏平衡分析法的实际用途远比这些广泛，不仅可对单个方案进行分析，而且还可用于对多个方案进行比较。

1. 线性盈亏平衡分析

线性盈亏平衡分析的目的是通过分析产品量、成本与方案盈利能力之间的关系找出投资方盈利与亏损在产量、产品价格、单位产品成本等方面的界限，以判断在各种不确定因素作用下方案的风险情况。平衡点是指项目方案既不盈利又不亏损，销售收入等于生产经营成本的临界点。盈亏平衡点越低，表示项目适应市场变化的能力越强，抗风险能力也越强。

1) 销售收入、成本费用与产品产量的关系

进行分析的前提是如果按销售量组织生产，产品销售量等于产品产量。在这里，我们假定市场条件不变，产品价格为一常数。这时，销售收入与销售量呈线性关系，即

$$\mathrm{TR}=PQ \tag{5-1}$$

式中：TR——销售收入；

P——单位产品价格(不含销售税)；

Q——产品销售量。

项目投产后，其总成本费可分为固定成本和变动成本两部分。固定成本指在一定的生产规模限度内不随产量的变动而变动的费用，变动成本指随产品产量的变动而变动的费用。在经济分析中一般可以近似认为变动成本与产品产量成正比例关系。

总成本费用是固定成本与变动成本之和，它与产品产量的关系也可以近似地认为是线性关系，即

$$\mathrm{TC}=F+C_{\mathrm{V}}Q$$

式中：TC——总成本费用；

F——总固定成本；

C_{V}——单位产品变动成本。

2) 盈亏平衡点的确定

(1) 图解法。将式(5-2)和式(5-3)表示在同一坐标图上，就得出了线性盈亏平衡分析图 5-1。从图 5-1 中可以看出，当产量在 $0<Q<Q^*$ 范围时，线 TC 位于线 TR 之上，此时企业处于亏损状态；而当产量在 $Q>Q^*$ 范围时，线 TR 位于线 TC 之上，此时企业处于盈利状态。因此，线 TR 与线 TC 的交点所对应的产量 Q^*，就是盈亏平衡点产量。

(2) 代数法。

① 用产量表示的盈亏平衡点。根据盈亏平衡点的定义，当达到盈亏平衡状态时，总成本等于总收入，即

$$\mathrm{TR}=\mathrm{TC}$$

$$PQ^*=F+C_{\mathrm{V}}Q^*$$

$$Q^* = \frac{F}{(P - C_V)}$$

式中所表示的产量就是盈亏平衡点的产量。

若用含税价格 P 计算，则计算公式如下：

$$Q^* = \frac{F}{(1-r)P - C_V}$$

式中：r——产品销售税率，$P=(1-r)p$。

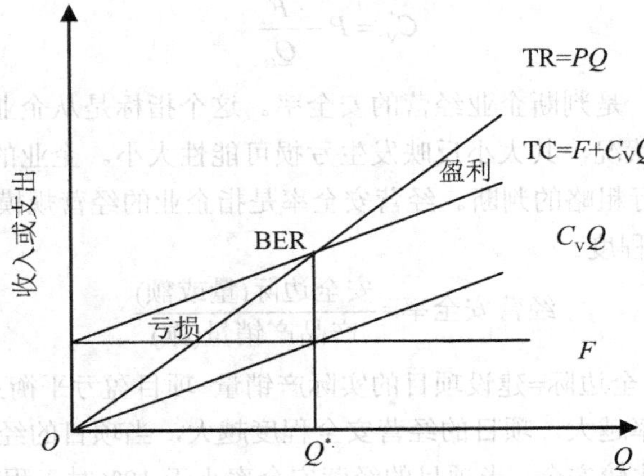

图 5-1　线性盈亏平衡分析图

【例 5-1】 某项目设计总量 3 万吨，产品单价为 630.24 元/吨，年生产成本为 1352.18 万元，其中固定成本为 112.94 万元，单位可变成本为 413.08 元/吨，销售税率为 3%，求项目投产后的盈亏平衡产量。

解：P=630.24 万元，F=112.94 万元，r=3%，C_V=413.08 元/吨

$$Q^* = \frac{F}{(1-r)P - C_V}$$

$$= \frac{112.94}{(1-3\%) \times 630.24 - 413.08} = 0.5697(\text{万吨})$$

计算表明，项目投产后只要有 0.5697 万吨的订货量，就可以保本。

② 以销售收入表示盈亏平衡点。是指项目不发生亏损时至少应达到的生产能力利用率，可用下式表达

$$\text{TR}^* = PQ^* = \frac{FP}{(P - C_V)} \tag{5-2}$$

式中：TR^*——盈亏平衡时的销售收入。

③ 生产能力利用率的盈亏平衡点。是指项目不发生亏损时至少应达到的生产能力利用率。可用下式表示

$$q^* = \frac{Q^*}{Q_C} \times 100\% = \frac{F}{Q_C(P - C_V)} \times 100\% \tag{5-3}$$

式中：q^*——盈亏平衡时的销售收入，q^*值越低，项目的投资风险就越小；

Q_C——设计年产量。

④ 若按设计能力进行生产和销售，则盈亏平衡销售价格为

$$P^* = \frac{\text{TR}}{Q_C} = \frac{F + C_V Q_C}{Q_C} \tag{5-4}$$

⑤ 若按设计能力进行生产和销售，且销售价格已定，则盈亏平衡点单位产品变动成本为

$$C_V^* = P - \frac{F}{Q_C} \tag{5-5}$$

⑥ 经营安全率。是判断企业经营的安全率。这个指标是从企业利润相对大小的角度评价企业目前的经营状况，其大小反映发生亏损可能性大小。企业的经营状况可以用企业的经营安全率指标进行粗略的判断。经营安全率是指企业的经营规模(一般是以销售量来表示)超过盈亏平衡点的程度。

$$经营安全率=\frac{安全边际(量或额)}{产品产销量(额)} \tag{5-6}$$

安全边际=建设项目的实际产销量-项目盈亏平衡点的产销量

分析：经营安全率越大，项目的经营安全程度越大，当项目的经营安全率大于 25%时工程项目的经营状况比较安全，当项目的经营安全率小于 10%时工程项目的经营状况危险，发出警告。

对于企业的安全经营状态，可由表 5-1 分 5 级进行分析判断。

表 5-1 企业经营状况分级表

经营安全率	0.3 以上	0.25~0.3	0.15~0.25	0.1~0.15	0.1 以下
经营安全状态	安全	较安全	不太好	要警惕	危险

【例 5-2】 某项目生产某种产品年设计生产能力为 3 万件，单位产品价格为 3000 元，总成本费用为 7800 万元，其中固定成本为 3000 万元，总变动成本与产品生产量成正比，销售税率 5%，求以产量、生产能力利用率、销售价格、销售收入和单位产品变动成本表示的盈亏平衡点。

解：(1) 盈亏平衡点产量。首先计算单位产品变动成本 C_V。

$$C_V = \frac{\text{TC} - F}{Q} = \frac{(7800-3000)\times 10^4}{3\times 10^4} = 1600\,(元/件)$$

$$Q^* = \frac{F}{P(1-r) - C_V} = \frac{3000\times 10^4}{3000(1-5\%) - 1600} \approx 2.4\times 10^4\,(件)$$

(2) 盈亏平衡点生产能力利用率。

$$q^* = \frac{Q^*}{Q_C}\times 100\% = \frac{2.4\times 10^4}{3\times 10^4}\times 100\% = 80\%$$

(3) 盈亏平衡点销售价格。

$$P^* = \frac{F + C_V Q_C}{Q_C(1-r)} = \frac{3000\times10^4 + 1600\times3\times10^4}{3\times10^4\times(1-5\%)} = 2736.8\,(\text{元/件})$$

(4) 盈亏平衡点销售收入(税前)。

$$\text{TR}^* = PQ^* = \frac{3000\times3000\times10^4}{3000-1600} = 6429\,(\text{万元})$$

(5) 盈亏平衡点单位产品变动成本。

$$C_V^* = P(1-r) - \frac{F}{Q_C} = 3000\times(1-5\%) - \frac{3000\times10^4}{3\times10^4} = 1850\,(\text{元/件})$$

(6) 经营安全率=$\dfrac{\text{安全边际(量或额)}}{\text{产品产销量(额)}}$=30 000−24 000/30 000=0.2

计算分析得知，该企业经营状况一般。

2. 优劣盈亏平衡分析

优劣盈亏平衡分析不但可用于对单个投资方案进行分析，还可以用于对多个方案进行比较和选优。在对若干个互斥方案进行比选的情况下，如果是某一个共同的不确定因素影响这些方案的取舍，可以采用下面介绍的盈亏平衡分析法帮助决策。

设两个互斥方案的经济效果都受到某不确定因素 x 的影响，把 x 看作一个变量，把两个方案的经济效果指标表示为 x 函数

$$E_1 = f_1(x)$$
$$E_2 = f_2(x)$$

式中 E_1 和 E_2 分别为方案 1 与方案 2 的经济效果指标，当两个方案的经济效果相同时，有

$$f_1(x) = f_2(x)$$

从方程中解出 x 的值，即为方案 1 与方案 2 的优劣盈亏平衡点，也就是决定着两个方案优劣的临界点。结合对不确定因素 x 未来取值范围的预测，就可以做出相应的决策，同样，根据分析中是否考虑资金的时间价值，可分为静态和动态平衡分析，在本书中我们只讨论静态平衡分析。

【例 5-3】 生产某产品有三种方案可选择：方案 A 从国外引进成套生产线，年固定成本为 800 万元，单位产品变动成本为 10 元；方案 B 从国外仅引进关键设备，年固定成本为 500 万元，单位产品变动成本为 20 元；方案 C 全部采用国产设备，年固定成本为 300 万元，单位产品变动成本为 30 元。分析各种方案适用的生产规模和经济性。

解： 各方案年总成本均可表示为产量 Q 的函数。

$\text{TC}_A = 800 + 10Q$　　$\text{TC}_B = 500 + 20Q$　　$\text{TC}_C = 300 + 30Q$

各方案的年总成本函数曲线如图 5-2 所示。

由图 5-2 中可看出，三条成本曲线分别相交于 L、M、N 三点，各个交点所对应的产量就是相应的两个方案的盈亏平衡点。Q_m 是方案 B 与方案 C 的盈亏平衡点；Q_n 是方案 A 与方案 B 的盈亏平衡点。显然，当 $Q < Q_m$ 时，方案 C 的总成本最低；当 $Q_m < Q < Q_n$ 时，方案 B 的总成本最低，当 $Q > Q_n$ 时，方案 A 的总成本最低。

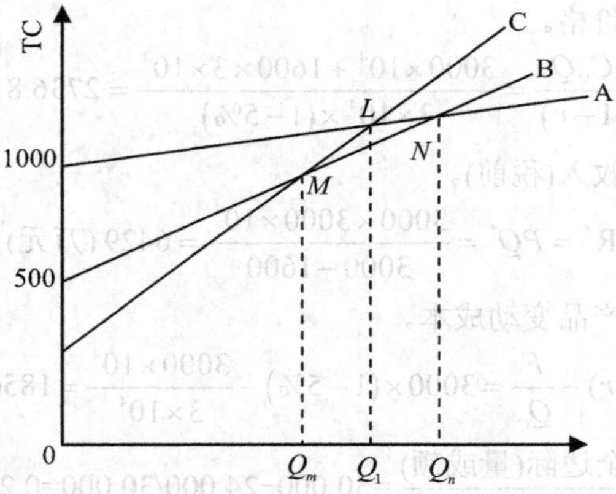

图 5-2 各方案的年总成本函数曲线

当 $Q=Q_m$ 时，

$$TC_B=TC_C$$

即

$$500+20Q_m=300+30Q_m$$

$$Q_m=20(万件)$$

当 $Q=Q_n$ 时，

$$TC_A=TC_B$$

即

$$800+10Q_n=500+20Q_n$$

$$Q_n=30(万件)$$

由此可知，当预期产量低于 20 万件时，应采用方案 C；当预期产量在 20 万件至 30 万件之间时，应采用方案 B；当预期产量高于 30 万件时，应采用方案 A。

例 5-3 是采用产量作为盈亏平衡分析的共有变量，根据年总成本费用的高低判断方案的优劣，在各种不同的情况下，根据实际需要，也可以用投资额、产品价格、经营成本、贷款利率、项目寿命期、期末固定资产残值等作为盈亏平衡分析的共有变量，用净现值、净年值、内部收益率等作为衡量方案经济效果的评价指标。

5.2 敏感性分析

敏感性分析是投资项目评价中最常见的一种不确定性分析方法。所谓敏感性是指参数的变化对投资项目经济效果的影响程度。若参数的小幅度变化能导致经济效果的较大变化，则称投资项目经济效果对参数的敏感性大，或称这类参数为敏感性因素；反之，则称之为非敏感性因素。敏感性分析的目的，就是通过分析及预测项目主要变量因素(投资、成本、价格、建设工期等)发生变化时，对经济评价指标(如净现值、内部收益率、折现率、偿还期等)的影响，从中找出敏感因素，并确定其敏感程度，从而对外部条件发生不利变化时投资方案的承受能力做出判断。

1. 敏感性分析的一般步骤

1) 确定分析指标

确定投资效果可用多种指标来表示，在进行敏感性分析时，首先必须确定分析指标。一般而言，我们在前面经济评价指标体系中讨论的一系列评价指标，都可以成为敏感性分析指标。在选择时，应根据经济评价深度和项目的特点选择一种或两种评价指标进行分析。需要注意的是，选定的分析指标，必须与确定性分析的评价指标相一致，这样便于进行对比说明。在技术经济分析实践中，最常用的敏感性分析指标主要有投资回收期、方案净现值和内部收益率。

2) 选定不确定性因素，并设定它们的变化范围

影响技术项目方案经济效果的因素众多，不可能也没有必要对全部不确定因素逐个进行分析。在选定需要分析的不确定因素时，可从以下两个方面考虑：①这些因素在可能的变化范围内，对投资效果影响较大；②这些因素发生变化的可能性较大。通常设定的不确定性因素有：产品价格、产销量、项目总投资、年经营成本、项目寿命期、建设工期及达产期、基准折现率、主要原材料和动力的价格等。

3) 计算因素变动对分析指标影响的数量结果

假定其他设定的不确定因素不变，一次仅变动一个不确定因素，重复计算各种可能的不确定因素的变化对分析指标影响的具体数值。然后采用敏感性分析计算表或分析图的形式，把不确定因素的变动与分析指标的对应数量关系反映出来，以便于测定敏感因素。

4) 确定敏感因素

敏感因素是指能引起分析指标产生较大变化的因素。测定某特定因素敏感与否，可采用以下两种方式进行。

第一种是相对测定法，即设定要分析的因素均从基准开始变动，且各因素每次变动幅度相同，比较在同一幅度下各因素的变动对经济效果指标的影响，就可以判别出各因素的敏感程度。

第二种方式是绝对测定法，即设定因素均向降低投资效果的方向变动，并设该因素达到可能的“最坏”值，然后计算在此条件下的经济效果指标，看其是否已达到使项目在经济上不可取的程度，如果项目已不能接受，则该因素就是敏感因素。绝对测定法的一个变通方式是先设定有关经济效果指标为其临界值，如令净现值等于零，令内部收益率为基准折现率，然后求待分析因素的最大允许变动幅度，并与其可能出现的最大变动幅度相比较。如果某因素可能出现的变动幅度超过最大允许变动幅度，则表明该因素是方案的敏感因素。

5) 结合确定性分析进行综合评价，选择可行的比选方案

根据敏感因素对技术项目方案评价指标的影响程度，结合确定性分析的结果作进一步的综合评价，寻求对主要不确定因素变化不敏感的比选方案。

在技术项目方案分析比较中，对主要不确定因素变化不敏感的方案，其抵抗风险能力比较强，获得满意经济效益的潜力比较大，优于敏感方案，应优先考虑接受。有时，还根据敏感性分析的结果，采取必要的相应对策。

2. 敏感性分析的方法

1) 单因数敏感性分析

这种方法每次只变动某一个不确定因素而假定其他的因素都不发生变化，分别计算其对确定性分析指标影响程度的敏感性分析方法。

【例 5-4】 某投资方案预计总投资为1200万元，年产量为10万台，产品价格为35元/台，年经营成本为120万元，方案经济寿命期为10年，设备残值为80万元，基准折现率为10%。试就投资额、产品价格及方案寿命期进行敏感性分析。

解： 以净现值作为经济评价的分析指标，则预期净现值为

$$NPV_0=-1200+(10\times35-102)(P/A,10\%,10)+80\times(P/F,10\%,10)$$
$$=244.19(万元)$$

下面用净现值指标分别就投资额、产品价格和寿命期三个不确定因素作敏感性分析。

(1) 设投资额变动的百分比为x，分析投资额变动对方案净现值影响的计算公式为

$$NPV=-1200\times(1+x)+(10\times35-120)\times(P/A,10\%,10)+80(P/F,10\%,10)$$

(2) 设投资价格变动的百分比为y，分析产品价格变动对方案净现值影响的计算公式为

$$NPV=-1200+\left[10\times35(1+y)-120\right](P/A,10\%,10)+80(P/F,10\%,10)$$

(3) 设寿命期变动的百分比为z，分析寿命期变动对方案净现值影响的计算公式为

$$NPV=-1200(10\times35-120)\left[P/A,10\%,10\times(1+z)\right]+80\left[P/F,10\%,10(1+z)\right]$$

设投资额、产品价格及方案寿命期在其预期值的基础上分别按±10%、±15%、±20%变化，相应的，方案的净现值将随之变化，其变化的结果如表5-2和图5-3所示。

可以看出，在同样的变动率下，产品价格的变动对方案的净现值影响最大，其次是投资额的变动，寿命周期变动的影响最小。

如果以NPV=0作为方案是否接受的临界条件，那么从上述式中可以算出，当实际投资额超出预计投资额的20.3%，或者当产品价格下降到比预期价格低11.3%，或者寿命期比预计寿命期短26.5%时，方案就变得不可接受。

根据上面的分析可知，对于本方案来说，产品价格是敏感因素，应对其进行更准确的测算。如果未来产品价格变化的可能性较大，则意味着这一方案的风险亦较大。

表 5-2 单因数的敏感性计算 万元

变动率 / 净现值 / 参数	-20%	-15%	-10%	0	10%	15%	20%
投资额	483.96	423.96	363.96	244.19	123.96	63.96	3.96
价格	−186.12	−78.6	28.92	244.19	459	566.52	647.0
寿命期	64.37	112.55	158.5	244.19	321.89	358.11	392.71

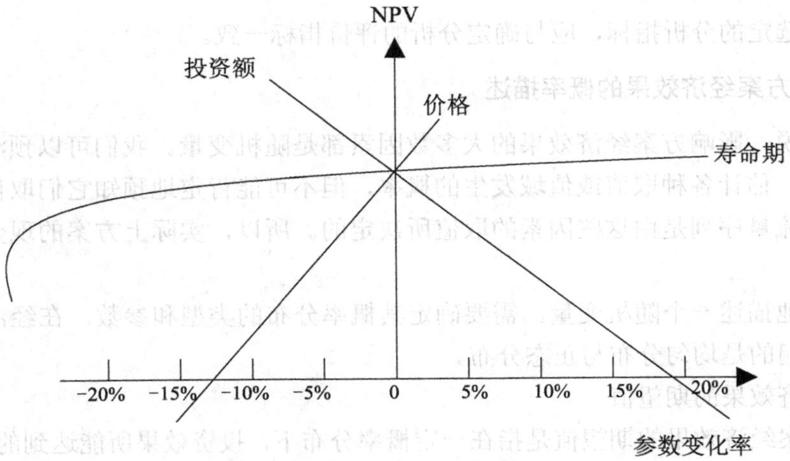

图 5-3　敏感性分析图

2)　多因素敏感性分析

单因素敏感性分析方法适合于分析项目方案的最敏感因素，但它忽略了各个变动因素综合作用的可能性。无论是哪种类型的技术项目方案，各种不确定因素对项目方案经济效益的影响，都是相互交叉综合发生的，而且各个因素的变化率及其发生的概率是随机的。因此，研究分析经济评价指标受多个因素同时变化的综合影响，研究多因素的敏感性分析，更具有实用价值。

多因素敏感性分析要考虑可能发生的各种因素不同变动幅度的多种组合，计算起来要比单因素敏感性分析复杂得多。在这里我们就不做具体介绍了。

敏感性分析具有分析指标具体，能与项目方案经济评价指标紧密结合，分析方法容易掌握，便于分析便于决策等优点，有助于找出影响项目方案经济效益的敏感因素及其影响程度，对于提高项目方案经济评价的可靠性具有重大意义。但是，敏感性分析没有考虑各种不确定因素在未来发生变动的概率，这可能会影响分析结论的准确性。实际上，各种不确定因素在未来某一幅度变动的概率一般是不同的。可能有这样的情况，通过敏感性分析找出某一敏感因素未来发生不利变动的概率很小，因而实际上所带来的风险并不大，以至于可以忽略不计，而另一不太敏感的因素未来发生不利变动的概率很大，实际上带来的风险比那个敏感因素更大。这种问题是敏感性分析所无法解决的，必须借助于概率分析方法。

5.3　概 率 分 析

概率分析是研究各种不确定因素按一定概率值变动时，对项目方案经济评价指标影响的一种定量分析方法。其目的是为了在不确定的情况下为决策项目或方案提供科学依据。

概率分析的关键是确定各种不确定因素变动的概率。概率分析的内容应根据经济评价的要求和项目方案的特点确定。一般是计算项目方案某个确定分析指标(例如净现值)的期望值；计算使方案可行时指标取值的累计概率；通过模拟法测算分析指标的概率分布等。概率分析时所选定的分析指标，应与确定分析的评价指标一致。

1. 投资方案经济效果的概率描述

严格地说，影响方案经济效果的大多数因素都是随机变量。我们可以预测其未来可能的取值范围，估计各种取值或值域发生的概率，但不可能肯定地预知它们取什么值。投资方案的现金流量序列是由这些因素的取值所决定的。所以，实际上方案的现金流量序列也是随机变量。

要完整地描述一个随机变量，需要确定其概率分布的类型和参数。在经济分析与决策中使用最普遍的是均匀分布与正态分布。

1) 经济效果的期望值

投资方案经济效果的期望值是指在一定概率分布下，投资效果所能达到的概率平均值。其一般表达式为

$$E(x)=\sum_{i=1}^{n} x_i p_i \tag{5-7}$$

式中：$E(x)$——变量的期望值，变量可以是各分析指标；

p_i——变量 x_i 的取值概率。

【例 5-5】 已知某方案的净现值及概率如表 5-3 所示，试计算该方案净现值的期望值。

表 5-3 方案的净现值及其概率

净现值/万元	23.5	26.2	32.4	38.7	42	46.8
概率	0.1	0.2	0.3	0.2	0.1	0.1

解： $E(\text{NPV}) = 23.5\times0.1+26.2\times0.2+32.4\times0.3+38.7\times0.2+42\times0.1+46.8\times0.1$

$= 33.93$(万元)

即这一方案净现值的概率平均值为 33.93 万元。

2) 经济效果的标准差

标准差反映了一个随机变量(如经济效果)实际值与其期望值偏离的程度。这种偏离在一定意义上反映了投资方案风险的大小。标准差的一般计算公式为

$$\sigma=\sqrt{\sum_{i=1}^{n} p_i\left[x_i-E(x)\right]^2} \tag{5-8}$$

式中：σ——变量 x 的标准差。

【例 5-6】 利用例 5-5 中的数据，试计算投资方案的净现值的标准差。

解： $\sum_{i=1}^{n}[p_i-E(x)]^2$

$=0.1\times(23.5-31.68)^2+0.2\times(26.2-31.68)^2$

$+0.3\times(32.4+31.68)^2+0.2\times(38.7-31.68)^2$

$+0.1\times(42-31.68)^2+0.1(46.8-31.68)^2$

$=56.22$

$$\sigma=\sqrt{\sum_{i=1}^{n}p_i\left[x_i-E(x)\right]^2}\sqrt{56.22}=7.498\,(\text{万元})$$

3)　经济效果的离散系数

标准差虽然可以反映随机变量的离散程度，但它是一个绝对量，其大小与变量的数值及其期望值大小有关。一般而言，变量的期望值越大，其标准差也越大。特别是需要对不同方案的风险程度进行比较时，标准差往往不能够准确反映风险程度的差异。为此引入另一个指标，称作离散系数。它是标准差与期望值之比，即

$$C=\frac{\sigma(x)}{E(x)} \tag{5-9}$$

由于离散系数是一个相对量，不会受变量和期望值的绝对值大小的影响，能更好地反映投资方案的风险程度。

当对两个投资方案进行比较时，如果期望值相同，则标准差较小的方案风险较低；如果两个方案的期望值与标准值不相同，则离散系数较小的方案风险较低。

2. 投资方案的概率分析

概率分析的基本原理是在对参数值进行概率估计的基础上，通过投资效果指标的期望值、累计概率、标准差及离散系数来反映方案的风险程度。

在对投资方案进行不确定性分析时，有时需要估算方案经济效果指标发生在某一范围的可能性。例如，净现值大于或等于零的累计概率越大，表明方案的风险越小；反之，则风险越大。

【例 5-7】 已知某投资方案经济参数及其概率分布如表 5-4 所示，假设市场特征已定，试求：

(1)　净现值大于或等于零的概率；

(2)　净现值大于 50 万元的概率；

(3)　净现值大于 80 万元的概率。

表 5-4　方案经济参数值及其概率

投资方案/万元		年净收入/万元		折现率		寿命期/年	
数值	概率	数值	概率	数值	概率	数值	概率
120	0.3	20	0.25	10%	1.00	10	1.00
150	0.5	28	0.40				
175	0.2	33	0.20				
		36	0.15				

解：根据参数的不同数值，共有 12 种可能的组合状态，每种状态的组合概率及所对应的净现值的计算结果如表 5-5 所示。

表 5-5　方案所有组合状态的概率及净现值

组合	投资/万元	175				150			
	年净收入	20	28	33	36	20	28	33	36
组合概率		0.05	0.08	0.04	0.03	0.125	0.20	0.10	0.075
净现值/万元		−52.12	−2.97	27.75	46.18	−27.12	22.03	52.75	71.18
组合	投资/万元	120			
	年净收入/万元	20	28	33	36
组合概率		0.075	0.12	0.06	0.045
净现值/万元		2.88	50.06	82.75	101.18

以投资 175 万元计算：

年净收入为 20 万元：组合概率为两者概率之积，即 0.2×0.25=0.05

$$净现值=-175+20(P/A,10\%,10)=-52.12$$

年净收入为 28 万元：组合概率=0.2×0.40=0.08

$$净现值=-175+28(P/A,10\%,10)=-2.97$$

以此类推可以得出表中的其他数据。

将表中数据按净现值大小进行重新排列。可以进行累计概率分析，如表 5-6 所示。

表 5-6　累计概率分析表

净现值/万元	−52.12	−27.12	−2.97	2.88	22.03	27.75	46.18	50.03	52.75	71.18	82.75	101.18
概率	0.05	0.125	0.08	0.075	0.20	0.04	0.03	0.12	0.10	0.075	0.06	0.045
累计概率	0.05	0.175	0.225	0.33	0.53	0.57	0.60	0.72	0.82	0.895	0.955	1.00

根据表 5-5 可以得出：

(1) 净现值大于或等于零的概率为

$$P(\mathrm{NPV}\geqslant 0)=1-0.255=0.755$$

(2) 净现值大于 50 万元的概率为

$$P(\mathrm{NPV}>50)=1-0.60=0.40$$

(3) 净现值大于 80 万元的概率为

$$P(\mathrm{NPV}>80)=1-0.895=0.105$$

上述分析是在已知参数的概率分析条件下进行的，然而，在实际投资评价中，往往缺少足够的信息来判断参数的概率分布，或者概率分布无法用典型分布来描述。在这种情况下，可采用蒙特卡罗模拟方法对方案进行风险分析。

5.4 风险决策

5.4.1 决策的概念

决策是决策者根据所面临的风险和风险程度在不确定的环境中选择最佳方案的过程。决策一定是针对未来而作出的，而未来肯定会牵涉不确定因素。因此在决策时我们不仅是寻求机会和成功，而且也面临风险与失败的可能。

工程建设的各个参与方每天都在对风险的来源及其后果作出决策，这些决策可能是业主的投资决策、工程师或设计师的决策，也可能是造价师就经济方面所作的决策。而在工程技术经济分析中，重点是在项目决策阶段进行的投资决策，如对投资时机和方向的抉择、投资项目的比选、确定项目的投资规模和总体实施方案等。在投资项目的决策阶段，决策的质量对总投资影响达 70%左右，对投资效益影响在 80%左右。同时项目的投资巨大，其活动过程具有不可逆性，因此，决策质量关系到项目的成功与否。

决策可以分为程序化决策和非程序化决策。程序化决策用以解决结构性或者日常问题；非程序化决策用于非重复性的、非结构性的、新奇的和没有明确定义的情况。而投资项目本身就是一种独特的、创造性的一次性活动，需要对投资机会进行识别、分析、选择、决断和构思运筹，其决策属于非程序化、非结构化决策，具有高度的创造性、智力化和综合性的特点。

决策是实际的管理活动，其价值在于结果的准确性，即预想的和现实的一致性。这就要求决策者分析决策的假设条件、现实标准和决策方法的适应性和局限性，以求提高决策的价值和有效程度。

5.4.2 决策的总体目标

现代决策是与古典决策相对而言的。古代决策的目标是最大化，所作出的决策是根据数学计算，进行定量分析的结果，如考虑资金受益，按最大值标准来选择方案；或考虑费用支出，以最小值标准来选择方案。而现代决策的目标是适当满足标准，把定量分析和定性分析结合起来，把数值计算与决策者的主观判断结合起来，依据计算结果较好、能满足决策者要求、决策者认为合适的标准对方案进行选择。其原因在于以下几个方面。

(1) 项目的投资决策大都有多个决策目标，而这些决策目标不都是相容的，部分是相斥矛盾的。对某一目标来说是最优方案，对另一目标却不一定理想。在这种情况下，就不存在对所有目标来说都是最优方案，而只能选择对若干目标来说是较优的方案。

(2) 做到以最大值或最小值来选择方案，就必须采用穷举法把所有的可能方案都找出来，并分别计算出它们的结果。但由于实际工作中所能获得的信息不完备和决策人员的经验、知识的局限性等原因，要做到这一点是很困难的，甚至是不可能的。

(3) 从经济角度来讲，把所有可能的方案都计算出来，可能带来时间、人力、物力的浪费，甚至可能贻误时机，反而得不偿失。科学的决策要讲求决策的时机。所以在现有的资料、认识和技术水平条件下，求得对决策目标适当满足就可以了。

(4) 决策目标往往包括定量的目标和非定量的目标，而后者并非不重要。例如反映政治、社会因素的目标，只能定性描述，而难以用数值去定量，因此，也就不能简单地根据定量目标数值的大小来选择方案。

(5) 决策的方案要许多人去贯彻执行，对于决策目标数值最大或最小的方案，执行者不一定都乐于接受。而如果执行人员不乐于接受，不管主观愿望多好，也会影响执行的效果。这就提醒人们，决策时不能只根据数值最大或最小为标准来选择方案，还要考虑执行人员的社会心理因素，根据人们能够接受的程度来选择方案。

需要指出的是，现代决策并不排除最优化，只是不把它作为方案选择的唯一标准罢了。现代决策既可以选计算结果为较好而满足决策目标的、决策者认为适合的方案，也可以选择目标数值的计算结果为最大或最小的方案。

5.4.3 决策程序

决策的程序帮助我们减少过于草率的判断和直觉的依据。程序所需要的数据由人来提供，但对输入数据的处理则由一套系统来进行。程序的运用弥补了直觉的不可靠。

程序通常具有两大作用：①能够提供一个答案；②作为一种沟通工具，提醒我们注意那些可能会被忽视的因素。因为不确定性是很模糊的，程序为我们提供了将各种风险联系起来的一种机制。它为我们对风险进行识别、分类、分析以及处理提供了一套方法。

决策程序主要由以下五部分组成。

1) 定位

确定并准确表述决策所要针对的工程技术经济问题或追求的目标。

2) 设计备选方案

可以用专家会议法等方法设计能够实现项目目标的各种可能的和可行的备选方案。

3) 模式化

(1) 选择和建立评价模型。

(2) 分析未来的可能状态和概率。

(3) 确定决策者的偏好和态度。通过诸如效用理论和了解决策者对风险的偏好等一些标准化的方法来确定决策者的决策态度和偏好。决策者的这些态度将决定决策的结论及其价值。

4) 评价

通过对数据和信息的处理，进行方案的排序。

5) 检验

对各方案的敏感性进行检验，确定风险对方案优先顺序的影响。

5.4.4 决策的四项准则

决策的四项准则就是决策者对风险的四种态度，现举例加以说明。

【例 5-8】 某建筑制品厂欲生产一种新产品，由于没有资料，只能设想出三种方案以及各种方案在市场销路好、一般、差三种情况下的益损值，如表 5-7 所示。每种情况出现的概率也无从知道，试进行方案决策。

表 5-7 损益矩阵表 万元

方案	销路好	销路一般	销路差	决策准则			
				冒险准则	保守准则	等概率准则	后悔值准则
A	36	23	−5	36	−5	18	14
B	40	22	−8	40	−8	18	17
C	21	17	9	21	9	15.67	19
选取方案				B	C	A 或 B	A

1. 冒险准则

冒险准则又称最大收益值最大准则或大中取大准则。先从各种情况下选出每个方案的最大收益值，然后对各方案进行比较，以收益值最大的方案为选择方案。如例 5-4 中选择了收益值为 40 万元的方案 B。这种追求利益最大的决策方法，有一定冒险性，只有资金、物资雄厚，即使出现损失对其影响也不大的企业才敢采用。

2. 保守准则

保守准则又称最小收益值最大准则或小中取大准则。将各种情况下最小收益值为最大的方案作为选定方案。这种准则对未来持保守或悲观的估计，以免可能出现较大的损失。如表 5-7 中选取收益值为 9 万元的方案 C。

3. 等概率准则

决策者无法预知每种情况出现的概率，就假定各种情况出现的概率都相等，计算出每一方案受益值的平均数，选取平均受益值最大的方案。如例 5-8 中三种情况出现的概率均为 1/3，选取平均收益值为 18 万元的方案 A 或方案 B。这是一种不存侥幸心理的中间型决策准则。

4. 后悔值准则

后悔值准则又称为最小机会损失准则。后悔值是指每种情况下方案最大收益与各方案收益值之差。如果决策者选择了某一个方案，但后来事实证明他所选择的方案并非最优方案，他就会少得一定的收益或会承受一些损失。于是他后悔把方案选错了，或者感到遗憾。这个因选错方案而未得到的收益或遭受的损失叫后悔值或遗憾值。应用事先计算出各方案的最大后悔值，进行比较，将最大后悔值为最小的方案作为最佳方案。如例 5-8 中选取后悔值为 14 万元的方案 A。后悔值计算过程如表 5-8 所示。

表 5-8　后悔值计算表

产品销售情况		销路好	销路一般	销路差	各方案最大后悔值
最理想收益/万元		40	23	9	
后悔值/万元	A	40−36=4	23−23=0	9−(−5)=14	14
	B	40−40=0	23−22=1	9−(−8)=17	17
	C	40−21=19	23−17=6	9−9=0	19
选取方案					

5.4.5　决策技术

1. 期望值法

期望值法，是通过计算备选方案在各种自然状态概率下的收益值之比，选取其中最大收益值对应的方案或最小损失值对应的方案为最优方案。期望值法是决策的理论基础。计算期望值的公式为

$$E(X)=\sum_{i=1}^{n} X_i P_i$$

式中：$E(X)$——方案 X 的数学期望值；

X_i——方案 X 在 i 状态(不确定性因素)下的收益值或损失值；

P_i——i 状态(不确定性因素)可能出现的概率；

i——不确定性因素；

n——不确定性因素的数量。

【例 5-9】　有一项工程，要决定下月是否开工，根据历史资料，下月出现好天气的概率为 0.2，坏天气的概率为 0.8。如遇好天气，开工可得利润 5 万元；如遇到坏天气则要损失 1 万元；如不开工，不论什么天气都要付窝工费 1000 元，应如何解决？

解：按最大期望益损值法求解

开工方按：$E(A)=0.2\times 50\,000+0.8(-10\,000)=2000$(元)

不开工的方案：$E(B)=0.2\times(-1000)+0.8\times(-1000)=-1000$(元)

计算结果列入表 5-9 中。

表 5-9　等概率准则计算表

方　案	好天气 P_1=0.2	坏天气 P_2=0.8	期望收益值 $E(X)$
开工	50 000	−10 000	2 000
不开工	−1 000	−1 000	−1 000

【例 5-10】　某工厂在河岸附近将建一个水处理装置，现在考虑建造一个堤坝，以保护

该装置不受水影响。有关数据见表 5-10。

表 5-10　损益表

高度(X)/m	河水超出正常的水位 Xm 的年数	河水超出正常的水位 Xm 的概率	河水超过堤顶 Xm 所造成的年损失	造 Xm 高的堤坝的投资
0	24	0.48	0	0
1.5	12	0.24	10	10
3	8	0.16	15	21
4.5	6	0.12	20	33
4.5 以上	50	1.00		

规定该装置的使用年限为 15 年，利率按 12%计算，不考虑残值。求堤坝应建多高才使总的费用最低？

解：这里可按四种方案，即不修(堤高为 0m)、建造 1.5m、3m 和 4.5m 高的堤坝，分别计算其年度总费用的期望值 $E(AC)$，择其最小者为最优方案。年度总费用期望值 $E(AC)$，等于建造 Xm 堤的投资年分摊费用与河水水位高于堤坝 Xm 造成的损失期望值之和。四种方案每年的 $E(AC)$分别为：

(1) 不建造堤坝 $E(A_1C)=0+(24\times10+0.16\times15+0.12\times20)=7.2$(万元)

(2) 建堤高 1.5m 的堤坝 $E(A_2C)=10\times(A/P,12\%,15)+(0.16\times10+0.12\times15)=10\times0.146\,82+1.6+1.8=4.8682$(万元)

(3) 建 3m 高的堤坝 $E(A_3C)=21\times(A/P,12\%,15)+0.12\times10=21\times0.146\,82+1.2=4.283\,22$(万元)

(4) 建 4.5m 高的堤坝 $E(A_4C)=33\times(A/P,12\%,15)+0=33\times0.14\,682=4.845\,06$(万元) $\min E(AC)=E(A_3C)=4.845\,06$(万元/年)

所以，建造 3m 高的堤坝最为经济。

2. 决策树法

决策树法在决策中被广泛应用。它是将决策过程中各种可供选择的方案，可能出现的自然状态及其概率和产生的结果，用一个像树枝的图形表达出来，把一个复杂多层次的决策问题形象化，以便于决策分析、对比和选择。其突出的特点是迫使决策者构建出问题的结构，然后再以一种连贯和客观的方式加以分析。

1) 决策树的绘制方法

(1) 先画一个方框作为出发点，称为决策点。

(2) 从决策点引出若干直线，表示该决策点有若干可供选择的方案，在每条直线上标明方案名称，称为方案分枝。

(3) 在方案分枝的末端画一个圆圈，称为自然状态点或机会点。

(4) 从状态点再引出若干直线，表示可能发生的各种自然状态，并表示出现的概率，称为状态分枝或概率分枝。

(5) 在概率分枝的末端画一个小三角形，写上各方案在每种自然状态下的收益值或损失值，称为结果点。

这样构成的图形称为决策树。它以方框、圆圈为结点，并用直线把它们连接起来构成树枝状图形，把决策方案、自然状态及其概率、损益期望值系统地在图上反映出来，供决策者选择。

2) 决策树方法解题步骤

(1) 列出方案。通过资料的整理和分析，提出决策要解决的问题，针对具体问题列出方案，并绘制成表格。

(2) 根据方案绘制决策树。画决策树的过程，实质上是拟订各种抉择方案的过程，是对未来可能发生的各种事情进行周密思考、预测和预计的过程，是对决策问题一步一步深入探索的过程。决策树按从左到右的顺序进行绘制。

(3) 计算各方案的期望值。它是按事件出现的概率计算出来的可能得到的损益值，并不是肯定能够得到的损益值，所以叫期望值。计算时从决策树的最右端的结果点开始。

$$期望值=\sum(各种自然状态的概率\times 收益值或损益值)$$

(4) 方案的选择，即抉择。在各决策点上比较各方案的损益期望值，以其中最大者为最佳方案。在被舍弃的方案分枝上画两杠表示剪枝。

【例 5-11】 某建筑公司拟建一预制构建厂，一个方案是建大厂，须投资 300 万元，若建成后销路好，每年可获利 100 万元，如销路差，每年要亏损 20 万元；另一方案是建小厂，需投资 170 万元，建成后如销路好每年可获利 40 万元，如销路差每年可获利 30 万元。两方案的使用期均为 10 年，销路好的概率是 0.7，销路差的概率是 0.3，试用决策树法选择方案。(为简化计算，本题不考虑资金的时间价值。)

解：(1) 按题意列方案表如表 5-11 所示。

表 5-11 方案在不同状态下的损益表

自然状态	概 率	方案/万元	
		建大厂	建小厂
销路好	0.7	100	40
销路差	0.3	−20	30

(2) 绘制决策树，如图 5-4 所示。

(3) 计算期望值并扣除投资后的净收益为

点①：净收益=[100×0.7+(−20)×0.3]×10−300=340(万元)；

点②：净收益=[40×0.7+30×0.3]×10−170=200(万元)。

(4) 方案决策。由于点①的损益期望值大于点②的损益期望值，故选用大厂的方案。

以上这种决策树法是一种单级决策问题。

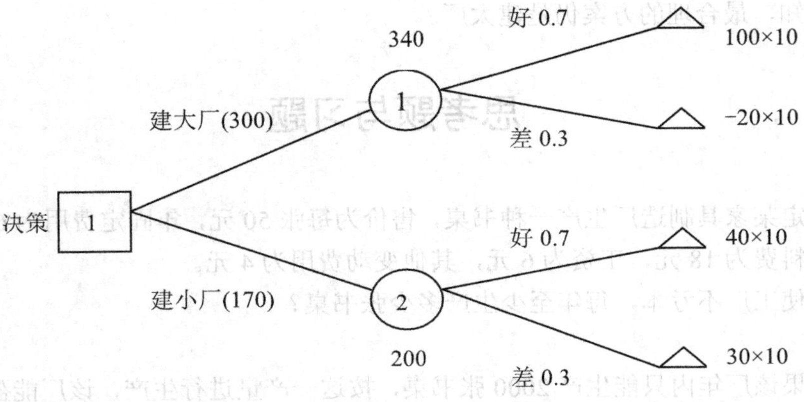

图 5-4 决策树图示(一)

【例 5-12】 如果将【例 5-11】分成前 3 年、后 7 年考虑。根据市场预测前 3 年销路好的概率为 0.7，而如果前 3 年销路好，则后 7 年销路好的概率为 0.9，如果前 3 年销路差，则后 7 年的销路一定差。在这种情况下，请问建大厂和建小厂哪个方案好？

解： 这个问题可以分前 3 年和后 7 年考虑，属于多层次决策类型，如图 5-5 所示。

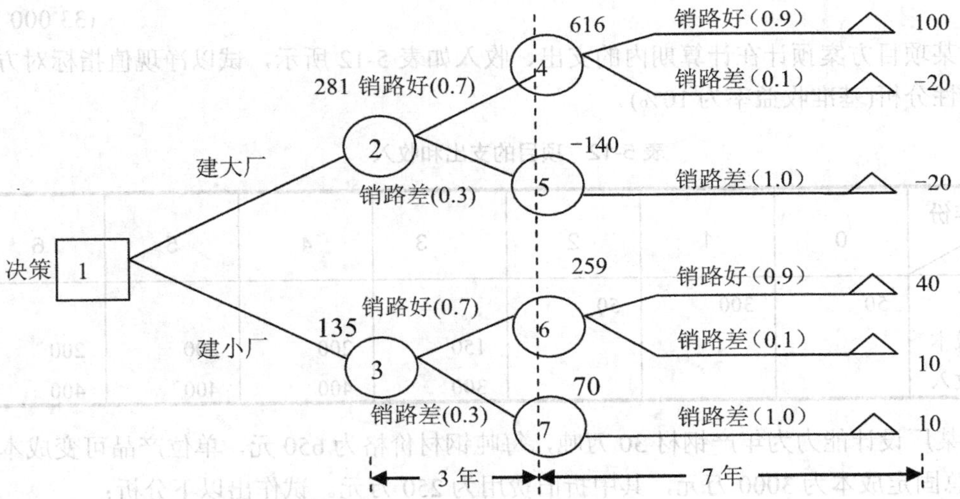

图 5-5 决策树图示(二)

各点益损期望值计算如下：

点④：净收益=[100×0.9+(−20)×0.1]×7=616(万元)

点⑤：净收益=(−20)×1.0×7=−140(万元)

点⑥：净收益=[40×0.9+10×0.1]×7=259(万元)

点⑦：净收益=[10×1.0×7=70(万元)

点②：净收益=616×0.7+100×0.7×3+(−140)×0.3+(−20)×0.3×3−300=281(万元)

点③：净收益=259×0.7+40×0.7×3+70×0.3+10×0.3×3−170=125(万元)

由上可知，最合理的方案仍是建大厂。

思考题与习题

1. 假定某家具制造厂生产一种书桌，售价为每张50元，年固定费用为66 000元，每张书桌的材料费为18元，工资为6元，其他变动费用为4元。

(1) 要使工厂不亏本，每年至少生产多少张书桌？

(3000张)

(2) 如果该厂年内只能生产2000张书桌，按这一产量进行生产，该厂能盈利吗？如果国家考虑到为了满足社会需要，允许该厂亏损额在30 000元以下进行生产，否则应停产或改产。试问该厂是继续生产书桌，还是改产或停产呢？

(不停产)

(3) 要获得22 000元的盈利，该厂应生产多少张书桌呢？

(4000张)

(4) 假如该厂生产能力至年产4500张，那么该厂最高年盈利为多少呢？

(33 000元)

2. 某项目方案预计在计算期内的支出、收入如表5-12所示，试以净现值指标对方案进行敏感性分析(基准收益率为10%)。

表5-12 项目的支出和收入

指标＼年份	0	1	2	3	4	5	6
投资	50	300	50				
年经营成本				150	200	200	200
年销售收入				300	400	400	400

3. 某厂设计能力为年产钢材30万吨，每吨钢材价格为650元，单位产品可变成本为400元，总固定成本为3000万元，其中折旧费用为250万元。试作出以下分析：

(1) 生产能力利用率表示的盈亏平衡点；

(2) 当价格、固定成本和变动为±10%时，对生产能力利用率盈亏平衡点的影响，并指出敏感因素。

((1)40%；(2)31.7%和54.1%；47.6%和34.5%；43.7%和36.3%)

4. 某厂生产某产品，售价为20元，单位产品变动成本为15元，固定成本总额为240 000元，目前生产能力为60 000件。求盈亏平衡点产量和销售量为60 000件时利润额是多少。

(48 000件，6万元)

该厂经过市场调查后发现该产品需求量将超过目前的生产能力，因此准备扩大生产规模。扩大生产规模后，当生产量不超过 100 000 件时，固定成本将增加 80 000 元，单位产品变动成本下降到 14.5，求此时的盈亏平衡点并作图比较。

又根据市场调查，预测销售量为 70 000 件的概率为 0.5，销售量为 80 000 件的概率为 0.3，销售量为 90 000 件的概率为 0.2。试计算利润期望值并分析是否应扩大生产规模(作出决策树)。

(14.75 万元)

5. 设有 F1、F2、F3 三种方案，分别代表某种产品中批量、大批量和小批量生产。可能遇到的状态为 S1、S2、S3，分别代表对产品需求量高、中、少三种状态。各种方案在三种状态下的损益值如表 5-13 所示，而每种状态出现的概率难以确定，试分别用冒险准则、保守准则、等概率准则和后悔值准则进行决策。

表 5-13　某产品生产方案及损益值　　元

损益值	S1(需求量高)	S2(需求量中)	S3(需求量低)
(中批量)F1	46	60	20
(大批量)F2	70	-10	-16
(小批量)F3	35	27	34

第 6 章　工程项目建设资金的筹集

本章学习目标

- 熟悉工程项目建设资金的筹集渠道及筹集方式；
- 掌握工程项目融资模式及资金成本的计算；
- 掌握工程项目 BOT 融资模式的特点。

6.1　资金筹集概述

工程项目建设资金的筹集是指为了项目建设的需要，通过各种筹资渠道，运用多种筹资方式，以最优资金结构筹集工程建设所需资金的过程。资金筹集是保证工程项目顺利实施的前提，也是影响工程项目经济效益的主要因素。

6.1.1　资金筹集的原则

由于工程项目的规模大、投资多、建设期和经营期较长、风险高，这就决定了工程项目筹资具有筹资规模大、资金回收期长的特点。所以在进行资金筹集时，必须根据前期的投资估算，综合分析影响筹资活动的各种因素，确定最优的资金结构，以达到工程项目筹资的最佳效益。在筹资过程中必须遵循下述原则。

1. 工程进度相适应原则

工程项目所需资金不论通过什么渠道和方式筹集，必须根据工程项目投资估算确定的资金需求量来确定筹资额，既要防止留缺口，又要避免高估冒算。同时，根据工程规模和实施计划，将资金需求量分解为每年、每季度、每月的需求量，合理安排资金筹措、资金投放时间及数量，在保证工程顺利实施的前提下，尽量降低筹资成本。

2. 成本效益原则

在市场经济条件下，工程项目筹集和使用资金都要付出相应的代价，如银行借款要向银行支付利息、吸收投资要向投资者分配利润。这种代价就是筹资成本，包括资金的筹集费和资金的使用费。由于各种筹资渠道和筹资方式具有不同的难易程度和筹资成本，在筹集工程项目所需资金时，应选择合理的筹资渠道和方式，力求降低筹资成本；同时根据工程进度适时安排资金的筹集和投放，避免资金闲置浪费，以实现最优的成本效益。

3. 风险收益原则

任何筹资活动都要承担风险，工程项目所需资金若通过负债筹集，负债筹资一方面可以通过财务杠杆作用提高权益资金收益率，另一方面负债利息是固定的，且必须定期还本付息。所以在项目经营状况不佳时，可能会产生不能偿付的风险，甚至会导致破产偿债。因此在筹资活动中，不仅要考虑负债筹资的财务杠杆作用，而且要全面衡量筹资风险，力求筹资风险与收益的均衡。

6.1.2　资金筹集分类

按照筹集资金的性质，工程项目所需资金可以分为资本金筹资和负债筹资。

1. 资本金筹资

资本金筹资是指项目投资总额中投资者的出资额，属于权益资金，而非债务性资金。资本金筹资具有下述特点：①资本金的投资者拥有参与项目经营管理的权利，同时也以投资额为限，承担风险；②资本金的投资者在项目依法存续期间，不能直接抽回投资，只能依法进行转让；③资本金筹资无还本付息的压力，减少了财务风险；④资本金筹资的限制较少，并有利于再筹资。

2. 负债筹资

负债筹资是指项目投资总额中以借入方式取得的资金，这部分资金需要以规定的利率定期还本付息。负债筹资具有下述特点：①债权人没有参与项目经营管理的权利，也不承担项目亏损的风险；②负债筹资必须按期还本付息，偿债压力和筹资风险较大；③适度的负债筹资不仅可以降低项目筹资的综合成本，而且有利于提高权益资本的收益率。

6.2　筹资渠道和筹资方式

工程项目所需资金的筹集渠道有多种，在投资估算的基础上，对各种筹资渠道进行比较和分析，确定合理的筹资方式，是筹资活动的关键。

6.2.1　筹资渠道

从投资者的角度来看，工程项目筹资渠道主要有两大类：①投资者投入的资本金；②外部筹资。

1. 资本金

我国《企业财务通则》规定：资本金是指企业在工商行政管理部门登记的注册资金。《国务院关于固定资产投资项目试行资本金制度的通知》中明确要求，从1996年开始，对各种经营性项目包括国有单位的基本建设、技术改造、房地产开发项目和集体投资项目，试行资本金制度，投资项目必须首先落实资本金才能开工建设。

项目资本金既可以用货币出资，也可以用实物、工业产权、非专利技术、土地使用权作价出资。

资本金的筹资渠道如下所述。

(1) 中央和地方各级政府预算内资金。

(2) 国家批准的各项专项建设资金。

(3) 土地出租收入。

(4) 国有企业产权转让收入。

(5) 地方政府按国家规定收取的各种费用及其他预算外资金。

(6) 国家授权的投资机构及企业法人的所有者权益(包括资本金、资本公积金、盈余公积金、未分配利润等)。

(7) 企业提取的折旧以及投资者按照国家规定从资本市场上筹措的资金。

(8) 居民个人资金或外商资金。

2. 外部筹资

1) 国内资金来源

国内资金来源主要有银行贷款、国家财政拨款和发行债券等。

(1) 银行贷款。是指政策性银行、商业银行和非银行的金融机构采取有偿方式向建设单位提供的贷款。从目前来看，银行贷款是项目筹资的主要渠道。

(2) 国家财政拨款。也称国家预算拨款，是指由国家预算直接拨付给建设部门、建设单位和更新改造企业无偿使用的建设资金。目前，该项资金来源所占比重越来越少，一般投资项目很难得到国家拨款。

(3) 发行债券。这里所讲的债券是指企业债券，即企业为了筹集工程项目所需资金而向出资者出具的表明债权债务关系的凭证。债券的发行人是债务人，债券的购买者是债权人。发行债券已成为我国筹集工程项目资金的一个重要来源。

2) 国外资金来源

国外资金来源渠道主要包括外国政府贷款、外国银行贷款、国际金融机构贷款和辛迪加贷款等。

(1) 外国政府贷款。是指一国政府利用财政资金向另一国政府提供的援助性贷款，是友好国家经济交往的重要形式，具有经济援助性质，一般利率较低或为零利率。

外国政府贷款具有特定的使用范围，主要用于国家基础设施、社会设施和工农业等方面。贷款程序较为复杂，在国际投资中并不占据主导地位。

(2) 外国银行贷款。也称商业信贷，是指为了筹集工程项目所需资金而向外国银行借入的资金。外国银行贷款的利率比政府贷款和国际金融机构贷款的利率要高，并依据贷款国别、贷款币种和贷款期限的不同而有所差别。目前我国接受的国外贷款多为外国银行贷款。

(3) 国际金融机构贷款。目前向我国提供贷款的国际金融机构主要是指世界银行和亚洲开发银行等。

世界银行是国际复兴开发银行的简称，其贷款资金相对比较充足，贷款期限较长，利率一般低于国际金融市场利率。世界银行对发展中国家的贷款条件更为优惠，一般是无息的，仅收 0.75%的手续费和 0.5%的承诺费，期限可达 50 年。

亚洲开发银行是亚洲及太平洋地区的一个区域性国际金融组织。其提供的贷款种类主要包括：

a. 普通贷款。这种贷款期限较长，一般为 10～30 年，贷款利率同金融市场利率。这种贷款主要用于农林业、能源、交通及教育卫生等基础设施项目。

b. 特别基金贷款。这种贷款是用成员国的捐款为成员国提供优惠贷款及技术援助。

(4) 辛迪加贷款。也称银团贷款，是指由一家或几家银行牵头，多家国际商业银行参与，共同向某个项目(一般为大型基础设施项目)提供数额较大、期限较长的一种贷款。这种贷款的管理非常严密，贷款利率较为优惠，期限也比较长。

3) 融资租赁

融资租赁也称财务租赁，是解决企业对资产长期需要的一种长期租赁，其租赁对象主要是设备。相当于承租方从出租方筹措设备投资的一种筹资方式，这种筹资方式既可用于筹集国内资金，也可用于筹集外国资金。

融资租赁构成企业的长期负债，实际上属于变相的分期付款购买资产形式，租金中既包含设备售价的分期付款，也包括一定的利息支出，有时还包括出租人收取的手续费。

融资租赁的形式主要有以下三种。

(1) 直接租赁。是指承租人直接从出租人那里租进所需的固定资产并支付租金的租赁方式。直接租赁的主要出租人一般是制造商、金融公司和租赁公司等。

(2) 售后租回。是指企业将其资产先卖给出租人，然后再从出租人手里租回该项资产。这种租赁方式中，出售资产的企业一方面可得到相当于资产售价的一笔资金，另一方面又可继续使用该资产，但此时承租人已失去了该项资产的所有权。

(3) 杠杆租赁。是涉及承租人、出租人和贷款人三方利益的一种租赁方式。出租人主要是利用贷款人的资金购买所需固定资产，然后将资产出租给承租人，所得租金首先用于偿还借款。

融资租赁是一种全新的融资方式，其租金分期偿还，分散了集中、大量还本付息的风险，并且租赁筹资的限制条件较少，手续简便。

4) 捐赠资金

捐赠资金是来自国内外有关机构和个人的捐赠，也是项目资金筹集的一种渠道。

6.2.2 筹资方式

尽管工程项目的筹资渠道多种多样，但不论是何种渠道筹集的资金，按其资金性质，都可划分为资本金和负债资金两类。这两类资金最根本的区别在于：资本金的出资者是项目的投资者，投资者有参与企业经营管理的权利，并按照自己的出资比例分享项目收益，承担项目风险和责任；而负债资金的出资者是债权人，债权人按照约定回收本金和利息，但并不参与项目的经营管理，也不承担项目亏损的责任和风险。

1. 资本金的筹集

资本金的筹集方式主要有吸收投资和发行股票两种方式。

1) 吸收投资

吸收投资是指企业按照“共同投资、共同经营、共担风险、共享利润”的原则吸收国家、法人、个人、外商投入资金的一种筹资方式。吸收投资是企业向外筹集资金的重要方式，对于非股份制公司而言，由于不能发行股票筹集资金，因此只能通过吸收投资的方式来直接筹集企业外部的资金。

(1) 吸收投资的种类。根据投资主体的不同，通过吸收投资方式筹集的资金一般可分为以下四类。

① 吸收国家投资。是国有企业或政府投资项目筹集权益资金的重要方式。国家投资在我国仍然是工程项目资金的重要来源，但只有政府投资项目或国有企业才能采用这种筹资方式。

② 吸收法人投资。吸收法人投资主要是指企业之间进行横向经济联合时所产生的联营投资。随着企业对外投资、相互持股的增多，吸引法人投资这种筹资方式的运用也越来越广泛。对于投资项目的企业来说，吸引其他企业共同投资工程项目，不仅可以密切企业间的关系，获得投资收益，而且还可以分散项目投资风险，达到以小控大的目的。

③ 吸收个人投资。是指吸收企业内部职工或社会个人的资金。银行存款利率的下调，为企业吸收个人投资提供了广泛的资金来源。个人资金虽然不及国家资金、法人资金那么雄厚，但对于企业调动社会个人，特别是内部职工关心本企业的积极性具有重要意义。

④ 吸收外商投资。改革开放以来，我国吸收外商投资数量逐年增长，已成为政府、企业筹集项目资金的一种重要方式。

近年来，我国的许多大型国有基础设施建设项目都吸收了外商的投资，政府把拟建的部分基础设施项目转让给外商设计、筹资、建造和运营，不仅可以减轻政府直接的财政负担，缓解经济发展中资金短缺的矛盾，而且还可以把原来必须用于该项目的建设资金转用于其他项目的投资，从而使政府投向基础设施建设的资金有宽绰的回旋余地，以弥补基础设施建设中的缺口。

吸收外商投资也是企业筹集项目建设资金的重要来源。随着改革开放步伐的加快，越来越多的工程项目以中外合资或合作经营的形式来吸收外商投资。但只有经过我国政府批准的中外合资、合作经营企业才能采用这一筹资方式。

(2) 吸收投资中的出资形式。采用吸收投资这一方式筹集资金时，投资者可以采取以下多种出资形式：

① 现金投资。投资者以现金投资是最常用的一种出资形式。现金出资的比例往往由投资各方协商确定。

② 实物投资。投资各方除了以现金出资外，还可以项目所需的建筑物、厂房、设备、运输车辆等固定资产及项目所需的材料、商品等流动资产对项目进行投资。这种出资形式较现金出资手续要复杂，需要对实物资产评估作价。评估作价既可由投资各方按照公平合理的原则协商确定，也可聘请专业的资产评估机构进行评定。

③ 无形资产投资。投资者还可以以土地使用权、专利权、商标权、非专利技术等无形资产作为出资形式。由于无形资产没有实物形态，其价值也具有很大的不确定性，因此工程项目在吸引无形资产出资时，一定要进行认真的调查研究和分析，做出合理的评估作价。

我国《公司法》规定：以工业产权、非专利技术作价出资的比例一般不得超过资本金总额的 20%，特殊情况最高不得超过 30%，法律另有规定的，从其规定。

2) 发行股票

股份公司筹集资本金的方式是发行股票。股票是股份公司签发的、证明股东按其所持股份享有权利和承担义务的书面凭证，是股份公司筹集长期资金而公开发行的一种有价证券。

(1) 股票的发行方式。目前，我国股份公司发行股票的方式可分为以下两大类：

① 公开发行，即公司通过中介机构，公开向社会公众发行股票。我国的股份有限公司采用社会募集方式发行新股时，须由证券经营机构承销，这种方式就是公开发行。公开发行方式的发行范围广、对象多，易于足额募集股本，股票的变现力强，流通性好，而且有利于提高公司的知名度和扩大影响力。但公开发行手续繁杂，须经过国家证监会批准，且发行成本高。

② 不公开发行，即公司不公开对外发行股票，只向少数特定的对象发行。这种方式不需经过中介机构承销，发行范围小，发行成本低，股票变现性差。我国股份有限公司采用发起设立方式和定向募集设立方式发行新股时，就是用这种方式。

(2) 股票发行的对象。股票的发行对象众多，资金来源充足。目前，我国居民个人、企业法人、金融投资机构都可以通过购买企业股票而成为企业的股东。发行股票筹集到的资金属于资本金，能提高企业的举债能力和抗风险能力。

(3) 股票的分类。股票按股东权利的不同分为普通股和优先股。普通股是指在公司利润分配方面享有普通权利的股份；优先股是指在公司利润分配和公司解散后剩余财产的分配方面较普通股享有优先权的股份。

① 普通股。是股份公司最基本的股份，我国发行的股票大多数为普通股。普通股没有到期日，是公司永久性使用的股本，其股利也不确定，股利的多少取决于公司税后利润的多少及公司的股利分配政策。普通股股东的投资风险最大，因而要求的投资报酬率也最高，使得企业采取普通股筹资所支付的资金成本也最高。

② 优先股。也是股票的一种，与普通股一样没有到期日，其股利分配也要视企业税后利润多少和股利分配政策而定。但优先股又具有债券的某些特征，这是因为优先股的股利是预先确定的，每一次分配股利都要按事先确定的股息率来分配，且优先股具有优先权，先于普通股股东分配股利和剩余财产，这就使得优先股股东的风险要小于普通股股东，因而利用优先股筹资的资金成本要低于普通股的资金成本。同时，优先股股东不能参加股东大会，没有参与权。

3) 资本金筹资的优缺点

(1) 优点。

① 吸收投资和发行股票筹集到的资金都是企业的资本金，能提高企业的信誉等级，降低债务筹资成本。

② 吸收投资和发行股票筹集的资金是权益资金，企业不需偿还，且没有固定的费用负担，财务风险较小。

(2) 缺点。

① 吸收投资和发行股票筹集资金的资金成本高于负债筹资的资金成本。

② 投资者按其投资比例获得对企业的经营控制权，这样就会分散原有投资者对企业的控制权。

2. 负债资金的筹集

1) 负债资金的特点

(1) 债权人没有参与项目经营管理的权利，也不对项目的经营风险承担责任。

(2) 负债资金具有明确的偿还期限，到期必须偿还。

(3) 负债资金的利率预先确定，不受企业经营业绩或项目实施情况的影响，即使企业亏损或项目失败，也必须按时向债权人支付利息；即使项目盈利状况好，债权人也不能获得额外收益。

(4) 负债筹资的风险大。由于负债利息是固定的，且必须定期还本付息，在项目经营状况不佳时，可能会产生不能偿付的风险，甚至导致破产。

2) 负债资金的筹集方式

工程项目负债资金的筹集方式主要有长期借款、发行债券和融资租赁等。

(1) 长期借款。是指企业为了筹集工程项目建设资金，从银行或其他金融机构借入的使用期限在一年以上的借款。

银行对企业提出的借款申请要进行严格的审核，内容包括企业的财务状况、信用情况、生产经营状况及发展前景、盈利的稳定性、借款用途和期限以及借款担保等。经过审查，银行接收企业借款申请后，双方进一步协商借款条件，签订正式借款合同。借款合同中明确规定了借款的数额、利率、期限和一些限制性条款。

与融资租赁相比，借款的限制条件较多；但与债券相比，借款所需时间较短，借款弹性较大，只是筹集到的资金数额有限；借款成本一般低于债券成本和融资租赁的成本。

(2) 发行债券。债券是指政府或企业向社会公众募集资金时向出资者出具的、确定债权债务关系的凭证，债券的发行者是债务人，债券的购买者是债权人。

我国政府为筹集国家基础设施建设资金可发行债券，企业为筹集工程项目所需资金也可发行企业债券。这些债券和银行借款一样，也具有利率确定、还款期限确定的特征，但债券前期还要花费印刷费、公证费、宣传费等费用，资金成本高于借款；筹资手续和限制条件也比借款要复杂得多。

①　债券的发行条件。我国《公司法》对企业发行债券规定了明确的限制条件。

a. 股份有限公司净资产额不低于人民币 3000 万元，有限责任公司净资产额不低于人民币 6000 万元。

b. 累计债券总额不超过公司净资产的 40%。

c. 最近三年平均的可分配利润足以支付企业债券一年的利息。

d. 筹集的资金投向符合国家产业政策。

e. 债券的利率不超过国务院限定的利率水平。

f. 前一次发行的债券尚未募足的，或企业对其债务有违约延迟支付本息行为的，不得再次发行企业债券。

g. 国家规定的其他条件。

②　债券的要素。无论哪一种债券，都应具备下述四种基本要素：

a. 债券面值。是债券票面上标示的金额。它是计算利息的依据，也是债券到期要偿还的本金。债券面值通常为整数，面额印刷在债券上，固定不变。

b. 债券的利率。通常用年利率表示，且必须在债券票面上载明。债券利率既可以是固定利率，也可以是浮动利率。

c. 债券的期限。是指债券从发行之日起至到期日之间的时间。我国债券的期限大多在 1～5 年，确定债券期限时，应充分考虑项目对资金的需要时间及项目的偿债能力。

d. 债券的价格。是指发行债券的售价。债券的发行价格可分为平价发行(等于面值)、溢价发行(大于面值)和折价发行(小于面值)三种形式。在正常情况下，债券一般按面值发行，只有在债券利率确定的情况下，突然遇到银行存款利率的调整，通货膨胀加剧，或者债券滞销等情况时，才需要调整债券的价格，改成溢价或折价发行。

债券的发行价格取决于债券的利率与投资者要求的收益率。债券的利率定得过高，发行债券的企业就会增加债券的筹资成本；定得过低，债券发行不出去。因此，确定债券利率时，应从企业和投资者两方面考虑，既不能过高，也不能过低，债券的利率应与投资者要求的收益率基本一致。投资者要求的收益率也叫市场利率，是指购买债券的投资者能够接受的由市场供求关系决定的均衡利率。

在确定债券利率时，一般是按市场利率来确定，此时债券的发行价格就等于面值。但由于市场利率是经常变化的，而债券的利率一经确定就不能调整，所以当市场利率低于债券利率时，债券发行价格就会高于面值，即溢价发行；而当市场利率高于债券利率时，债券发行价格就会低于面值，即折价发行。

债券发行价格一般用债券理论价格公式计算确定。理论价格的计算原理是资金时间价值理论。债券的理论价格是债券未来收益的现值，债券的未来收益包括本金和利息两部分。

债券发行价格=债券面值的复利现值+各期利息的现值

其计算公式为

$$PV=\frac{B}{(1+k)^n}+\sum_{t=1}^{n}\frac{I}{(1+k)^t}=\frac{B}{(1+k)^n}+\sum_{t=1}^{n}\frac{B\times i}{(1+k)^t} \tag{6-1}$$

式中：PV——债券的理论价格；

B——债券的面值；

i——债券票面利率；

I——每期的利息，$I=B\times i$；

k——市场利率；

t——计算利息的期数；

n——债券的发行期限，即计算利息的总期数。

【例 6-1】 某企业为筹集工程建设资金发行了一批 3 年期债券，债券面值为 1000 元，年利率为 6%，每年支付一次利息，到期还本。假定该债券发行时的市场利率分别为 4%、6%和 8%，试计算不同市场利率下债券的发行价格。

解：当市场利率为 4%时，

$$\begin{aligned}PV&=1000\times6\%\times(P/A,4\%,3)+1000\times(P/F,4\%,3)\\&=60\times2.775+1000\times0.889\\&\approx1056(\text{元})\end{aligned}$$

当市场利率为 6%时，

$$\begin{aligned}PV&=1000\times6\%\times(P/A,6\%,3)+1000\times(P/F,6\%,3)\\&=60\times2.673+1000\times0.840\\&\approx1000(\text{元})\end{aligned}$$

当市场利率为 8%时，

$$\begin{aligned}PV&=1000\times6\%\times(P/A,8\%,3)+1000\times(P/F,8\%,3)\\&=60\times2.577+1000\times0.794\\&\approx949(\text{元})\end{aligned}$$

与借款和融资租赁相比，债券筹资的手续和限制条件较多，但筹集到的资金数额较大，能够满足项目对资金的大额需求。但其资金成本高于借款。

(3) 融资租赁。在前面的筹资渠道中已知，融资租赁包括直接租赁、售后回租和杠杆租赁三种形式。融资租赁与其他负债形式相比，具有下述特点：

① 融资租赁不需抵押，不需要相应的存款余额，筹资限制条件较少。

② 能减少拥有设备陈旧过时的风险。

③ 融资租赁的资金成本高于借款和债券的资金成本。融资租赁的租金包含资产购入价、出租人收益、手续费、资产陈旧化损失等，其中出租人收益通常高于银行借款利息，而且租金通常是在年初支付，这就使得融资租赁的资金成本高于债券和借款的资金成本。

3) 负债筹资的优缺点

与资本金相比，负债筹资具有下述优缺点：

(1) 由于债权人不参与企业的经营管理，所以负债筹资不会分散股东对企业的控制权。

(2) 负债筹资的资金成本低于权益资金的资金成本。

(3) 负债筹资的利息在所得税前偿还，有节税功能。

(4) 负债筹资的本金和利息必须按时偿还，具有刚性的特点，增加了企业的财务负担和风险。

6.3 资金成本

6.3.1 资金成本的概念及作用

1. 资金成本的概念

项目从各种渠道筹集的资金都是要付出代价的，如银行借款、发行债券要向债权人支付利息，吸收投资、发行股票要向投资者分配利润、股利。资金成本就是指企业为筹集资金和使用资金而付出的各种费用，包括资金筹集费和资金占用费。资金筹集费是指在筹集资金的过程中发生的费用，如各种手续费、评估费、公证费、担保费、广告费和代理费等。资金占用费是指占用这笔资金所付出的费用，如银行借款和债券的利息、分配给投资者的股利等。资金筹集费通常在筹集资金时一次性发生，与占用资金的时间无关，可视为固定费用。而资金占用费与资金占用的时间、数额有直接关系，可看作变动费用。

由于在不同情况下筹集的资金数额并不相等，为了便于比较，资金成本通常用相对数表示，即用资金成本率表示。

资金成本的产生是由于资金所有权与资金使用权分离的结果。企业筹集到工程建设资金以后，只是暂时取得了这些资金的使用权，所以必须为资金的所有者丧失其使用权支付一定的报酬，也就是要支付资金成本。

2. 资金成本的作用

资金成本对于企业的筹资和投资活动都有重要的作用。

(1) 资金成本是选择筹资方式、制订筹资方案的重要依据。企业可以通过不同的渠道、采取不同的筹资方式筹集工程项目所需资金，但不同的筹资方式，其资金成本也不相同；不同资金结构的筹资方案，其综合资金成本也不相同。所以在制订筹资方案时，既要考虑每一种筹资方式的资金成本，也要考虑各种筹资方式组合的资金成本。当然，资金成本不是选择筹资方式的唯一条件，各种筹资方式取得的难易、偿还的条件、期限的长短、限制的条件都是需要考虑的因素。

(2) 资金成本是评价投资项目可行性的主要经济指标。资金成本是筹集和使用工程项目建设资金时所付出的费用。投资项目的目的是为了获利，所以只有当项目的投资报酬率大于资金成本时，项目才是可行的。如果预期的投资报酬率小于资金成本，项目的收益还不足以支付利息或者投资者不能得到期望的最低投资报酬率，则项目在经济上就是不可行的。

所以，资金成本是判断项目是否可行的主要经济指标。

6.3.2 资金成本的计算

项目所需的投资无论采取何种方式筹集，最终必然分成两类：负债资金和权益资金。这两种资金的数量和各自的资金成本决定了筹资方案的综合资金成本。为了计算投资项目的综合资金成本，就要首先计算各种筹资方式的资金成本，然后将这些资金成本加权相加计算出项目的综合资金成本。

1. 负债筹资资金成本的计算

根据资金时间价值理论，负债筹资的资金成本是指能够使得未来支付的本金和利息的现值之和恰好等于期初筹集到的资金净额时的折现率。

当每年还息，到期还本时，负债资金税前资金成本的计算可以通过下式求得

$$\sum_{t=1}^{n}\frac{I}{(1+K)^t}+\frac{B}{(1+K)^n}=P-F \tag{6-2}$$

式中：P——筹资总额；

F——筹资费用(包括手续费、发行费、公证费、广告费、代理费等)；

B——本金，对于借款，$B=P$，对于债券，B为债券面值；

n——还款期限；

I——每年年末支付的利息，对于债券，$I=B\times$票面利率；

K——税前资金成本。

计算式(6-2)中的K值，就可得到某种来源的负债资金的资金成本。

由于负债资金的利息是在税前支付的，企业可以少交部分所得税，因此负债资金的税后资金成本为

$$K_{\rm b}=K\times(1-T) \tag{6-3}$$

式中：T——所得税税率。

【例6-2】 某企业为筹集工程建设资金平价发行了一批债券，面值为1000元，期限为5年，票面利率为12%，每年年末支付一次利息，到期还本，债券发行费用为3%，所得税率为33%。求这批债券的资金成本。

解：连续5年每张债券每年年末支付的利息为

$$1000\times12\%=120(元)$$

5年年末偿还本金1000元。

每张债券筹集到的资金净额为

$$1000\times(1-3\%)=970(元)$$

将5年内支付的利息和本金按照资金成本K折算成现值，其现值之和应等于筹集到的资金净额。即

$$1000\times(P/F,K,5)+120\times(P/A,K,5)=970$$

设折现率为12%，债券的现值为

$$PV_1=1000\times(P/F,12\%,5)+120\times(P/A,12\%,5)$$
$$=1000\times0.567+120\times3.605$$
$$=999.6(元)>970 元$$

提高折现率，设折现率为 13%，债券的现值为

$$PV_2=1000\times(P/F,13\%,5)+120\times(P/A,13\%,5)$$
$$=1000\times0.543+120\times3.517$$
$$=965.04(元)<970 元$$

根据上述计算结果，用插入法计算该债券的资金成本

$$K=12\%+(13\%-12\%)\times\frac{999.6-970}{999.6-965.04}$$
$$=12.86\%$$

税后资金成本为

$$K_b=12.86\%\times(1-33\%)=8.62\%$$

【例 6-3】 某公司向银行借款 1000 万元用于工程建设，年利率为 6%，期限为 3 年，每年年末支付一次利息，到期还本，所得税率为 33%。求这笔借款的资金成本。

解： 设资金成本为 K，每年年末支付利息 60 万元，3 年年末还本 1000 万元。

则 $$1000\times(P/F,K,3)+60\times(P/A,K,3)=1000$$

令 $K=6\%$，

$$1000\times(P/F,6\%,3)+60\times(P/A,6\%,3)$$
$$=1000\times0.840+60\times2.673$$
$$=1000(元)$$

可见，银行借款的税前资金成本就是其借款利率，这是因为筹集到的资金是 1000 万元，最后还本也是 1000 万元，且每年计算利息的本金也是 1000 万元，所以在利息分期支付，期末一次偿还本金的情况下，银行借款的税前资金成本等于借款利率。

由于借款利息可以抵税，所以其税后资金成本为

$$K_b=6\%\times(1-33\%)=4.02\%$$

若本金和利息在期末一次偿还，即 3 年年末共还本付息

$$1000\times(1+6\%\times3)=1180(元)$$

根据资金时间价值理论可得

$$\frac{1180}{(1+K)^3}=1000$$
$$K=5.67\%$$

其税后资金成本为

$$K_b=3.80\%$$

2. 权益资金成本的计算

权益资金的所有者是企业的股东，包括普通股股东和优先股股东。股东对这部分资金有一个期望的最低投资报酬率，当企业预期的收益率高于股东期望的最低投资报酬率时，

股东才愿意投资。所以权益资金的资金成本就是股东得到的投资报酬。

(1) 普通股资金成本的计算：

$$K=\frac{D_0\times(1+g)}{P-F}+g=\frac{D_1}{P-F}+g \tag{6-4}$$

式中：D_0——第一年初的股利；

$D_0(1+g)$——第一年年末股利，记作 D_1；

K——税后资金成本；

g——股利增长速度；

P——普通股股本总额；

F——普通股筹资费用(包括手续费、发行费、公证费、广告费、代理费等)。

【例 6-4】 某公司普通股每股面值为 6 元，发行价格为 6.5 元，发行费用为每股 0.1 元，预计第一年股利率为 10%，今后每年增长 3%，则普通股的成本为

$$K_b=\frac{6\times10\%}{6.5-0.1}+3\%$$

$$=12.38\%$$

(2) 优先股资金成本的计算：

$$K=\frac{D_P}{P-F}$$

式中：D_P——每年股利；

P——优先股股本总额；

F——优先股筹资费用(包括手续费、发行费、公证费、广告费、代理费等)。

【例 6-5】 某公司发行优先股总面额为 100 万元，总价格为 125 万元，筹资费用率为 6%，规定年股利率为 14%，则优先股的成本为

$$K_b=\frac{100\times14\%}{125\times(1-6\%)}$$

$$=11.91\%$$

由于普通股和优先股的股利都是从税后利润中支付的，所以计算出的资金成本就是税后资金成本。

(3) 留存收益的成本。

留存收益是指企业在生产经营活动中形成的税后净利润的积累。一般企业都不会把全部收益分配给投资者，而是留存一部分收益用于企业未来的发展。这部分留存收益的所有权仍属于投资者，所以留存收益相当于投资者对企业的再投资。

对于股份制公司，优先股股东除得到固定的股利之外，不再享有公司其他收益的分配。所以，留存收益应属于普通股股东，对这一部分投资，普通股股东同样要求有一定的投资报酬。因此，留存收益成本的计算与普通股基本相同，不同之处在于留存收益没有筹集费用。其计算公式为

$$K_r=\frac{D_1}{P}+g \tag{6-5}$$

式中，K_r 为留存收益的资金成本，其他符号与普通股资金成本计算公式中的符号含义相同。

由于留存收益是缴纳完所得税之后的净收益，因而上式中 K_r 就是税后资金成本。

【例 6-6】 某公司普通股市场价格 16 元，第一年股利为 1.6 元，以后每年增长 3%，则留存收益的成本为

$$K_r = \frac{1.6}{16} + 3\% = 13\%$$

3. 综合资金成本的计算

企业筹集的资金，往往不是单一渠道获得的，而是各种筹资方式的组合。为了正确地进行筹资和投资决策，必须确定筹资方案的总成本，即综合资金成本。

综合资金成本的确定常常采用加权平均方法计算，其计算公式为

$$K_w = \sum_{j=1}^{n} W_j K_j$$

式中：K_w——综合资金成本率，一般指税后资金成本率；

W_j——第 j 种筹资方式筹集的资金占全部资金的比重；

K_j——第 j 种筹资方式所筹集资金的资金成本率；

n——筹资方式的种类数。

【例 6-7】 某项目共筹集资金 10 000 万元，其中债券为 1000 万元，税后资金成本为 6%；借款 2000 万元，税后资金成本为 5.5%；普通股为 7000 万元，资金成本为 13%。求这笔资金的综合资金成本。

解：根据各筹资方式的资金成本及其所占权重，计算综合资金成本

$$K_w = \frac{1000}{10\,000} \times 6\% + \frac{2000}{10\,000} \times 5.5\% + \frac{7000}{10\,000} \times 13\% = 10.8\%$$

从以上计算可以看出，不同筹资方式的资金成本是不同的。企业支付的资金成本对于向企业投资的投资者来说就是投资报酬，根据报酬与风险的关系，风险越大，投资者要求的投资报酬也越高。对于负债资金，债权人可以得到固定的利息，到期还能收回本金，即使企业清算，也能优先从企业的财产中得到清偿，投资风险相对较小，因此要求的投资报酬也相对较低，负债企业支付的资金成本也就较低；而对于权益资金，投资者在企业正常生产经营期间不能抽回投资，只能通过转让间接收回投资，而且在企业清算时，权益资金的投资者在债权人之后得到清偿，投资风险比债权人大，因而要求的投资报酬也高于债权人，使得权益资金的资金成本高于负债资金的资金成本。其中由于优先股股东能够优先分得股利和剩余财产，其风险小于普通股股东，因而优先股的资金成本要低于普通股的资金成本。根据风险与报酬对等的原则，一般情况下，各筹资方式的资金成本由小到大的顺序依次为：银行借款、债券、优先股和普通股。

6.4 项 目 融 资

6.4.1 项目融资概述

1. 项目融资的概念

融资就是为筹集工程项目所需资金而进行的资金筹措行为。

狭义的项目融资是指以该项目的资产和收益作为抵押来融资。即贷款方在向项目提供贷款之前，首先要考察该项目的现金流量和收益能否保证偿还债务，并将该项目的资产作为抵押。经过考察，如果项目的资产、现金流量和收益能够保证贷款的安全，贷款方才会提供贷款。

广义上说，一切为了建设一个新项目、收购一个现有项目或对已有项目进行债务重组所进行的融资活动都叫作“项目融资”。显然，这一概念不仅包括狭义的“项目融资”，也包括传统的“项目融资”。

2. 项目融资的要素

项目融资通常包括以下四个方面的要素。

(1) 贷款人(债权人)需要对项目的技术水平、经济效益、项目发起人和经营者的实力进行评估，对项目未来的现金流量做出预测，并对正在建设和运营中的项目进行监控，以保证债务的偿还。

(2) 项目融资一定程度上依赖于项目的资产、现金流量和经济效益，贷款人对项目的发起人没有完全追索权。

(3) 债权人由于承担的项目风险较大，所以要求的资金回报率也较高，使得项目的负债成本较高。

(4) 贷款和担保手续较复杂，限制条件较多。

3. 项目融资与传统融资方式的区别

项目融资与传统的融资方式最主要的区别在于：项目融资是以项目本身的净现金流量和资产价值作为偿还债务的保证；而传统的融资方式是以项目发起人本身的资信能力作为偿还债务的保证，而不仅仅以发起人投资的具体项目作担保。

举例进一步说明两种融资方式的区别。假如某公司拥有 A、B、C 三个企业，为了扩大市场占有率，公司拟新建一个 D 企业，需要筹措建设资金。传统的筹资方式是指该公司以自己拥有的所有企业的资产和收益作为贷款担保，贷款资金用于建设 D 企业，而用公司的所有收益来偿还贷款，如果 D 企业建设失败，就要用公司拥有的其他企业的收益来还债。

这种筹资方式中贷款方对该公司具有完全的追索权。而项目融资是指贷款资金用来建设 D 企业，还款资金的来源也只以 D 企业的收益和资产为限，如果 D 企业建设或经营失败，贷款人只能从 D 企业的剩余财产中收回部分贷款，而不能要求该公司以其他三个企业的收益来偿债。这种筹资方式中贷款方对公司无追索权，对 D 企业具有有限追索权。

项目融资中，项目投资者的风险仅限于其在项目中的投资额，偿还借款本息的责任由项目公司承担，而不是由项目投资者承担。

4. 项目融资的特点

与传统融资方式相比，项目融资具有下述几个显著的特点。

(1) 项目导向。是指以项目为主体来安排融资，其资金来源依赖于项目的现金流量和资产而并非项目的投资者或发起人。贷款数量、融资成本以及资金结构的确定都与项目未来的现金流量以及资产价值有直接的关系。所以有些投资者很难得到的担保条件可以通过项目融资来实现，有些投资者很难借到的资金也可通过项目融资来筹措。同时，由于贷款的偿还要以项目未来的现金流量及资产价值为导向，所以项目融资获得的贷款期限要根据项目具体的情况来安排，可以做到比一般的商业贷款期限要长。近年来，有些项目的贷款期限长达 20 年之久。

(2) 有限追索权。是项目融资的第二个特点。追索是指债务人未按期偿还债务时，债权人要求债务人用抵押资产之外的其他资产偿还债务的权利。对于项目融资，债权人可以在项目的某个阶段(如建设期和试生产期)对项目的投资者实行追索，或者在一个特定的范围内对项目投资者实行追索，除此之外，不管项目出现什么问题，债权人都不得要求投资者以该项目资产和现金流量之外的任何形式的资产来偿还债务，也不得要求投资者承担约定义务之外的任何债务。

(3) 风险共担。是项目投资者和贷款人共同承担项目风险。即投资者通过项目融资将原来应由自己承担的债务风险和项目经营风险，部分地转移到债权人身上，双方分享收益、共担风险。

(4) 非公司负债型融资。是指项目的债务不体现在项目投资者公司的资产负债表中的一种融资方式。根据项目融资风险分担的原则，债权人对项目债务的追索权被限制在项目的资产和现金流量之内，项目投资者承担的是有限责任，所以这种债务不会增加项目投资者公司的负债比例，不会影响投资者筹措新的资金。项目融资的这一特点过去并没有被我国的企业完全理解和接受，随着我国市场经济的发展，这一特点逐渐为更多的企业认可和接受，项目融资被越来越多的投资者所采纳。

(5) 信用结构多样化。在项目融资中，用于支持贷款的信用结构的设计灵活多样。债权人根据项目情况，灵活设计多种担保方式和信用条件，提高项目的债务承受能力。如在项目融资中，既可以要求承包工程的施工单位提供固定价格的合同或“交钥匙”工程，也可要求工程项目的设计单位提供工程技术担保，这些办法都可成为项目融资的信用支持，减少项目风险以及融资对投资者资信和其他资产的依赖程度。

(6) 资金成本高，筹资过程复杂。与传统的融资方式相比，由于项目融资中的贷款方对项目只有有限追索权，承担的风险较大，所以债权人要求的资金报酬也较高，这就使得项目融资中的贷款利率一般高于普通贷款利率。同时，项目融资由于涉及面广，结构复杂，前期工作比传统融资往往要多出几倍，使得项目融资的组织时间大大延长。

5. 项目融资的过程

对于每一个工程投资项目，在前期都要经过严密的可行性研究论证工作，也就是说要进行投资决策分析。项目的投资决策一经确定，接下来就要进行资金筹措，包括融资方式和资金结构的确定。

项目的投资决策完成之后，就进入项目融资过程。这一过程包括四个阶段：融资决策分析、融资结构分析、融资谈判和项目融资的执行，如图 6-1 所示。

(1) 融资决策分析。在融资决策分析阶段，投资者根据项目投资决策时拟定的投资结构，选择项目的融资方式，决定是否采用项目融资；并聘请专业的投资咨询公司对项目的融资能力及可能的融资方式进行比较和分析，研究和设计融资结构，做出项目的融资决策。

(2) 融资结构分析。这一阶段主要是完成对项目风险的分析和评估，确定项目的债务承受能力及风险，筛选切实可行的融资方案，并对前期决策拟定的项目投资结构进行修正。

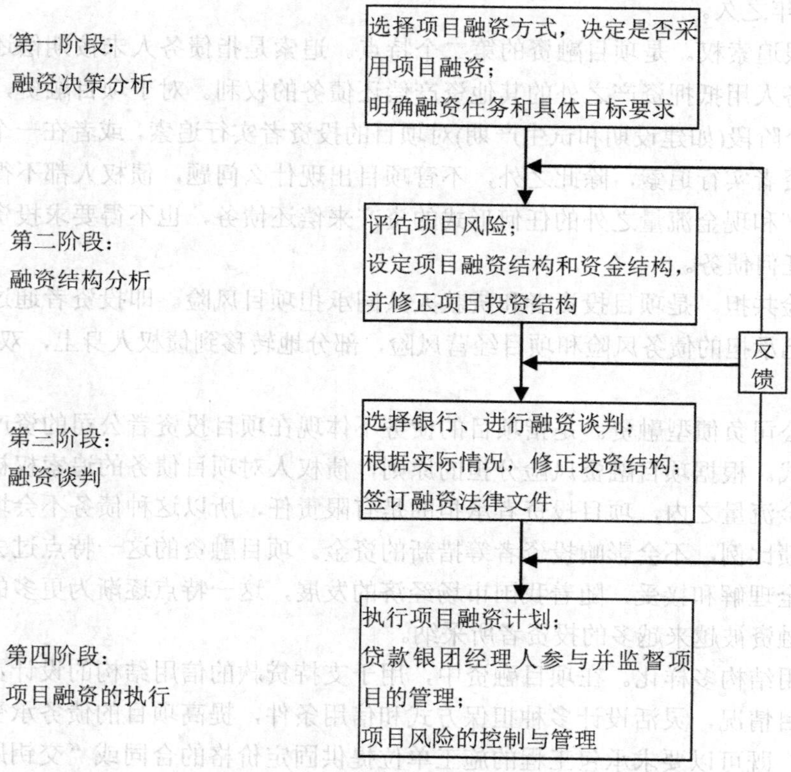

图 6-1 工程项目融资的过程

(3) 融资谈判。在初步确定了项目融资方案之后，就可有选择地与银行或贷款银团进行项目融资谈判，起草融资法律文件，并根据谈判结果修改有关法律文件内容、调整融资结构或资金来源。最终签署正式的项目融资文件，规定借贷双方享有的权利和义务以及相关信用条件。

(4) 项目融资的执行。在正式签署项目法律文件之后，项目融资就进入执行阶段。债权人除了按照文件规定提供贷款资金，还要委托银团经理人监督项目的实施，参与项目重大决策及风险管理与控制，以确保债务的偿还。

6.4.2　项目融资的 BOT 模式

1. BOT 模式的产生

BOT 作为项目融资的一种方式，是国际经济合作发展到一定阶段的产物。在第一次世界大战之前，许多基础设施建设项目(如铁路、公路、桥梁、电站、港口)就已开始利用私人投资，这些私人投资者为了赚取巨额利润而甘愿承担所有风险。然而“一战”后直至“二战”后相当长的一段时间里，基础设施投资主要由政府部门来承担。这种模式给各国政府带来了许多负担，尤其是对那些普遍缺乏资金的发展中国家来说，在许多情况下，根本无法满足基础设施建设所需的资金。

20 世纪 70 年代末至 80 年代初，世界经济形势逐渐发生变化。经济发展、人口增长、城市化进程的加快等都直接导致了交通、能源、供水等基础设施需求的急剧膨胀；经济危机和巨额财政赤字使政府投资能力大为减弱；债务危机使许多国家的借贷能力锐减，从而减少投资项目的预算资金。在这种背景下，BOT 方式开始在一些国家得到运用和推广。

1984 年，当时的土耳其总理厄扎尔首先提出了 BOT 这一术语，想利用 BOT 方式建造一座电厂。这一做法立即引起了世界的注意，尤其是发展中国家，如马来西亚和泰国纷纷效仿，他们把 BOT 模式看成是减少公共部门借款、吸引国外直接投资的一种方式；英法海峡隧道项目的建设，则进一步促进了 BOT 方式在世界范围内的应用。

2. BOT 模式的定义

BOT 是英文 Build→Operate→Transfer 的简称，即“建设→经营→移交”。典型的 BOT 形式是：政府部门就某个基础设施项目与私人企业(项目公司)签订特许权协议，授予签约方的私人企业(项目公司)来承担该基础设施项目的投资、融资、设计、建设、经营与维护，项目公司在协议期内拥有、运营和维护这项设施，并通过收取使用费或服务费，回收投资并取得合理利润。政府部门则拥有对这一基础设施的监督权、调控权；协议期满后，这项设施的所有权无偿移交给所在国政府。

3. BOT 模式的形式

BOT 模式通常有以下几种具体方式。

(1)　BOT(Build→Operate→Transfer)，建设→运营→移交。政府授予项目公司建设新项目的特许权时，通常采用这种方式。

(2)　BOOT(Build→Own→Operate→Transfer)，建设→拥有→运营→移交。即这种方式明确了 BOT 方式的所有权，项目公司在特许期内既有经营权又有所有权。一般来说，BOT 就是指 BOOT。

(3)　BOO(Build→Own→Operate)，建设→拥有→运营。即这种方式是开发商按照政府授予的特许权，建设并经营某项基础设施，但并不将此基础设施移交给政府或公共部门。

一般情况下，以上三种结构统称为BOT方式，是最基本的BOT形式。在实践中，由于项目的具体条件和情况各不相同，在上述三种形式的基础上，还衍生了其他一些形式。

(4) BOOST(Build→Own→Operate→Subsidy→Transfer)，建设→拥有→运营→补贴→移交。

(5) BLT(Build→Lease→Transfer)，建设→租赁→移交。即政府出让项目建设权，在项目运营期内，政府有义务成为项目的租赁人，在租赁期结束后，所有资产再转移给政府公共部门。

(6) BT(Build→Transfer)，建设→移交。即项目建成后立即移交，可按项目的收购价格分期付款。

(7) IOT(Investment→Operate→Transfer)，投资→运营→移交。即收购现有的基础设施，然后再根据特许权协议运营，最后移交给公共部门。

这些方式虽然在形式上有所不同，具体操作上也存在一些差异，但它们的结构与BOT并无实质差别，所以习惯上将上述所有方式统称为BOT。

4. 实行BOT模式融资的意义

许多国家，尤其是发展中国家在基础设施建设中之所以越来越多地采用BOT融资模式，是因为与传统的融资方式相比，BOT模式有利于减轻政府直接的财政负担，能够提高项目的运作效率、降低项目的投资风险。对于我国来说，采用BOT模式引进、利用外国资本投资经营基础设施项目具有以下几个方面的现实意义。

(1) 加快基础设施的建设速度。采用BOT融资模式，政府把拟建的部分基础设施项目交给外商设计、筹资、建造和运营，不仅可以减轻政府直接的财政负担，缓解经济发展中资金短缺的矛盾，而且还可以把原来必须用于该项目的建设资金转用于其他项目的投资，从而弥补基础设施建设中的资金缺口，加快国家的基础设施建设。

(2) 加快基础设施领域的改革。长期以来，我国基础设施领域基本上处于政府垄断经营状态，普遍存在着管理落后、效率低下、缺乏竞争意识等弊端。采用BOT融资模式，吸引外商进入我国基础设施建设领域，势必将打破国家对基础设施的绝对垄断经营状态，从而有利于增强企业的管理水平和市场竞争力；此外，采用BOT模式，还有利于理顺基础设施领域的价格，充分发挥价格的激励作用，提高企业的生产效率和服务质量，增强企业自我发展能力和对投资者的吸引力，从而根本上解决基础设施长期投资不足的问题。

(3) 拓宽利用外资的渠道，减少政府的财政负担与风险。目前，我国利用外资的方式主要有外商直接投资和国外贷款两种形式。BOT模式既与这些投资方式相联系，同时又有其特殊性。虽然在一定意义上，BOT模式与中外合作经营企业类似，但二者无论在与政府的关系，还是在资金来源等方面都存在着明显差别。BOT模式的产生，拓宽了利用外资的渠道，而且BOT项目的建设资金全部由外商解决，BOT融资不构成政府外债，政府不需担保，也无须承诺支付项目借款，这不仅不会增加政府的财政负担，也不会增加政府的债务负担；同时，政府也将全部项目风险转移给了项目公司。

(4) 有利于提高项目的管理水平。由于BOT项目一般都涉及巨额资金的投入，并且项目建设的周期较长，投资风险较大，私营公司为了减少或避免风险，获得较高的收益，客观上要求在项目建设前进行科学的论证、合理的设计；在项目建设、运营过程中加强管理、科学组织，这对我国基础设施领域管理水平的提高无疑将起到带动和示范作用。

此外，采用 BOT 模式，还能促进我国投资体制改革，使投资主体向多元化发展，确立企业的投资主体地位；同时，它还能提供更多的就业机会，带动相关产业的发展。

BOT 模式作为一种新的国际融资方式，在 20 世纪 80 年代初开始得到较快发展，目前已被广泛运用于发达国家和发展中国家的基础设施建设之中。如著名的英吉利海峡隧道、澳大利亚悉尼的港口隧道、泰国曼谷的高架铁路、土耳其的博斯普鲁斯第二大桥、马来西亚的克朗北海峡公路、希腊雅典新机场、菲律宾的诺瓦塔斯火电厂等，都采用了 BOT 融资模式。我国的广东、上海等地也利用 BOT 模式建设了一批基础设施项目。随着国际金融合作的日益广泛，BOT 模式将会得到越来越广泛的应用。

思考题与习题

1. 资金筹集的原则有哪些？
2. 资本金的筹集方式有哪些？资本金筹资有何优缺点？
3. 负债资金的筹集方式有哪些？负债筹资有何优缺点？
4. 资本金和负债资金最根本的区别是什么？
5. 债券的基本要素有哪些？
6. 融资租赁有哪几种形式？
7. 什么是资金成本？它包括哪些费用？
8. 资金成本有什么作用？
9. 什么是项目融资？项目融资的特点有哪些？
10. 简述项目融资的过程。
11. 项目融资的要素有哪些？
12. 项目融资与传统融资方式的区别是什么？
13. 什么是 BOT 融资模式？它有哪些具体形式？
14. 采用 BOT 模式融资的意义是什么？
15. 某企业发行面值 1000 元的 3 年期债券，票面利率为 12%，每年付息一次，到期偿还本金。计算市场利率为 10%、12%和 14%时，债券的发行价格分别是多少？
16. 某公司为筹集工程项目建设资金，从银行借款 2000 万元，年利率为 12%，期限 3 年，每半年计息一次，到期一次还本，企业所得税率为 33%，求这笔借款的成本。
17. 某企业发行债券 1000 万元，按面值发行，期限 3 年，票面利率 12%，每年年末支付一次利息，到期还本，发行费用为面值的 2%，所得税率为 33%，求企业的税后资金成本。
18. 某股份公司按面值发行普通股 5000 万元，发行费用为 3%。预计第一年股利为 10%，今后每年增长 2%，求这批普通股的资金成本。
19. 某企业今年年初有一投资项目，共需资金 10 000 万元。拟通过以下方式筹集：银行借款 1600 万元，税后成本 8%；发行债券 2400 万元，税后成本 10%；普通股 5000 万元，成本 15%；留存收益 1000 万元，成本 14.5%。求该筹资方案的综合资金成本。

第 7 章　工程项目的可行性分析及工程项目后评价

本章学习目标

- 掌握项目可行性研究的含义以及可行性研究的划分阶段；
- 熟悉可行性研究的内容；
- 明确可行性研究的步骤和依据；
- 掌握工程项目后评价的概念及其与前评估的区别；
- 熟悉工程项目后评价的主要内容。

7.1　可行性研究的含义和作用

7.1.1　可行性研究的含义

可行性研究也称技术经济论证，它是指工程项目投资之前在深入细致地调查研究和科学预测的基础上，综合论证项目的技术先进性和适用性、经济的合理性和有利性以及建设的可行性，从而为项目投资决策提供科学依据的一种论证方法。

可行性研究是对提出的投资建议、工程建设项目方案或研究课题建议的所有方面，进行尽可能详细的调查研究和做出鉴定，并对下一个阶段是否终止或继续进行研究提出必要的论证。可行性研究是项目申报、审批、贷款和项目设计施工等的重要依据。

工程项目可行性研究，是根据国民经济发展规划及批准的项目建议书，项目承办单位委托有资格的设计机构或工程咨询单位，在建设项目投资决策前，对拟建项目技术和经济两个方面进行全面、系统的分析研究，以便减少项目决策的盲目性，使项目建设的确定具有科学性。它是编制计划任务书的基础。早在 1981 年 3 月 3 日，国务院在《关于加强基本建设体制管理、控制基本建设规模的若干规定》中就明确规定：所有新建、扩建大中型项目以及利用外资进行基本建设的项目都必须有可行性研究报告。将可行性研究纳入基本建设之中，可加强基本建设前期工作。

7.1.2　可行性研究的特点

1．先行性

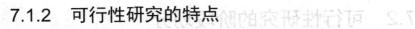

可行性研究是在投资方案或工程项目建设之前进行的，而不是项目确定后再来分析论证。

2．预测性

可行性研究是对尚未实施的投资方案或工程项目建设所进行的研究，是对未来事物的分析论证，因此很重视社会需求和市场预测。

3．不定性

可行性研究的结果包含可行或不可行两种，这就使可行性研究得以客观地进行。可行，为项目确定提供了科学的依据；不可行，则避免了投资的浪费和不必要的损失。

4．决策性

可行性研究是为决策提供科学的依据。事实上，可行性研究的过程本身就是决策的过程。

7.1.3　可行性研究的作用

可行性研究是投资项目建设前期研究工作的关键环节，从宏观上可以控制投资的规模和方向，改进项目管理；微观上可以减少投资决策失误，提高投资效果，其主要作用如下。

(1) 作为项目投资决策的依据。

(2) 作为向银行申请贷款的依据。

(3) 作为向有关部门、企业签订合同、确定相互责任与协作联系的依据。

(4) 作为初步设计、施工准备的依据。在可行性研究报告中，对产品方案、建设规模、厂址、工艺流程、主要设备选型、经济效果评价等进行了比较论证，基本上确定了建设方案。因此，可行性研究报告可作为下一阶段进行项目初步设计、设备订货和施工准备工作的依据。

(5) 作为申请建设施工的依据。当地政府、环保部门以可行性研究报告中拟定的建设方案是否符合市政或区域规划及当地的环境保护要求等为依据，审批建设执照。

(6) 作为项目企业组织管理工作的依据。

(7) 作为编制项目实施计划的依据。

(8) 为项目建设提供基础资料数据。在可行性研究报告中已有地形、地质、水文、气象及工业性实验等资料。

7.2 可行性研究的阶段划分

可行性研究一般可分为投资机会研究、初步可行性研究、详细可行性研究、评估和投资决策四个阶段。

7.2.1 投资机会研究

投资机会研究是可行性研究的第一阶段，主要是对项目或投资方向提出建议，并对各种设想的项目和投资机会做出鉴定，以确定是否有必要做进一步的详细研究。因此又称为“投资机会鉴定”。这是一项粗略的估算工作，主要依据所调查搜集的资料进行投资费用估算并提出投资建议，研究结果不能直接用于决策。

投资机会研究可分为一般投资机会研究和具体项目投资机会研究。一般投资机会研究，是通过地区研究、部门研究、以利用资源为基础的研究，指明具体的投资建设项目和方向。具体项目投资机会研究，是在一般投资机会研究的基础上，将设想的建设项目转变为概略的投资建议。

投资机会研究的内容，主要是地区情况、经济政策、资源条件、劳动力状况、社会条件、地理环境、国内外市场情况以及项目的社会效益等。

投资机会研究的投资估算误差程度为30%，研究费用一般占投资的0.2%～0.8%。

7.2.2 初步可行性研究

初步可行性研究又称预可行性研究，它是在投资机会研究的基础上进行的。当工程项目的规划设想经过投资机会研究的分析、鉴定，认为值得进一步研究时，才进入到初步可行性研究阶段。其主要任务是：进一步判断投资机会研究是否正确，时机是否成熟；并决定是否需要进行详细可行性研究；确定可行性研究课题中哪些问题需要进行辅助的专题研究。它是介于投资机会研究和详细可行性研究之间的中间阶段，其研究内容和详细可行性研究相同，只是深度和获得资料的精确程度不同。

初步可行性研究投资估算误差一般为20%，其研究费用一般占投资的0.25%～1%。

7.2.3 详细可行性研究

详细可行性研究又称最终可行性研究或技术经济可行性研究，通常也将这一阶段简称为可行性研究。它是投资前期研究和评价的最后阶段，对工程项目的投资决策提供技术、经济和管理的依据。

详细可行性研究的任务是：对工程项目进行深入的技术经济分析，重点是对项目进行财务评价和国民经济评价。

详细可行性研究是项目的关键性环节，也是项目研究的定性阶段。它的结论可作为进行工程建设的决策依据；为项目的决策提供技术、经济与商业的比较精细的依据；为下一阶段工程提供设计基础资料和依据；也是向银行贷款的依据。

这一阶段工作量大，研究所需时间一般在几个月至两年，甚至更长时间。研究经费数额很大的，一般依据双方签订的合同而定。

7.2.4　评估和投资决策

这一阶段的工作一般由投资决策部门或授权专业银行、工程咨询公司代表国家对上报的项目可行性研究报告进行全面审核和再评价。

评估和投资决策阶段的任务是：审核、分析、判断可行性研究报告的可靠性和真实性，提出项目评估报告，为决策者提供最后的决策依据。工作内容主要是：项目的必要性评价、可能性评价、技术评价、经济评价、综合评价并编写评估报告。该阶段要求从全局出发，客观、公正、可靠地评价拟建项目。

7.3　可行性研究的依据、内容和步骤

7.3.1　可行性研究的原则和依据

1. 可行性研究的原则

(1) 科学性原则。这是可行性研究工作必须遵循的基本原则。用科学的方法和认真的态度搜集、分析和鉴别原始资料，去伪存真，以确保数据和资料的真实性和可靠性；在计算各项经济指标时要求有科学依据，计算要准确无误，必须是经过分析计算得出的正确结果。

(2) 客观性原则。要从实际出发，实事求是。建设条件必须是客观存在的，不是主观臆造的。

(3) 公正性原则。可行性研究要排除各种干扰，尊重事实，不弄虚作假，使可行性研究正确、公正，为项目投资决策提供可靠的依据。

2. 可行性研究的依据

对一个拟建项目进行可行性研究，必须在国家有关的规划、政策、法规的指导下完成，同时，还要有相应的各种技术资料。可行性研究工作的主要依据有以下 13 项。

(1) 国家有关的发展规划、计划文件，包括对该行业的鼓励、特许、限制、禁止等有关规定。

(2) 国家和地区关于工业建设的法令、法规。

(3) 国家有关经济法规、规定，如中外合资企业法，税收、外资、贷款等规定。

(4) 国家关于建设方面的标准、规范、定额等资料。

(5) 项目主管部门对项目建设要求请示的批复。

(6) 项目建议书及其审批文件。

(7) 项目承办单位委托进行可行性研究的合同或协议。

(8) 企业的初步选择报告。

(9) 拟建地区的环境现状(包括社会、经济自然、人文)资料。

(10) 试验试制报告。

(11) 项目承办单位与有关方面取得的协议，如投资、原料供应、建设用地、运筹方向的初步协议。

(12) 市场调查报告。

(13) 主要工艺和装置的技术资料及经济方面的有关资料。

7.3.2 可行性研究的内容

1. 必要性研究

必要性研究是项目可行性研究所要解决的第一个问题，它主要从社会经济的角度和企业自身发展的角度，探讨和研究项目是否是必要的、适时的，并研究项目的合理投资时机。项目必要性研究主要考虑项目产品的市场潜力、投资者的发展战略和投资者的优势三个方面。

2. 市场销量与项目规模的研究

产品的市场需求是项目必要性的基础，没有足够的市场需求，其他方面再好也无济于事。市场研究的目的就是要弄清项目产品的未来市场状况，一般包括：市场定位、市场现状和发展趋势预测；目标市场特征；项目产品销售量预测以及销售策略的确定等。

3. 技术问题分析

研究项目各种可用的生产技术及其经济特征，结合项目的实际情况选择最佳的技术方案。同时研究各种可能的技术来源及获取方式，寻求最佳方案。

4. 项目选址

根据项目的产品方案及规模，研究资源、原料、能源等的需求量和供应的可靠性，以项目取得最佳经济、社会效益为宗旨，对各个可能的厂址进行技术和经济分析，从中选出合适的项目厂址。

5. 投资估算

运用各种估算技术和经验，全面、科学地估算项目的全部投资，包括固定资产投资、无形资产投资和流动资产投资等。

6．资金筹措

研究各种可能的资金来源，如资本金、银行贷款、发行债券等，分析各种来源的资金的使用成本，按照投资者认为比较合适的资金结构，选择各种来源的资金数量，建立资金筹措方案。

7．项目计划与资金规划

根据项目的组成、工程量、实施难度等实际情况，安排项目的实施计划，以及保证项目实施的资金规划。

8．财务分析

从企业微观经济的角度，用现行价格，对项目运营后可能的财务状况以及项目的财务效果进行科学的分析、测算和评价，判断项目投资在财务上的可行性。

9．国民经济评价

从国民经济宏观角度，用影子价格、影子汇率、影子工资和社会折现率等经济参数，计算、分析项目需要国家付出的经济代价和对国家的经济贡献，判断项目投资的经济合理性和宏观可行性。

10．不确定性分析

用盈亏平衡分析、敏感性分析、概率分析等方法，分析不确定因素对项目投资经济效果指标的影响，测算项目的风险程度，为决策提供依据。

7.3.3　可行性研究的步骤

(1) 筹划准备。在项目建议书批准后，建设单位即可委托设计单位或工程咨询机构对拟建项目进行可行性研究。双方签订合同协议，明确可行性研究的工作范围、目标意图、费用支付方法与协作方式等内容。可行性研究承担单位获得项目建议书和有关项目背景资料与指示文件，并收集基本资料。

(2) 调查研究。调查研究的内容要包括对投资项目的各个方面做深入调查，全面收集基本资料并进行详细的分析评价。

(3) 方案选择与优化。根据项目各方面的情况，综合研究设计出几种可行的方案并进行比较、优化，选出最佳方案。

(4) 投资估算与经济评价。估算工程投资，做国民经济评价、财务评价，并进行风险分析。

(5) 编制可行性研究报告。

(6) 可行性研究报告的审批。

7.4 可行性研究报告的格式与内容要点

建设项目可行性研究报告，一般应按照如下格式和内容进行。

7.4.1 总论

综述项目概况，包括项目的名称、主办单位、承担可行性研究的单位、项目提出的背景、投资的必要性和经济意义、投资环境、提出项目调查研究的主要依据、工作范围和要求、项目的历史发展概况、项目建议书及有关审批文件、可行性研究的主要结论概要和存在的问题及建议。

7.4.2 项目背景

(1) 项目提出的背景。

(2) 投资环境。

(3) 项目建设的必要性。

7.4.3 市场预测和拟建规模

(1) 国内外市场近期需求情况及发展预测。

(2) 国内现有工厂生产能力的估计，包括生产能力、产品质量、销售情况。

(3) 国内外市场产品价格分析、销售预测以及本企业产品竞争能力分析。

(4) 拟建项目的规模、产品方案的技术经济比较和分析。

7.4.4 原材料、能源及公共设施情况

(1) 确定所需的原材料(辅助材料、外购件、协作件)的种类，估算其年需要量及年费用值。

(2) 确定所得能源(煤、气、油、电)的种类，估算其年需要量及年费用值。

(3) 落实所需的原材料及能源(附供应单位的意向书或协议)。

(4) 所需公共设施的数量、供应方式和供应条件。

7.4.5 工艺技术和设备选择

(1) 可用的工艺技术方案，各方案优缺点分析，推荐方案及其理由。

(2) 可供选择的工艺流程，各方案优缺点分析，推荐方案及其推荐理由。

(3) 列出选定的主要设备与辅助设备的名称、型号、规格、数量，并说明选用理由。对于引进设备，应说明必须引进的理由和国别；对于改建、扩建项目，应说明原有固定资产利用情况。

(4) 根据工艺技术、工艺流程、设备品种及数量，确定项目土建工程的构成及方案，绘出工厂平面布置图、车间平面布置图及车间剖面图等。

7.4.6　厂址选择

(1) 选定厂址、厂址面积及用地范围(附城市规划部门同意选址的证明文件)。

(2) 选址范围内的现状、土地种类(水田、菜地、棉田、荒地等)。

(3) 建厂地区的地理位置，与原料产地、市场的距离，地区环境情况，现有铁路、公路、内河航道、港口码头的运输能力以及实际负荷及发展规划情况。

(4) 该地区现有供水、排水、供电及煤气、蒸汽的供应能力和实际负荷及其发展规划情况。

(5) 厂址比较与选择意见。

7.4.7　环境保护

(1) 对建厂具体地区的历史和现在的环境调研，以及建设项目投产后对环境影响的预测。

(2) 制定环境保护措施和“三废”治理的方案、措施和主要方法。

(3) 环境影响评价(附“环境影响报告书”)。

7.4.8　企业组织、劳动定员和人员培训

(1) 全厂生产管理体制及机构设置方案。

(2) 项目不同时期需要的各种级别的管理人员、工程技术人员、工人及其他人员的数量、水平以及来源。

(3) 人员培训规划和费用的估算。

7.4.9　项目实施进度的建议

(1) 项目建设的基本要求和总安排。

(2) 勘察设计、设备制造、工程施工、安装、调试、投产、达产所需时间和进度要求。

(3) 最佳实施计划方案的选择，并用横道图或网络图表示。

7.4.10 投资、成本估算与资金筹措

(1) 主体工程和协作配套工程所需投资的估算。

(2) 流动资金的估算。

(3) 产品成本估算。

(4) 资金来源及依据(附“意向书”)、筹措方式以及贷款偿还计划。

7.4.11 项目财务评价

根据国家现行财税制度和现行价格，分析测算项目的效益和费用，考察项目的获利能力、清偿能力和外汇效果等财务状况，从企业财务角度分析、判断项目的可行性。

7.4.12 项目国民经济评价

从国家角度考察项目的效益和费用，用影子价格、影子工资、影子汇率和社会折现率，计算分析项目给国民经济带来的净收益，评价项目在经济上的合理性。

7.4.13 结论与建议

(1) 运用各项数据，从技术、财务、经济等方面论述项目的可行性。

(2) 存在的问题。

(3) 建议。

7.5 工程项目后评价

7.5.1 工程项目后评价的概念

1. 工程项目后评价的含义

工程项目后评价，是指工程项目建成投产并运行一段时间后，对工程项目立项、决策、设计、实施直到投产运营全过程的投资建设活动进行系统的总结，从而判断工程项目预期目标实现程度的一种评价方法。

工程项目后评价将原有的投资建设程序向后延伸了一步。工程项目竣工验收只是工程建设完成的标志，而并非项目投资建设程序的结束。项目是否达到投资决策时所确定的目标，只有经过交付使用取得了实际的投资效益，才能做出正确的判断；也只有在投产运行一段时间之后对项目进行评价和总结，才能得知投资建设程序各环节工作的成效和存在的

问题。再将总结的经验和教训反馈到将来的工程项目决策工作中，作为其参考和借鉴，可提高今后类似工程项目的决策水平和建设管理水平。

2. 工程项目后评价与工程项目前评估的区别

工程项目后评价与工程项目前评估在评价原则和方法上没有太大区别，都是采用定性与定量相结合的方法。但是，两者评价的时点和目的并不相同，这就决定了两者存在较大的差别，主要表现如下。

(1) 评价阶段不同。工程项目前评估是项目决策的前期工作，为项目投资决策提供依据；而工程项目后评价则是在工程项目建成投产运行一段时间之后，对项目全过程总体情况的再评价。

(2) 评价依据不同。工程项目前评估是依据行业资料和经验性资料，以及国家有关部门颁布的定额、方法和参数，来评价项目的必要性、可行性和合理性；而工程项目后评价则主要依据项目建成投产后的现实资料进行分析，并将项目的现实情况与项目前评估时的预测情况、国内外同类项目情况进行比较，从中找出差距，提出改进措施。其准确度比项目前评估要高，且更有说服力。

(3) 评价内容不同。工程项目前评估主要通过对项目的实施条件、设计方案、实施计划及经济效果的评价，为项目的投资决策提供依据；而工程项目后评价除了对上述内容进行再评价外，还要对工程项目决策的准确度和实施效率进行评价。

(4) 评价的作用不同。工程项目前评估直接为投资决策提供依据；而工程项目后评价则以事实为依据，将现实情况与预测情况进行对比分析，并将信息反馈到投资决策部门，间接作用于未来项目的投资决策，提高决策的科学化水平。

(5) 组织实施的机构不同。工程项目的前评估主要是由投资主体(投资者、银行、项目审批部门)组织实施的；而工程项目后评价则是以投资运行的监督管理机构或独立的后评价机构为主，会同计划、财政、审计、银行、设计、质量等有关部门进行，以保证工程项目后评价的全面性、客观性和公正性。

7.5.2 工程项目后评价的作用

工程项目后评价在提高工程项目决策水平、改进工程项目管理、降低投资风险和提高投资效益方面都有着极其重要的作用。具体表现在以下几个方面。

1. 提高工程项目投资决策的科学化水平

工程项目的前评估是工程项目投资决策的依据，但前评估所做的预测和结论是否准确，需要通过工程项目的后评价来检验。因此，通过建立和完善工程项目的后评价制度及科学的方法体系，一方面可以加强对工程项目前评估人员工作的事后监督，增强其责任感，提高工程项目预测工作的准确性；另一方面，可以通过工程项目后评价的反馈信息，及时纠正项目决策中存在的问题，从而提高类似工程项目决策的准确程度和科学化水平。

2. 总结工程项目管理的经验教训，对项目本身的正常运营有监督和促进作用

工程项目后评价通过对已建成工程项目的分析研究和论证，较全面地总结工程项目管理各阶段的经验教训，以指导项目今后的管理活动。同时，工程项目后评价通过分析项目投产之后的运营情况，比较实际运营情况与预测情况的偏差，研究产生偏差的原因，提出切实可行的措施，从而促使项目运营状况的正常化，使项目尽快实现预期的效益、效果和目标。

3. 为国家今后制定投资计划、产业政策和技术经济参数提供重要依据

通过工程项目后评价能够发现宏观投资管理中存在的问题，从而可以使国家及时修正某些不适合经济发展的技术经济政策，修订某些已过时的指标参数。同时，国家还可以根据工程项目后评价反馈的信息，合理确定投资规模和投资流向。此外，国家还可以根据工程项目后评价反馈结果，充分运用法律、经济和行政手段，建立必要的法规、制度和机构，促进投资管理的良性循环。

7.5.3 工程项目后评价的主要内容

不同类型的工程项目，因其所属行业、类型、规模和后评价的目的、要求不同，后评价内容也相应地有所区别和侧重。一般来说，工程项目的全面后评价包括以下几个方面。

1. 工程项目前期工作的后评价

工程项目建设的前期工作是建设项目从酝酿决策到开工建设以前所进行的各项工作，是项目建设过程的重要阶段。前期工作的质量对项目的成败起着决定性的作用。因此，前期工作的后评价是工程项目后评价的重点内容。

工程项目前期工作后评价的内容主要由项目立项条件后评价、项目决策程序和方法后评价、项目决策阶段经济和环境后评价、项目勘察设计后评价和项目建设准备工作后评价等内容组成。

(1) 工程项目立项条件后评价。是从实际情况出发，对当初认可的立项条件和决策目标是否正确，项目的产品方案、工艺流程、设备方案、资源情况、建设条件、建设方案等是否适应项目需要，产品是否符合市场需求等进行评价和分析。

(2) 工程项目决策程序和方法后评价。这一部分主要检查和分析当初工程项目决策的程序及方法是否科学，是否符合我国现行有关制度和规定的要求，项目的审定是否带有个人意志和感情色彩等。

(3) 工程项目决策阶段经济和环境后评价。这一阶段主要包括两个方面：①在工程项目决策前，是否对项目的经济方面进行了科学的可行性研究工作，实际的资金需求及到位情况与前期的预测是否一致，从而检验前期经济评价结论的正确程度；②前期决策时，是否全面深入地对工程项目的环境影响进行了客观、科学的估计和评价，是否提出了降低不利影响、避免风险的措施，并根据项目运行过程中对环境的实际影响分析当初的环境评价

是否科学。

(4) 工程项目勘察设计后评价。主要包括：承担工程项目勘察设计的单位是否经过招标优选，勘察、设计工作的质量如何，设计的依据、标准、规范、定额、费率是否符合国家有关规定。并根据施工实践和工程项目的生产使用情况，检验设计方案在技术上的可行性和经济上的合理性。

(5) 工程项目建设准备工作后评价。主要是对项目筹建工作、征地拆迁工作、安置补偿工作、工程招标工作、“三通一平”工作、建设资金筹措及设备、材料落实工作是否满足工程实施要求，项目的总进度计划是否能够控制工程建设进度、保证工程按期竣工等方面进行后评价。

2. 工程项目实施阶段的后评价

工程项目实施阶段是指从项目开工到竣工验收的全过程，是项目建设程序中耗时较长的一段时期，也是建设投资最为集中的一个时期。这一阶段能够集中反映项目前期工作的深度、工程质量、工程造价、资金到位情况以及影响项目投资效益发挥的各方面原因。

这一阶段工作的后评价主要包括以下几方面内容。

(1) 工程项目施工和监理工作后评价。主要是对工程项目施工准备工作、施工单位和监理单位的招标及资质审查工作进行回顾与检查，对工程质量、工程进度、工程造价、施工安全、施工合同工作进行评价，重点是对工程实施过程中发生的超工期、超概算、质量差等原因的分析。

(2) 投产准备工作后评价。主要检查工程项目投产前生产、技术人员的培训工作是否及时、到位，投产后所需原材料、燃料、动力条件是否在项目竣工验收之前已经落实，是否组建了合理的生产管理机构和制订了相关的生产经营制度等。

(3) 工程项目竣工验收工作后评价。这一环节主要是回顾检查工程项目竣工验收是否及时，配套工程及辅助设施工程是否与主体工程同时建成使用，工程质量是否达到设计要求，能否达到综合生产能力，验收时遗留问题是否妥善处理，竣工决算是否及时编制，技术资料是否移交等。在此基础上对工程项目在造价、质量、工期方面存在的问题进行研究和分析。

3. 工程项目运营阶段的后评价

工程项目运营阶段是指从项目竣工投产直到进行后评价之前的一段时期。这一时期是项目投资建设阶段的延续，是实现项目投资经济效益和投资回收的关键时期。因此，这一阶段的后评价是项目后评价的关键部分，其主要评价内容包括如下。

(1) 工程项目生产经营管理的后评价。主要包括：项目生产条件及达产情况后评价；项目生产经营和市场情况以及产品品种、数量和质量是否与当初预测相符；生产技术和经营管理系统能否保证生产正常进行和提高经济效益；项目资源的投入和产出情况后评价等。

(2) 工程项目经济效益的后评价。是工程项目后评价的主要内容。它以工程项目投产或交付使用后的实际数据(包括实际投资额、资金筹集和运用情况，实际生产成本、销售收入、税金及利润情况等)重新计算项目各有关经济效益指标，将它与当初预测的投资效益情况进行比较和分析，从中发现问题，分析原因，提出提高投资经济效益的具体建议和措施。

(3) 工程项目对社会经济、环境影响的后评价。主要是将投资项目对社会经济、环境的实际影响与当初预测的情况进行对比分析，找出变化的原因，并对存在社会经济和环境不利影响的项目，提出解决和防范措施。此外，还要对项目与社会经济、环境的相互适应性及项目的可持续性进行分析，说明项目能否持续发挥投资效益。

7.5.4 工程项目后评价的程序和方法

1. 工程项目后评价的程序

工程项目后评价的程序一般包括以下五个阶段。

(1) 提出问题，明确工程项目后评价的目的及具体要求。

(2) 组建后评价机构，制订实施计划。工程项目后评价的提出单位可以自行组织实施后评价工作，也可委托有相应资质的评估机构组成的评价小组进行评估。评价小组负责制定工程项目后评价工作的详细实施计划，包括人员配备、组织机构、进度安排、评估内容、评估方法等。

(3) 收集资料。按照实施计划规定的内容和要求，收集工程项目的立项、决策、建设实施、投产运营各阶段的资料及国家经济政策和行业相关资料。

(4) 对资料数据进行分析研究，提出问题和建议。

围绕工程项目后评价内容，对实际资料的完整性和准确性进行审查和核实，并运用定性与定量相结合的方法对核实后的资料数据进行分析研究，客观评价工程项目的实际成果，找出存在的问题和不足，提出具体的改进措施和建议。

(5) 编制工程项目后评价报告。根据工程项目后评价的结果，编写系统、全面的项目后评价报告，提交委托单位和上级有关部门。

2. 工程项目后评价的方法

工程项目的实际效果是检验前期决策正确与否的重要标准。因此工程项目后评价的主要方法就是比较法。通过将工程项目产生的实际效果与可行性研究和评估的预测结果进行比较，从中发现变化，分析原因，总结经验和教训，进而提出改进措施和建议。常用的工程项目后评价有以下四种方法。

(1) 效益评价法。是把工程项目实际产生的效益或效果，与前评估时预测的目标进行比较，以判断项目决策是否正确的后评价方法。在工程项目后评价阶段，效益指标(主要指经济指标)的计算完全以实际数值为依据，进行会计和统计核算；而在工程项目的可行性研究阶段，则是以估算数值为基础进行预测分析。

(2) 影响评价法。是将工程项目建成投产后实际产生的对社会和环境的影响，与前期预测的目标进行对比，分析实际影响与预测效果之间的偏差，以判断项目决策是否正确的一种后评价方法。大中型工程项目从前期决策到建成投产或交付使用一般都要经过两年以上的时间，不管投资决策者的主观意愿如何，项目建成投产或交付使用后，对社会和环境必然会产生各方面的影响，这些影响与前期预测的影响相比也可能会发生变化。通过将工程项目建成投产或交付使用后产生的实际影响与决策时预测效果相比较，对存在的问题进行分析，提出改进或补救措施，可消除或减轻不利影响；对产生的有利影响或意想不到的效果，进行总结和分析，可促进工程项目的持续发展，改善环境质量。

(3) 过程评价法。该方法通过对工程项目立项、决策、设计、实施直至生产经营各阶段的实际过程与前期的计划、目标相比较，通过分析，找出导致工程项目偏离目标的环节和原因，总结经验和教训，有利于提高今后同类工程项目决策和实施的科学性。

过程评价按照投资项目建设程序可以划分为四个阶段：①前期决策过程评价；②设计和建设准备阶段过程评价；③工程建设实施至竣工验收阶段过程评价；④工程项目投产或交付使用后生产经营阶段过程评价。过程评价各个阶段的调查分析资料，是工程项目后评价结论的主要依据，也是编写工程项目后评价报告的主要内容。

效益评价法是通过将工程项目实际的经济效益与当初预测的经济效益进行比较，来判断投资决策的正确性；而影响评价法则是将工程项目对社会、环境的影响与前期预测的影响相比较，以判断项目是否达到了预期目标。这两种评价方法都没有考虑工程项目实际效果与预测效果不同的原因，无法通过工程项目后评价获得必要的经验和教训，进而无法对今后同类工程项目的科学决策提供依据。过程评价法则弥补了上述两种方法的不足。

(4) 系统评价法。就是将效益评价法、影响评价法和过程评价法有机结合的一种系统的综合分析评价方法。(1)～(3)三种评价方法因其评价角度不同而决定了其评价结论的局限性，因此，将三种评价方法有机结合起来，进行综合地系统评价，才能得出最佳的后评价结论。它不但分析工程项目的经济效益和对社会、环境的影响，而且通过对工程项目建设过程各阶段的系统分析，找出项目实际的经济效益和社会、环境影响发生的原因，针对存在的问题，提出相应的措施和建议，提高工程项目后评价的客观性、科学性和可借鉴性。

3. 工程项目后评价的指标体系

1) 工程项目后评价体系的设置原则

根据工程项目后评价的目的和特点，其指标体系的设置应遵循下述原则。

(1) 全面性与目的性相结合。工程项目后评价的指标既要围绕后评价项目的目的，有一定的针对性，又要全面反映项目全过程的情况。

(2) 指标的可比性。项目后评价的指标应与前评估指标、同行业指标基本一致，以增强指标的可比性。

(3) 综合指标与单项指标相结合。综合指标能弥补单项指标的片面性与松散性，反映项目的整体情况。但综合指标受多种因素的影响，可能会掩盖某些方面的不足，需要用单项指标来进一步诠释和补充。

(4) 动态与静态评价指标相结合。与前评估项目一样，项目后评价的评价指标也包括静态和动态两方面的指标。

(5) 微观投资效果指标与宏观投资效果指标相结合。整个国民经济和各行业、各地区、各企业的根本利益是一致的，所以后评价指标既要反映项目给企业或部门带来的微观投资效果，也要反映给整个国民经济带来的实际宏观投资效果。

2) 项目后评价的主要指标

项目后评价指标众多，这里只介绍工业项目后评价中最主要的一些指标。

(1) 实际设计周期。这一指标是指从设计合同生效直到设计完成提交建设单位实际经历的时间。将实际设计周期与预测的设计周期或合同约定的设计周期进行比较，从中找出设计周期延长或缩短的原因，并指出对工程项目实施造成什么影响。

(2) 实际建设工期。是指从开工到竣工验收所经历的时间。通过这一指标来反映实际工期与计划工期的偏离程度。

(3) 实际建设成本。将实际建设成本与计划建设成本相比较，可以反映建设成本的偏离程度。

(4) 实际工程合格率及优良率。这两个指标反映的是实际工程质量。

(5) 实际返工损失率。是指因项目质量事故停工或返工而增加的项目投资额与项目累计完成投资额的百分比。

(6) 实际投资总额。是指工程项目竣工投产后审定的实际完成投资总额。将它与计划投资总额相比较，可以判断项目投资增加或减少的程度如何。

(7) 实际单位生产能力投资。是指竣工验收项目实际投资总额与该项目实际形成的生产能力的比值。该指标越小，项目实际投资效果越好；反之，则实际投资效果越差。

(8) 实际达产年限。是指从项目投产到达到设计生产能力所需要的时间，通过与预计达产年限相比较，可以发现实际达产年限与计划的偏离程度。

(9) 实际生产能力利用率。是指项目投产后实际产量与设计生产能力的百分比，从中可以看出生产能力是不足还是过剩。

(10) 实际产品价格变化率及其对销售利润的影响。反映产品实际价格与预测价格的偏离程度及其对实际利润的影响。

(11) 实际产品成本变化率及其对销售利润的影响。反映产品实际成本与预测成本的偏离程度及其对实际利润的影响。

(12) 实际销售数量变化率及其对销售利润的影响。反映产品实际销售数量与预测数量的偏离程度及其对实际利润的影响。

(13) 实际销售利润变化率。反映实际销售利润与预测值的偏离程度。

(14) 实际投资利润率。公式为

$$实际投资利润率=\frac{实际年平均利润额}{实际投资总额}\times 100\%$$

(15) 实际投资利税率。公式为

$$实际投资利税率=\frac{实际年平均利税额}{实际投资总额}\times 100\%$$

(16) 实际净现值。是根据项目投产后实际的年净现金流量以及根据实际情况重新预测的剩余寿命期内各年的净现金流量，按照重新选定的折现率计算出的建设期初的净现值。该指标越大，说明项目实际投资效益越好。

(17) 实际净现值率。等于实际净现值与建设期初投资现值的百分比，表示单位实际投资额的现值所带来的净现值的多少。

(18) 实际投资回收期。包括实际静态投资回收期和动态投资回收期两种指标，表示用项目实际净收益或重新预测的净收益来回收项目实际投资所需要的时间。

(19) 实际内部收益率。是根据项目投产后实际的年净现金流量或重新预测的剩余寿命期内各年的净现金流量计算出的净现值等于零时的折现率。该指标大于重新选定的基准收益率或行业基准收益率时，说明该项目实际效益较好。

(20) 实际借款偿还期。是指用项目投产后实际的或重新预测的可用作还款的资金数额来偿还项目投资实际借款本息所需要的时间，该指标反映的是项目的实际清偿能力。

上述指标因工程特点及性质的不同会有所区别，视具体情况还可增加一些其他指标。

7.5.5　工程项目后评价报告

工程项目的后评价报告因其工程类别不同而各有侧重，这里仅以工业项目为例说明工程项目后评价报告所包含的内容。

1. 总论

说明工程项目名称、工程项目后评价提出的背景、工程项目后评价工作的组织和管理、工程项目后评价工作的开始和完成时间、工程项目实施总体概况、工程项目后评价资料的来源及依据及工程项目后评价方法等。

2. 工程项目前期工作后评价

(1)　工程项目立项条件后评价。主要是结合实际，对当初认可的立项条件和决策目标是否正确，项目的产品方案、工艺流程、设备方案、资源情况、建设条件、建设方案等是否适应项目需要，产品是否符合市场需求等进行评价和分析。

(2)　对工程项目决策工作的后评价。主要评价当初工程项目决策的程序和方法是否科学，包括项目可行性研究承担单位的名称和资质、可行性研究编制依据、可行性研究起始和完成时间、决策部门、决策效率等。

(3)　对工程项目决策阶段经济和环境预测的后评价。包括前期决策时对经济方面的预测与实际是否相符、实际的资金需求及到位情况与前期的预测是否一致、前期决策时对项目的环境影响进行的估计和评价与实际对环境的影响有无变化、前期决策时是否提出了降低不利影响和避免风险的措施。

(4)　对工程项目勘察设计的后评价。主要包括承担项目勘察设计的单位名称及资格，审查、勘察、设计工作的标准和质量，并根据施工实践和项目的生产使用情况，检验设计方案在技术上的可行性和经济上的合理性。

(5)　对工程项目建设准备工作的后评价。主要包括项目的筹建工作、征地拆迁工作、安置补偿工作、工程招标工作、“三通一平”工作、建设资金筹措及设备、材料落实工作是否满足工程实施要求，有无因准备工作不充分造成的工期延误现象，征地和安置工作是否符合国家规定等。

3. 工程项目实施阶段后评价

1) 工程项目施工和监理工作后评价

评价内容主要包括如下。

(1) 施工单位和监理单位的名称及资质审查、施工合同审查、监理合同审查。

(2) 对工程设计变更及现场签证的审查。包括设计变更原因及其对进度和成本的影响，现场签证内容及手续是否齐备。

(3) 对施工管理和监理的评价。包括对施工组织，工程成本、进度、质量的控制，施工安全、合同执行工作等进行评价。主要是对建设工期延期或提前的原因、建设成本超支或节约的原因以及质量情况进行评价。

2) 对建设资金供求情况的后评价

评价内容主要包括建设资金到位是否及时、有无因资金供应不及时而延误进度的情况、有无追加资金情况、追加原因等。

3) 工程项目竣工验收和投产准备工作后评价

评价内容主要包括竣工验收是否及时，工程质量是否达到设计要求，竣工决算和技术资料移交是否及时，投产前相关人员培训是否完成，生产所需原材料、燃料、动力条件是否已经落实等。在此基础上，对项目在造价、质量、工期方面存在的问题进行研究和分析。

4. 工程项目运营阶段的后评价

(1) 工程项目生产条件及达产情况后评价。

(2) 产品品种、数量和质量情况后评价。

(3) 项目资源的投入和产出情况后评价。

(4) 生产技术和经营管理水平后评价。

5. 工程项目经济后评价

(1) 工程项目财务后评价。根据项目投产使用后的实际数据重新计算项目各有关经济效益指标，并与当初预测的各种指标进行比较和分析，分析财务状况的发展和变化趋势，提出提高投资经济效益的具体建议和措施。

(2) 工程项目国民经济后评价。包括工程项目国民经济指标计算和分析、国民经济效益状况与预测等。

6. 结论

结论主要包括对工程项目可行性研究及决策水平的综合评价、预期目标的实现程度、实际经济效益评价、评价中发现的问题及改进措施、项目的发展前景等。

思考题与习题

1. 什么是项目可行性研究？
2. 可行性研究有什么特点？
3. 可行性研究的主要作用是什么？
4. 项目可行性研究的主要内容是什么？
5. 什么是工程项目后评价？工程项目后评价与前评估有什么区别？
6. 工程项目后评价的基本内容有哪些？
7. 工程项目后评价的基本程序包括哪些？
8. 工程项目后评价有哪些评价方法？
9. 工业项目后评价的指标有哪些？
10. 工程项目后评价报告的主要内容有哪些？

第 8 章　工程项目的财务评价

本章学习目标

- 了解工程项目经济评价的内容；
- 了解工程项目财务评价的概念和作用；
- 明确工程项目财务评价的基本内容、方法和步骤；
- 能够编制一般新建项目财务评价报表、计算评价指标，进行评价分析。

8.1　工程项目经济评价概述

为了把有限的资源用于经济效益和社会效益真正最优的工程项目中，需要通过工程项目的经济评价预先估算拟建项目的经济效益，避免由于依据不足、方法不当、盲目决策所导致的失误。进行工程项目经济评价还有利于引导投资方向，控制投资规模，提高计划质量。

工程项目的经济评价是项目的可行性研究和评估的核心内容及决策的重要依据，包括财务评价和国民经济评价两个层次。

(1) 财务评价。是根据国家现行财务制度和价格体系，分析计算项目直接发生的财务效益和费用，编制财务报表，计算评价指标，考察项目的盈利能力、清偿能力以及外汇平衡等财务状况，据此判别项目的财务可行性。

(2) 国民经济评价。是按照资源合理配置的原则，从国家整体角度考察项目的效益和费用，用货物的影子价格、影子工资、影子汇率和社会折现率等经济参数分析、计算项目对国民经济的净贡献，评价项目的经济合理性。

基于我国的基本国情，项目评价后的取舍应以国民经济的结论为主。对那些国民经济评价好，财务评价不好但确实是国计民生所必需的建设项目，国家和有关部门可考虑给予优惠政策或进行补贴，使其在财务方面变成可行而加以实施。

我国于 1981 年开始组织力量对建设项目经济评价技术的基础理论和方法进行研究。1987 年 10 月，由国家计委组织编写，中国计划出版社出版的《建设项目经济评价方法与参数》填补了我国建设项目经济评价的空白。1993 年 4 月，《建设项目经济评价方法与参数》修订后再版。修订后的《建设项目经济评价方法与参数》成为我国各工程咨询公司、规划设计单位进行投资项目评价的指导性读物，是各级计划部门审批设计任务书(可行性研究报告)和全能机构审查投资贷款的基本依据。

8.2 财务评价

8.2.1 财务评价的目的和主要内容

企业是独立的经营单位，是投资后果的直接承担者。财务评价是从投资项目或企业角度进行经济分析的，是企业投资决策的基础。

1. 财务评价的主要目的

(1) 从企业或项目角度出发，分析投资效果，判明企业投资所获得的实际利益。

(2) 为企业制定资金规划。

(3) 为协调企业利益和国家利益提供依据。

2. 财务评价的主要内容

(1) 在对投资项目的总体了解和对市场、环境、技术方案充分调查与掌握的基础上，收集预测财务分析的基础数据，用若干基础财务报表(如投资估算表、折旧表、成本表、利润表等)归纳整理。

(2) 编制资金规划与计划。

(3) 计算和分析财务效果。

8.2.2 费用与收益的识别

识别费用与收益是编制财务报表的前提。企业对项目投资的目的，是在向社会提供有用产品或劳务的同时追求最大利润。因此，项目的营利性是识别费用与收益的标准。在判断费用与收益的计算范围时，只计入企业的支出与收入。对工业投资项目来说，建设投资、流动资金投资、销售税、经营成本等是费用；而销售收入、资产回收、补偿等是收益。

折旧是固定资产价值转移到产品中的部分，是产品成本的组成部分。但由于设备和建筑物等固定资产与原材料等不同，不是一次随产品的出售而消失的，而是随产品的一次次销售，以折旧的形式将其回收并积累起来，形成补偿资金，到折旧期满，原有固定资产投资得到全部回收。因此，折旧是固定资产投资的回收。无形资产、递延资产的摊销费用也具有与折旧相同的性质。利息是项目利润的一种转化，财务评价时用基准收益率表示预期收益指标。因此，折旧费和摊销费不能作为支出。

8.2.3 价格和汇率

财务分析中的收益和费用的计算都涉及价格，使用外汇或产品(服务)出口的项目还涉及汇率问题。财务分析的价格一律采用预期的成交价格(市场价格或计划价格)。汇率采用预期的实际结算汇率，一般可按国家公布的官方汇率计算。

8.2.4 资金规划

1. 资金结构与财务杠杆效应

使用不同来源的资金所需付出的代价是不同的。资金结构同投资项目的资金来源与数量构成有关。如何选择资金的来源与数量，不仅与项目所需的资金量有关，而且与项目的经济效益有关。

项目全部投资(自有资金与负债之和)的盈利能力基本上(除所得税外)不受融资方案的影响，可以反映项目方案本身的盈利水平，可供企业投资者和债权人决策是否值得投资或贷款。自有资金的盈利能力反映企业投资者出资的盈利水平，反映企业从项目中获得的经济效果。因此，在有负债资金的情况下，一般来说，全部投资的效果与自有资金的效果是不相同的。

例如某投资项目，其全部投资的净现金流量如图 8-1 所示，若初始投资中 750 万元向银行借款，年利率为 10%，借款条件是：从投产当年开始，分 5 年等额偿清本利。那么，5 年等额还本付息额 A 为多少。

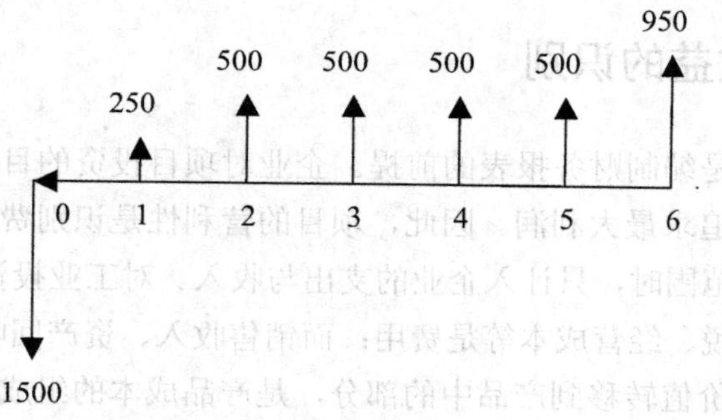

图 8-1 全部投资净现金流量图(万元)

$$A=750(A/P, 10\%, 5)=197.85(\text{万元})$$

从图 8-1 中减去借款的还本付息，得到自有资金投资的净现金流量如图 8-2 所示。由计算可得全部投资的内部收益率为

$$\text{IRR}_{全}=22.35\%$$

以及自有资金投资的内部收益率为

$$\text{IRR}_{全}=29.56\%$$

由本例的计算可知，如果项目投资的 1500 万元都是自有资金，可以得到的内部收益率是 22.35%；如果项目投资的一半资金采用借款，自有资金的内部收益率便上升到 29.56%。显然，采用借款企业的经济效果更好。

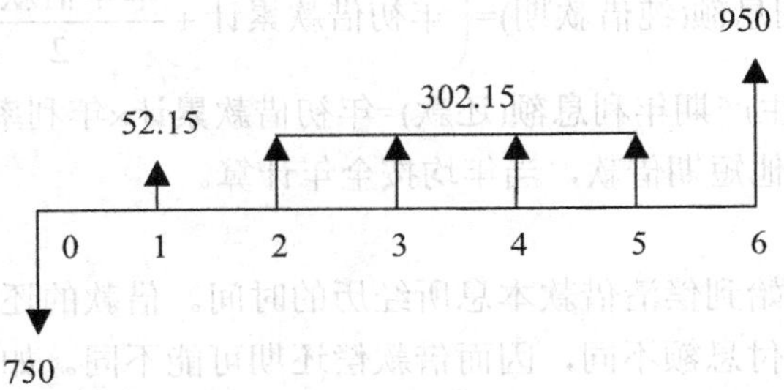

图 8-2　自有资金投资净现金流量图(万元)

通常，全部投资利润率等于贷款利率，二者差额的后果将由企业所承担，从而使自有资金投资的经济效果变好或变坏。下面以投资利润率指标为例来说明这个问题。

设全部投资为 K，自有资金为 K_0，贷款为 K_L，全部投资收益率为 R，自有资金收益率为 R_0，贷款利率为 R_T，由投资收益率的公式可得

$$R_0=R+\frac{K_L}{K_0}\cdot(R-R_T) \tag{8-1}$$

由式(8-1)可知，当 $R>R_T$ 时，$R_0>R$；当 $R<R_T$ 时，$R_0<R$。而且全投资收益率与贷款利率的差别($R-R_T$)被资金构成比 K_L/K_0 所放大，这种放大效应称为财务杠杆效应，K_L/K 称为债务比。可见，由于 R 不受融资方案的影响，对于一个确定的技术方案，所选择的资金构成比不同，对企业的利益会产生不同的影响。

2. 资金运行的可行性

资金运行的可行性是指项目的资金安排必须使每期(年)资金能够保证项目每期(年)的正常运转，即每期的资金来源加上上期的结余必须足以支付本期所需要的使用资金。否则，即使项目的经济效果很好，也无法实施。满足资金运行可行性的条件是

(各年的)“累计盈余资金”≥0

如果某期的累计盈余资金出现负值，表明该期出现资金短缺，必须事先筹集资金弥补缺口或者修改项目计划，甚至重新制定项目方案。

3. 债务偿还

1)　偿还借款的资金来源

借款可以是国外借款和国内借款。国外借款通常要用外汇来偿还。外汇比国内资金更为稀缺，需要专门分析，本书不做讨论。

企业偿还国内借款的资金来源通常有所得税后利润、折旧费、摊销费、营业外收入等其他收入。企业必须按照政府部门对偿还借款的资金规定及有关法规，计算出每年可用于还款的资金数额。

2) 借款利息计算

借款利息如果按实际提款、还款日期计算将十分繁杂。通常可简化为长期借款的当年贷款按半年计总，当年归还的贷款按全年计息。计息计算公式如下

$$建设期年利息额(纯借款期)=\left(年初借款累计+\frac{本年借款额}{2}\right)年利率$$

$$生产期年利息额(还款)=年初借款累计\times年利率$$

流动资金借款及其他短期借款，当年均按全年计算。

3) 借款偿还期

借款偿还期指从开始到偿清借款本息所经历的时间。借款的还款方式有许多种，不同的还款方式每期的还本付息额不同，因而借款偿还期可能不同。如果计算出借款偿还期大于银行规定的期限，则说明企业还款能力不足。此时，要进行项目分析，并在财务，甚至技术方案及投资计划上采取措施，直至偿债能力与银行的限定期一致。

8.2.5 财务基本报表

为了计算评价指标，考察项目的盈利能力、清偿能力以及外汇平衡等财务状况，需先编制财务报表。下面讨论几个主要的财务基本报表。

1. 现金流量表

现金流量表反映项目计算期内各年的现金收支(现金流入及流出)情况，用以计算各项动态和静态评价指标，进行项目财务盈利能力分析。按投资计算基础的不同，现金流量表又分为全部投资现金流量表和自有资金现金流量表。

1) 全部投资现金流量表

全部投资现金流量表如表8-1所示，该表不分投资资金来源，以全部投资作为计算基础，用以计算全部投资所得税前及所得税后的财务内部收益率、净现值及投资回收期等评价指标，考察项目全部投资的盈利能力，为各个方案进行比较建立共同基础。

表8-1 全部投资现金流量表

序号	年末 / 科目	建设期	投产期		达到设计能力生产期				合计
		0	1	2	3	4	5	…	n	
	生产负荷/%									
1	现金流入									
1.1	产品销售(营业)收入									
1.2	回收固定资产余值									
1.3	回收流动资金									

续表

序号	科目 \ 年末	建设期		投产期		达到设计能力生产期				合计
		0	1	2	3	4	5	…	*n*	
2	现金流出									
2.1	建设资金									
2.2	流动资金									
2.3	经营成本									
2.4	销售税金及附加									
2.5	所得税									
3	净现金流量(1-2)									

2)　自有资金现金流量表

自有资金现金流量表如表 8-2 所示。该表从直接投资者角度出发，以投资者的出资额作为计算基础，把借款本金偿还和利息支付作为现金流出，用以计算自有资金内部收益率、净现值等评价指标，考察项目自有资金的盈利能力。

表 8-2　自有资金现金流量表　　万元

序号	科目 \ 年末	建设期		投产期		达到设计能力生产期				合计
		0	1	2	3	4	5	…	*n*	
	生产负荷/%									
1	现金流入									
1.1	产品销售(营业)收入									
1.2	回收固定资产余值									
1.3	回收流动资金									
2	现金流出									
2.1	自有资金									
2.2	借款本金偿还									
2.3	借款利息支付									
2.4	经营成本									
2.5	销售税金及附加									
2.6	所得税									
3	净现金流量(1-2)									

2. 损益与利润分配表

损益与利益分配如表 8-3 所示。该表反映项目计算期内各年的利润总额、所得税和税后利润的分配情况，用以计算投资利润率、投资利税率和资金利润率等指标。

3. 资金来源与运用表

资金来源与运用表见表 8-4。该表通过“累计盈余资金”项反映项目计算期内各年的资金是否充裕(是盈余还是短缺)，是否有足够的能力清偿债务。若累计盈余大于零，表明当年有资金盈余；若累计盈余小于零，则表明当年会出现资金短缺，需要筹措资金或调整借款及还款计划。因此，该表主要用于选择资金的筹措方案，制订适宜的借款及偿还计划，并为编制资产负债表提供依据。

4. 资产负债表

资产负债表和前面介绍的现金流量表(包括利润表、损益表、资金来源与运用表)的根本区别在于前者记录的是现金存量而后者是现金流量，如表 8-5 所示。所谓存量是指某一时刻的累计值；流量反映的是某一时段(通常为一年)发生的现金流量，或者说增量存量。资产负债表综合反映项目计算期内各年年末资产、负债和所有者权益的增减变化以及对应关系，以考察项目资产、负债、所有者权益的结构是否合理，用以计算资产负债率、流动比率及速动比率，进行清偿能力和资金流动性分析。

表 8-3　损益与利润分配估算表　万元

序号	科　目 \ 年　末	投资期		达到设计能力生产期				合计
		2	3	4	…	n		
	生产负荷/%							
1	产品销售(营业)收入							
2	销售税金及附加							
3	总成本费用							
4	利润总额(1−2−3)							
5	所得税							
6	税后利润(4−5)							
7	盈余公积金							
8	应付利润							
9	未分配利润							
	累计未分配利润							

表 8-4　资金来源与运用表　万元

序号	科　目 \ 年　末	投产期		生产经营期			合计	期末余值
		0	1	2	…	n		
1	资金来源							
1.1	利润总额							
1.2	折旧与摊销费							
1.3	长期借款							
1.4	短期借款							
1.5	自有资金							
1.6	回收固定资产余值							
1.7	回收流动资金							
1.8	其他							

续表

序号	年末 / 科目	投产期		生产经营期			合计	期末余值
		0	1	2	…	n		
2	资金运用							
2.1	固定投资							
2.2	建设期利息							
2.3	流动资金							
2.4	所得税							
2.5	应付利润							
2.6	长期借款本金偿还							
2.7	短期借款本金偿还							
3	盈余资金(1-2)							
4	累计盈余资金							

表 8-5　资产负债表

万元

序号	年末 / 科目	投产期		生产经营期				
		0	1	2	3	4	…	n
1	资产							
1.1	流动资金总额							
1.1.1	应收账款							
1.1.2	存货							
1.1.3	现金							
1.1.4	累计盈余资金							
1.2	在建工程							
1.3	固定资产净值							
1.4	无形资产及递延资金净值							
2	负债及所有者权益							
2.1	流动负债总额							
2.1.1	应付账款							
2.1.2	短期借款							
2.2	长期负债							
	负债合计							
2.3	所有者权益							
2.3.1	资本金							
2.3.2	资本公积金							
2.3.3	累计盈余公积金							
2.3.4	累计未分配利润							

5. 外汇平衡表

外汇平衡表适用与有外汇收支的项目，用以反映项目计算期内各年外汇余缺程度，进行外汇平衡分析。

8.2.6 财务评价指标

1. 盈利能力分析的静态指标

1) 全部投资回收期

项目的全部投资包括自有资金出资部分和债务资金(包括借款、债券发行收入和融资租赁)的投资。对应的投资收益的税后利润、折旧、摊销以及利息。其中利息可以看作是债务资金的盈利。在研究全部投资的盈利能力时，按前面介绍的全部投资现金流量表计算投资回收期(计算方法见3.3节)，根据基准投资回收期作出可行与否的判断。

全部投资的盈利能力指标基本上不受融资方案的影响，可以反映项目方案本身的盈利水平。

2) 投资利润率

投资利润率是指项目达到设计生产能力后的一个正常生产年份的年利润总额或年平均利润总额与项目总投资的比率。对生产期内各年的利润总额变化幅度较大的项目，应计算生产期的年平均利润总额与项目总投资的比率。投资利润率为

$$投资利润率=\frac{年利润总额(或年平均利润总额)}{项目总投资}\times 100\% \tag{8-2}$$

投资利润率可根据损益与利润分配估算表中的有关数据求得，与行业平均投资利润率对比，以判别项目的单位投资盈利能力是否达到本行业的平均水平。

3) 投资利税率

投资利税率是指项目达到设计生产能力后的一个正常生产年份的年利税总额或项目生产期内年平均利税总额与项目总投资的比率。投资利税率为

$$投资利税率=\frac{年利税总额(或年平均利税总额)}{项目总投资}\times 100\% \tag{8-3}$$

年利税总额=年利润总额+销售税金及附加=年销售收入−年总成本费用

投资利税率可由损益与利润分配估算表中的有关数据求得，与行业平均投资利税率对比，以判别项目的单位投资对国家的贡献水平是否达到本行业的平均水平。

4) 资本金利润率

资本金利润率是项目的利润总额与资本金总额的比率，有所得税前和所得税后之分。资本金是项目吸收投资者投入企业经营活动的各种财产物资的货币表现。资本金利润率为

$$资本金利润率=\frac{利润总额}{资本金总额}\times 100\% \tag{8-4}$$

资本金利润率是衡量投资者投入项目的资本金的获利能力。在市场经济条件下，投资者关心的不仅是项目全部资金所提供的利润，更关心投资者投入的资本金所创造的利润。

资本金利润率指标越高，反映投资者投入项目资本金的获利能力越大。资本金利润率还是向投资者分配股利的重要参考依据。一般情况下，向投资者分配的股利率要低于资本金利润率。

2. 盈利能力分析的动态指标

1) 财务内部收益率

财务内部收益率(FIRR，包括投资内部收益率和自有资金内部收益率)是指项目在整个计算期内各年净现金流量现值累计等于零时的折现率，它反映项目所占用资金的盈利率。

$$\sum_{t=0}^{n}(\mathrm{CI}_t-\mathrm{CO}_t)(1+\mathrm{FIRR})^{-t}=0 \tag{8-5}$$

财务内部收益率可根据财务现金流量表(全部投资现金流量表和自有资金现金流量表)中的净现金流量数据，用线性插值法计算求得，与行业的基准收益率或设定的折现率 i_0 比较，当 FIRR≥i_0 时，即认为其盈利能力已满足最低要求，财务上是可以考虑接受的。

2) 财务净现值

财务净现值(FNPV)是指按行业的基准收益率或设定的折现率，将项目计算期内各年净现金流量折现到建设期的现值之和，其表达式为

$$\mathrm{FNPV}=\sum_{t=0}^{n}(\mathrm{CI}_t-\mathrm{CO}_t)(1+i_0)^{-t} \tag{8-6}$$

财务净现值可根据财务现金流量表的数据计算求得。如果 FNPV≥0，项目是可以考虑接受的。

3. 清偿能力分析的指标

1) 借款偿还期

借款偿还期是指在国家政策规定及项目具体财务条件下，以项目投资投产后可用于还款的资金，偿还建设投资国内借款本金和建设期利息(不包括已用自有资金支付的建设期利息)所需要的时间。

$$I=\sum_{t=1}^{P_t}R_t \tag{8-7}$$

式中：I——建设投资国内借款本金和建设期利息之和；

P_t——建设投资国内借款偿还期，从借款开始年计算；

R_t——第 t 年可用于还款的资金，包括税后的利润、折旧费、摊销费及其他还款资金。

借款偿还期可由资金来源与运用表及国内借款还本付息表的数据直接推算，通常用“年”表示。从开始年份算起的偿还期的详细计算公式为

$$\text{借款偿还期}=\text{借款偿还后首次出现盈余的年份数}-\text{开始借款年份}+\frac{\text{当年偿还借款额}}{\text{当年可用于还款的资金额}} \tag{8-8}$$

当借款偿还期满足贷款机构的要求期限时，即认为项目有清偿能力。

2) 资产负债率

资产负债率是负债与资产之比，它是衡量企业利用债权人提供的资金进行经营活动的

能力，反映项目各年所面临的财务风险程度及债务清偿能力，因此，也反映债权人发放贷款的安全程度。计算资产负债所需要的相关数据可在资产负债表中获得。资产负债率为

$$资产负债率=\frac{负债合计}{资产合计}\times 100\% \tag{8-9}$$

一般认为资产负债率为 0.5～0.7 是合适的。由于财务杠杆效应的存在，权益的所有者从盈利出发，希望保持较高的债务比，赋予资本金有较高的杠杆力。用较少的资本来控制整个项目。但是，资产负债比越高，项目风险也越大。当资产负债率太高，可通过增加自有资金出资和减少利润分配等途径来调节。

3) 流动比率

流动比率是反映项目各年偿付流动负债能力的指标，衡量项目流动资产在短期债务到期以前可以变为现金用于偿还流动负债的能力。所需相关数据可在资产负债表中获得。流动比率为

$$流动比率=\frac{流动资产总额}{流动负债总额}\times 100\% \tag{8-10}$$

存货是一类不易变现的流动资产，所以流动比率不能确切反映项目的瞬时偿债能力。

4) 速动比率

速动比率反映项目快速偿付(用可以立即变现的货币资金偿付)流动负债的能力。速动比率为

$$速动比率=\frac{流动资产总额-存货}{流动负债总额}\times 100\% \tag{8-11}$$

一般认为，流动比率应为 1.2～2.0；速动比率应为 1.0～1.2。

8.3 财务评价案例分析

本节以一个新建项目为例，说明基础财务报表、主要财务报表的编制方法及财务效果的计算方法。

8.3.1 案例的财务预测及基础财务报表

1. 数据资料

新建一个工厂，预计从此项目建设开始寿命期为 15 年，项目建设期为 3 年，第 4 年投产，第 5 年开始达到设计生产能力。

(1) 固定投资(固定资产投资)8000 万元，其中自有资金投资为 4000 万元。分年投资情况如表 8-6 所示，不足部分向银行贷款。银行贷款条件是年利率 $i_{借}$=10%，建设期间只计息不还款，第 4 年投产后开始还贷，每年付清利息并分 10 年等额偿还建设期利息资本化后的全部借款本金。

表 8-6　分年投资情况

万元

年初 / 项目	1	2	3	合计
固定投资	2500	3500	2000	8000
自有资金投资	1500	1500	1000	4000

(2)　流动资金投资约需 2490 万元，全部用银行贷款，年利率为 10%。

销售收入、销售税金及经营成本的预测值如表 8-7 所示，其他支出忽略不计。

要求：进行全部投资和自有资金投资盈利能力分析和清偿能力分析。(设基准折现 $i_0=12\%$)

表 8-7　销售收入、销售税金及经营成本的预测值

万元

年末 / 项目	4	5	6	…	15
销售收入	5600	8000	8000	…	8000
销售税金及附加	320	480	480	…	480
经营成本	3500	5000	5000	…	5000

2. 基础财务报表

1)　借款需要量计算表

借款需要量计算表如表 8-8 所示。

表 8-8　借款需要量计算表

万元

年初 / 内容	1	2	3	4	合计
固定投资总数	2500	3500	2000		8000
流动资金				2490	2490
自有资金	1500	1500	1000		4000
借款需要量	1000	2000	1000	2490	6490

2)　固定资产投资借款建设期利息计算表

固定资产投资借款建设期利息计算表如表 8-9 所示。

当年借款额只计 1/2 利息，第 4 年初累计的欠款即为利息资本化后的总本金。

3)　固定资产投资还款计划与利息计算

固定资产投资还款计划与利息计算表如表 8-10 所示。

根据与银行商定的条件，第 4 年开始支付每年的利息，再还本金的 1/10，10 年内还清，利息可计入当期损益。

表 8-9　建设期利息计算表

万元

年初 内容	1	2	3	4	附注
年初欠款	0	1050	3255	4630.5	
当年借款	1000	2000	1000		
当年利息	50	205	375.5		约为 630
年末欠款累计	1050	3255	4630.5		

固定资产折旧计算如下：平均折旧年限为 15 年，残值率为 5%。建设期利息计入固定资产原值内。年折旧额为

$$年折旧额=\frac{(8000+630)\times(1-5\%)}{15}\approx 547(万元)$$

第 15 年回收固定资产余值为

$$(8000+630)-547\times 12=2066(万元)$$

表 8-10　固定资产投资还款计划与利息计算表

万元

年初 内容	4	5	6	7	8	9	10	11	12	13
年初欠款	4630	4167	3704	3241	2778	2315	1852	1389	926	463
当年利息支付	463	417	370	324	278	232	185	139	93	46
当年还本	463	463	463	463	463	463	463	463	463	463
当年欠款	4167	3704	3241	2778	2315	1852	1389	926	463	0

8.3.2　主要财务报表

损益及利润分配表如表 8-11 所示。

表 8-11　损益及利润分配表

万元

年初 内容	4	5	6	7	8	9	10	11	12	13	14	15
销售收入	5600	8000	8000	8000	8000	8000	8000	8000	8000	8000	8000	8000
经营成本	3500	5000	5000	5000	5000	5000	5000	5000	5000	5000	5000	5000
折旧	547	547	547	547	547	547	547	547	547	547	547	547
建设投资借款利息	463	417	370	324	278	232	185	139	93	46	0	0
流动资金借款利息	249	249	249	249	249	249	249	249	249	249	249	249
销售税金及附加	320	480	480	480	480	480	480	480	480	480	480	480
利润总额	521	1307	1354	1400	1446	1492	1539	1585	1631	1678	1724	1724
所得税	172	431	447	462	477	492	508	523	538	554	569	569

续表

内容 \ 年初	4	5	6	7	8	9	10	11	12	13	14	15
盈余公积金	35	88	91	94	97	100	103	106	109	112	116	116
公益金	18	44	45	47	48	50	52	53	55	56	58	58
应付利润	296	744	771	797	824	850	876	903	929	956	981	981
未分配利润	0	0	0	0	0	0	0	0	0	0	0	0

注：所得税假定为 33%。

全部投资现金流量表如 8-12 所示。

表 8-12　全部投资现金流量表　　万元

内容 \ 年末	建设期				投产期	达产期										
	0	1	2	3	4	5	6	7	8	9	10	11	12	13	14	15
(一)现金收入																
1.销售收入					5600											
2.回收固定资产																
3.回收流动资金																
(二)现金流出																
1.固定投资																
2.流动资金																
3.经营成本																
4.销售税金及附加																
5.所得税																
(三)净现金流量																

自有资金投资现金流量表如表 8-13 所示。

表 8-13　自有资金投资现金流量表　　万元

内容 \ 年末	建设期				投产期	达产期										
	0	1	2	3	4	5	6	7	8	9	10	11	12	13	14	15
(一)现金收入																
1. 销售收入					5600	8000	8000	8000	8000	8000	8000	8000	8000	8000	8000	8000
2. 回收固定资产																
(一)现金收入																
3. 回收流动资金																
(二)现金流出																
1.固定资产中的自有资产	1500	1500	1000													
2.流动资金中的自有资金																

续表

内容 \ 年末	建设期				投产期	达产期										
	0	1	2	3	4	5	6	7	8	9	10	11	12	13	14	15
3.经营成本					3500	5000	5000	5000	5000	5000	5000	5000	5000	5000	5000	5000
4.销售税金及附加					320	480	480	480	480	480	480	480	480	480	480	480
5.所得税					172	431	447	462	477	492	508	523	538	554	569	569
6.固定投资本金偿还					463	463	463	463	463	463	463	463	463	463	0	0
7.固定投资利息支付					463	417	370	324	278	232	185	139	93	46	0	0
8 流动资金利息偿还																
9.流动资金利息支付					249	249	249	249	249	249	249	249	249	249	249	249
(三)净现金流量	−1500	−1500	−1000		433	960	991	1022	1053	1084	1115	1146	1177	1208	1702	3768

资金来源与运用表如表 8-14 所示。

表 8-14 资金来源与运用表

万元

序号	内容	建设期				生产经营期						生产经营期						期末
		0	1	2	3	4	5	6	7	8	9	10	11	12	13	14	15	余额
1	资金来源	2500	3500	2000	2490	1068	1854	1901	1947	1993	2039	2086	2132	2178	2225	2271	2271	4556
1.1	利润总额					521	1307	1354	1400	1446	1492	1539	1585	1631	1678	1724	1724	
1.2	折旧与摊销费					547	547	547	547	547	547	547	547	547	547	547	547	
1.3	长期借款	1000	2000	1000														
1.4	短期借款				2490													
1.5	自有资金	1500	1500	1000														
1.6	回收固定资金余值																	2066
1.7	回收流动资金																	2490
2	资金运用	2500	3500	2000	2490	931	1638	1681	1722	1764	1805	1847	1889	1930	1973	1550	1500	2490
2.1	固定投资	2500	3500	2000														
2.2	建设期利息																	
2.3	流动资金				2490													
2.4	所得税					172	431	447	462	477	492	508	523	538	554	569	569	
2.5	应付利润					296	744	771	797	824	850	876	903	929	956	981	981	
2.6	长期借款本金偿还					463	463	463	463	463	463	463	463	463	463	0	0	
2.7	短期借款本金偿还																	2490
3	盈余资金(1-2)	0	0	0	0	137	216	220	225	229	234	239	243	248	252	721	721	2066
4	累计盈余资金	0	0	0	0	137	353	573	798	1027	12 661	1500	1743	1991	2243	2964	3685	5751

资金负债表如表 8-15 所示。

表 8-15　资产负债表

万元

	内容	建设期					生产经营期					生产经营期				
		1	2	3	4	5	6	7	8	9	10	11	12	13	14	15
1	资产	2550	6255	11 120	10 710	10 379	10 052	9730	9412	9099	8791	8487	8188	7893	8067	8241
1.1	流动资产总额			2490	2627	2843	3063	3288	3517	3751	3990	4233	4481	4733	454	6175
1.1.1	流动资产			2490	2490	2490	2490	2490	2490	2490	2490	2490	2490	2490	2490	2490
1.1.2	累计盈余资金				137	535	573	798	1027	1261	1500	1743	1991	2243	2964	3685
1.2	在建工程	2550	6255	8630												
1.3	固定资产净值				8083	7536	6989	6442	5895	5348	4801	4254	3707	3160	2613	2066
2	负债与所有者权益	2550	6255	11 120	10 610	10 379	10 052	9730	9412	9099	8791	8487	8188	7893	8067	8241
2.1	流动负债总额			2490	2490	2490	2490	2490	2490	2490	2490	2490	2490	2490	2490	2490
2.1.1	短期借款			2490	2490	2490	2490	2490	2490	2490	2490	2490	2490	2490	2490	2490
2.2	长期借款	1050	3255	4630	4167	3704	3241	2778	2315	1852	1389	926	463	0	0	0
	负债小计	1050	3255	7120	6657	6194	5731	5268	4805	4342	3879	3416	2953	2490	2490	2490
2.3	所有者权益	1500	3000	4000	4053	4185	4321	4463	4607	4757	4912	5017	5235	5403	5577	5751
2.3.1	资本金	1500	3000	4000	4000	4000	4000	4000	4000	4000	4000	4000	4000	4000	4000	4000
2.3.2	累计盈余公积金	0	0	0	35	123	214	308	405	505	608	714	823	935	1051	1167
2.3.3	累计公益金	0	0	0	18	62	107	154	202	252	304	357	412	468	526	584
	资产负债率	0.41	0.52	0.64	0.62	0.60	0.57	0.54	0.51	0.48	0.44	0.40	0.36	0.32	0.31	0.30
	流动比率	—	—	1.0	1.1	1.1	1.2	1.3	1.4	1.5	1.6	1.7	1.8	1.9	2.2	2.5

8.3.3　分析与说明

1. 盈利能力分析

在全部投资现金流量表(表 8-12)中，列出了所得税后的净现金流量，由此可计算所得税后的各项经济效果指标。

投资回收期(静态)　　$T_{全}$ =8.31 年

财务内部收益率　　FIRR $_{全}$=12.94%

财务净现值　　FNPV $_{全}$=522.1219 万元

由表 8-13 可计算自有资金投资的经济效果指标。

投资回收期(静态)　　$T_{自}$=7.56 年

财务内部收益率　　FIRR $_{自}$=16.27%

财务净现值　　FNPV $_{自}$=1267.9711 万元

本例中，FIRR $_{全}$ $>i_0$，FNPV $_{全}$ >0，表明方案本身的经济效果好于投资者的最低预期，方案可行。FNPV $_{自}$ ＞FNPV $_{全}$，FIRR $_{自}$ ＞FIRR $_{全}$，表明在总投资中采用借款可以使企业获得更好的经济效果，这是因为 FIRR $_{全}$ ＞ $I_{债}$，债务比越高，财务杠杆效应使自有资金的经济效果变得越好。自有资金投资的经济效果一部分来自自有资金本身，另一部分来自债务资金。

2. 资金平衡及偿债能力分析

由表 8-14(资金来源与运用表)可以看出，用项目筹措的资金和项目的净收益足可支付各项支出，不需用短期借款即可保证资金收支相抵有余。表现在表 8-14 中，各年的累计盈余资金均大于零，可满足项目运行要求。

资产负债表(表 8-15)的资产负债率、流动比率两项指标的负债比率除个别年份外，均在 60%以下，随着生产经营的继续，两项指标将更为好转。从整体看，该项目偿债能力较强。

从总体看，该项目投资效果较好。

8.4 改扩建和技术改造项目的经济评价

改扩建和技术改造项目具有一般新建项目的共同特征，但其经济评价比新建项目要复杂。这主要表现为：①改扩建和技术项目在不同程度上利用了原有资产和资源；②原来已在生产经营，而且其状况还会发生变化，因此项目效益与费用的识别和计算较复杂；③改扩建和技术项目的目标是增加产量、提高质量、降低能耗、合理利用资源、提高技术装备水平、改善劳动条件、保护环境和综合利用等，但有的目标是难以定量计算的。因此，在进行经济评价时，应着重考虑其增量投资的经济效益(增量法)，来判断项目的可行性。

增量现金流的计算是对增量投资进行数量效果评价的关键。常见的计算方法有“前后法”，即将投资后和投资前的效益差视为投资引起的效益。还有一种方法叫“有无法”，即分别考察有投资和无投资两种情况下的效益对于新建项目，这两种方法是一致的，因为所有效益都是由新投资产生的。而在研究改建和扩建项目时，“前后法”采用投资前和投资后的效益相减，是不满足时间可比性原则的。因此，前后法是一种不正确的方法。如图 8-3 所示，可以分析采用前后法计算增量效果时可能出现的错误。

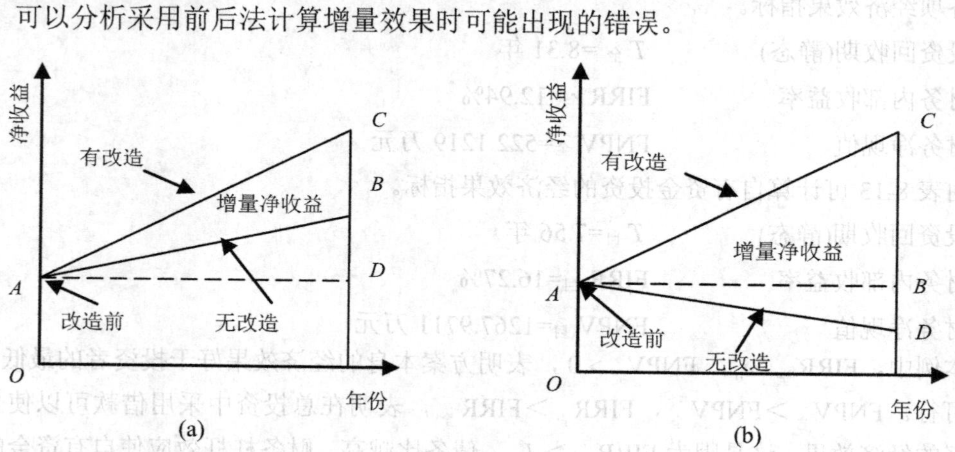

图 8-3 “有无法”与“前后法”的比较图

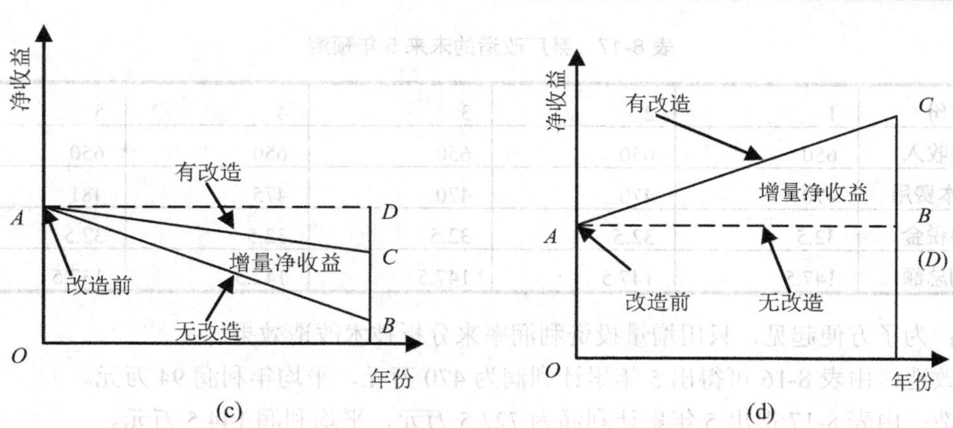

图 8-3　“有无法”与“前后法”的比较图(续)

第一种情况：有改造和无改造的净收益都增长，其增量净收益为有、无改造时的净收益之差，如图 8-3(a)所示，技术改造的增量净收益为 *ABC* 部分，是用“有无比较法”计算的结果。而用“前后比较法”计算的技术改造效益则是 *ADC* 部分，多算了 *ADB* 部分，这样就过高地估计了技术改造项目的增量净收益。

第二种情况：有改造净收益逐年增长，无改造净收益逐年下降，如图 8-3(b)所示。“有无法”其增量净收益为 *ABC* 部分，而“前后法”为 *ADC* 部分，又少算了效益 *ABD*。这样用“前后法”就低估了技术改造项目的增量净收益。

第三种情况：有改造和无改造时的净收益都逐年下降，但有改造项目延缓了净收益的下降速度，如图 8-3(c)所示。如果用“前后法”就会错误地认为，技术改造不但没有产生增量净收益，而是负收益。

第四种情况：无改造净收益不变，有改造净收益增加如图 8-3(d)所示，只有在这种情况下，“前后法”与“有无法”之间才没有差别，因此可以说“前后法”只是“有无法”的一种特殊情况。由此可见，“有无法”是计算增量指标有关数据的正确方法，从而得出的评价结论也是准确科学的。

【例 8-1】 某厂现有固定资产估价为 500 万元，流动资金为 200 万元，若不进行技术改造，未来 5 年的收入、费用表如表 8-16 所示，如果进行技术改造，需资金 120 万元，改造当年开始生效，其未来 5 年的数据如表 8-17 所示。试分析技术改造效果。

表 8-16　某厂不改造的未来 5 年预测

年份	1	2	3	4	5
销售收入	600	600	550	550	500
总成本费用	450	460	430	440	410
销售税金	30	30	27.5	27.5	25
利润总额	120	110	92.5	82.5	65

表 8-17　某厂改造的未来 5 年预测

年份	1	2	3	4	5
销售收入	650	650	650	650	650
总成本费用	470	470	470	475	481
销售税金	32.5	32.5	32.5	32.5	32.5
利润总额	147.5	147.5	147.5	142.5	137.5

解：为了方便起见，只用增量投资利润率来分析技术改造效果。

不改造：由表 8-16 可得出 5 年累计利润为 470 万元，平均年利润 94 万元。

改造：由表 8-17 得出 5 年累计利润为 722.5 万元，平均利润 144.5 万元。

由此得出技术改造平均年利润增量为 50.5 万元，新增投资 120 万元，故增量投资利润率为$\frac{50.5}{120}=42.1\%$，效果是比较好的。

由本例可以看出，用增量方法考察的是新投入资金的效果。另外增量方法还有一个优点，即可以回避原有资产估价的困难。

思考题与习题

1. 对工程项目为什么要进行评价？其主要内容有哪些？
2. 简述工程项目财务评价的指标与方法。
3. 工程项目财务评价与国民经济评价有什么异同？
4. 结合财务评价的基本步骤，阐述新建工程项目财务评价的步骤与方法。
5. 如何编制新建工程财务评价的基本报表？

第 9 章　国民经济评价

本章学习目标

- 了解工程项目国民经济评价的概念；
- 明确国民经济评价中效益与费用的含义、内容、识别与计算；
- 掌握影子价格及其他通用参数的确定方法和国民经济评价的步骤；
- 能够编制国民经济评价报表、计算评价指标，并对分析、计算结果作出判断。

9.1　工程项目的国民经济评价

9.1.1　国民经济评价的含义

国民经济评价是工程项目经济评价的重要组成部分。它是按资源合理配置的原则，从国家经济的角度考察耗费的社会资源和对社会的贡献，采用影子价格、影子工资、社会折现率等国民经济评价参数体系，分析、计算项目对国民经济带来的净贡献，以评价投资项目的经济合理性。

相对于人们的需要来说，任何一个国家的资源都是有限的，而一种资源用于某一方面，其他方面就不得不减少这种资源的使用量，这就使国家必须按照一定的准则对资源的配置做出合理地选择。例如公路建设项目，就该项目自身来说，如果是公益性的基础设施建设，不是收费公路，则在财务上项目是没有收费的，无法进行财务上的评价，但从国民经济的整体来看，公路的建设将大大增加旅客、货物的运输量，节约旅客、货物的在途时间，缓解其他道路的拥挤状况，给周边地区的土地带来增值等，这些都是国民经济效益。再例如小型冶炼厂，虽然在财务上有生存能力，也能为某一小区域的经济带来效益，但是，它造成的严重环境污染和资源浪费，都是国民经济付出的代价。因此许多项目的实施，不仅仅要考虑项目本身的效益和费用情况，也要考虑到该项目对整个国民经济产生的影响，即由国民经济评价为该类项目是否可行提供决策依据。

9.1.2 国民经济评价与财务评价的关系

国民经济评价和财务评价是建设项目经济评价的两个层次。它们相互联系，又有区别。国民经济评价可以单独进行，也可以在财务评价的基础上进行调整计算。

1. 国民经济评价与财务评价的联系

(1) 评价目的相同。国民经济评价和财务评价都是要寻求以最小的投入获得最大的产出。

(2) 评价基础相同。国民经济评价和财务评价都是在完成了产品需求预测、工程技术方案、资金筹措等可行性研究的基础上进行评价的。

2. 国民经济评价与财务评价的区别

(1) 评价角度不同。财务评价是从企业财务考察收支和盈利状况及偿还借款能力，以确定投资项目的财务可行性。国民经济评价是从国民经济(国家的)角度考察项目需要国家付出的代价和对国家的贡献，以确定投资项目的经济合理性。

(2) 费用、效益的划分不同。财务评价是根据项目直接发生的实际收支确定项目的效益和费用，凡是项目的货币支出都视为费用，税金、利息等也均计为费用。国民经济评价则着眼于项目所耗费的全社会有用资源来考察项目的费用，而根据项目对社会提供的有用产品(包括服务)来考察项目的效益。税金、国内借款利息和财政补贴等一般并不导致资源的实际增加和耗用，多是国民经济内部的“转移支付”，因此不列为项目的费用和效益。另外，国民经济评价还需考虑间接效益与间接费用。

(3) 采用价格的不同。财务评价要确定投资项目在财务上的现实可行性，因而对投入物和产出物均采用财务价格，即现行市场价格(预测值)。国民经济评价则采用根据机会成本和供求关系确定的影子价格。

(4) 主要参数不同。财务评价采用的汇率一般选用当时的官方汇率，折现率是因行业而异的基准收益率。国民经济评价则采用国家统一测定和颁布的影子汇率和社会折现率。

3. 国民经济评价结论与财务评价结论的关系

由于财务评价和国民经济评价有所区别，虽然在很多情况下两者结论是一致的，但也有不少时候两种评价的结论是不同的。可能出现的四种情况及相应的决策原则如下所述。

(1) 财务评价和国民经济评价均可行的项目，应予以通过。

(2) 财务评价和国民经济评价均不可行的项目，应予以否定。

(3) 财务评价不可行，国民经济评价可行的项目应予以通过，但国家和主管部门应采取相应的优惠政策，如减免税、财政补贴等，使项目在财务上具有生存能力。

(4) 财务评价可行，国民经济评价不可行的项目，应予以否定，或者重新考虑方案，进行“再设计”。

9.2　效益与费用

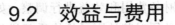

项目的国民经济效益是指项目对国民经济所做的贡献，分为直接效益和间接效益；项目的国民经济费用是指国民经济为项目付出的代价，分为直接费用和间接费用。

9.2.1　间接效益与直接费用

1. 直接效益

直接效益是指由项目产出物直接产生，并在项目范围内计算的经济效益。一般包括以下内容。

(1) 增加项目产出物(或服务)的数量以增加国内市场的供应量，其效益就是所满足的国内需求。

(2) 项目产出物(或服务)替代相同或类似企业的产出物(或服务)，使被替代企业减产从而减少国家有用资源的耗用(或损失)，其效益就是被替代企业释放出来的资源。

(3) 项目产出物(或服务)增加了出口量，其效益就是增加的外汇收入。

(4) 项目产出物(或服务)减少了进口量，即替代了进口货物，其效益为所节约的外汇支出。

2. 直接费用

直接费用是指项目使用投入物所产生的，并在项目范围内计算的经济费用。一般包括以下内容。

(1) 国内其他部门为本部项目提供投入物，而扩大了该部门的生产规模，其费用为该部门增加生产所耗用的资源。

(2) 项目投入物本来用于其他项目，由于改用于拟建项目而减少了对其他项目(或最终消费)投入物的供应，其费用为其他项目(或最终消费)因此而放弃的消费。

(3) 项目的投入物来自国外，即增加进口，其费用为增加的外汇支出。

(4) 项目的投入物本来首先用于出口，为满足项目需求而减少了出口，其费用为减少出口所减少的外汇收入。

注意： 交通运输项目的国民经济效益有其特殊表现形式，具体计算查阅《建设项目经济评价方法与参数》[①]一书中的“交通运输项目国民经济效益计算方法”。

---

① 《建设项目经济评价方法与参数》是国家发展改革委员会于 2006 年 8 月 1 日出版的图书。主要内容包括《建设项目经济评价方法》《建设项目经济评价参数》及《关于建设项目经济评价工作的若干规定》三部分。

在国民经济评价中，建设项目的直接费用和效益的识别与度量通常是在财务评价的基础上进行的。一般来说需要对财务费用和效益进行调整。如果某些投入物和产出物的市场价格与影子价格存在偏差，则必须对其按影子价格重新进行估计；在财务评价中被排除的某些费用和效益可能需要补充进来，而另一些在财务评价中已经考虑的费用和效益则可能根据其对经济整体地影响重新进行归类或调整。

9.2.2 间接效益与间接费用

间接效益与间接费用是指项目对国民经济做出的贡献或国民经济为项目付出的代价，在直接效益与直接费用中未得到反映的那部分效益和费用。通常把与项目相关的间接效益(外部效益)和间接费用(外部费用)统称为外部效果。

外部效果的计算应考虑环境及生态影响效果、技术扩散效果和产业关联效果。对显著的外部效果能定量的要做定量分析，计入项目的效益和费用，不能定量的，应作定性描述。计算中为防止间接效益的扩大化，项目外部效果一般只计算一次相关效果，不应连续扩展。一般情况下，可以考虑以下内容。

1. 环境及生态影响效果

这一效果主要是指工业项目排放“三废”造成的环境污染和生态平衡被破坏，是一种间接费用。环境的污染和生态平衡被破坏，从项目本身讲，所造成的损失并不计入成本，而从全社会的角度讲，这种破坏是全社会福利的损失，是实施该项目的成本。因此，作国民经济评价时，必须把这些在对项目作财务评价时不会考虑到的成本计算在内。

2. 技术扩散效果

这一效果通常包括技术培训和技术推广等，这是一种比较明显的技术外部效果，是一种间接效益。投资兴建一个技术先进的项目，会培养和造就大量的工程技术人员、管理人员或技术性较强的操作工人，由于人员的流动和技术外流，最终会给整个社会经济的发展带来好处。由于这种效果通常是隐蔽的、滞后的，因而是难以识别和计量的，实际中大多只作定性的描述。

3. 产业关联效果

这一效果包括对上游企业和下游企业的关联效果。对下游企业的关联效果主要是指生产初级产品的项目对以其产出物为原料的经济部门产生效果。对上游企业的关联效果是指一个项目的建设会刺激那些为该项目提供原材料或半成品的经济部门的发展。例如项目所需要的原材料原来在国内没有生产，由于新项目的建设产生了国内需求，刺激了原材料工业的发展。如果其价格低于进口价格，显然对国民经济是有利的。

项目范围内主要为本项目服务的商业、教育、文化、卫生、住宅等生活福利设施的投资应计为项目的费用。这些生活设施所产生的效益可视为已经体现在项目的产出效益中，一般不必单独核算。

9.2.3 转移支出

项目的某些财务收益和支出，从国民经济角度看，并不真正反映经济整体有用资源的投入和产出的变化，没有造成资源的实际增加或减少，只是表现为资源的使用权从社会的一个实体转到另一个实体手中，是国民经济内部的“转移支出”，不能计为项目的国民经济效益或费用。

1. 国家和地方政府的税收，仅是从项目转移到政府

无论是增值税还是关税等都是政府调节分配和供求的手段。纳税对于企业财务评价来说，确实是一项费用支出，但是对于国民经济评价来说，它仅仅表示项目对国民经济的贡献有一部分转到政府手中，由政府再分配。项目对国民经济的贡献大小并不随税金的多少而变化，因而它属于国民经济内部的转移支付。

土地税、城乡维护建设税和资源税等是政府为了补偿社会耗费而代为征收的费用，这些税种包含了很多政策因素，并不代表社会为项目付出的代价。因此，原则上这些税种也视为项目与政府间的转移支付，不计为国民经济评价中的费用或效益。

2. 国家或地方政府给予项目的补贴，仅是从政府转移到项目

政府对项目的补贴，仅仅表示国民经济为项目所付出的代价中，有一部分来自政府财务支出，但是，整个国民经济为项目所付代价并不以这些代价来自何出为计算依据，更不会由于有无补偿或补贴多少而改变。因此，补贴也不是国民经济评价中的费用或效益。

3. 国内银行借款利息，仅是从项目转移到金融机构

国内贷款利息在企业财务评价中的资本金财务现金流量中是一项费用。对于国民经济评价来说，它表示项目对国民经济的贡献有一部分转移到了政府或国内贷款机构。项目对国民经济所作贡献的多少，与所支付的国内贷款利息多少无关。因此，它也不是国民经济评价中的费用或效益。

4. 国外贷款与还本付息

在国民经济评价中，国外贷款和还本付息根据分析的角度不同，有两种不同的处理原则。

(1) 在全部投资效益费用流量表中的处理。在全部投资效益费用流量表中，把国外贷款看作国内投资，以项目的全部投资作为计算基础，对拟建项目使用的全部资源的使用效果进行评价。由于随着国外贷款的发放，国外相应实际资源的支配权力也同时转移到了国内。这些国外贷款资源与国内资源一样，也存在着合理配置的问题。因此，在全部投资效益费用流量表中，国外贷款还本付息与国内贷款还本付息一样，既不作为效益，也不作为费用。

(2) 在国内投资效益费用流量表中的处理。为了考察国内投资对国民经济的实际贡献，应以国内投资作为计算的基础，因此在国内投资效益费用流量表中，把国外贷款还本付息视为费用。

如果以项目的财务评价为基础进行国民经济评价时，应从财务效益和费用中剔除其中的转移支付部分。

9.3 影 子 价 格

影子价格是指依据一定原则确定的，能反映投入物和产出物真实经济价值，反映市场供求状况，反映资源稀缺程度，使资源得到合理配置的价格。进行国民经济评价时，项目的主要投入物和产出物价格，原则上都应采用影子价格。为了简化计算，在不影响评价结论的前提下，可只对其价格在效益或费用中比重较大，或者国内价格明显不合格的产出物或投入物使用影子价格。

9.3.1 市场机制定价货物的影子价格

随着我国市场经济的发展和贸易范围的扩大，大部分货物由市场定价，受供求影响，其价格可以近似反映其真实价值，进行国民经济评价时可将这些货物的市场价格加减国内运杂费等作为影子价格。只是在确定其影子价格之前，应先将货物区分为外贸货物和非外贸货物。

1．外贸货物影子价格

外贸货物是指其使用或产生将直接或间接影响国家进出口的货物，即产出物直接出口、间接出口或替代进口的货物；投入物中直接进口、间接进口或减少出口(原可用于出口)的货物。

外贸货物影子价格的确定，以口岸价(包括到案价和离岸价)为基础，乘以影子汇率，加或减国内运杂费和贸易费用。计算公式为

投入物影子价格(项目投入物的到厂价格)＝到岸价×影子汇率
+国内运杂费+贸易费用 (9-1)

产出物影子价格(项目产出物的到厂价格)＝离岸价×影子汇率
-国内运杂费-贸易费用 (9-2)

贸易费用是指外贸部门为进出口货物所耗用的，用影子价格计算的流通费用，包括货物的储运、再包装、短途运输、装卸、保险等环节的费用支出以及资金占用的机会成本，但不包括长途运输费用。贸易费用一般用货物的口岸价乘以贸易费率求得。贸易费率的含义和具体计算将在后面的评价参数中介绍。

2．非贸易货物影子价格

非贸易货物是指其生产或使用不影响国家进出口的货物。其中包括“天然”不能进行外贸的货物和服务，如建筑物、国内运输等。还包括由于地理位置所限，运输费用过高或

受国内外贸易政策等限制而不能进行外贸的货物。非外贸货物影子价格以市场价格加减国内运杂费作为影子价格。计算公式为

投入物影子价格(投入物的到厂价)=市场价格+国内运杂费 (9-3)

产出物影子价格(产出物的出厂价)=市场价格-国内运杂费 (9-4)

9.3.2 国家调控价格货物的影子价格

在目前我国价格管理体制条件下，有些货物(或服务)不完全由市场机制形成价格，还受国家宏观调控的制约，这些调控价格包括指导价、最高限价、最低限价等，调控价格不能完全反映货物的真实价值。在进行国民经济评价时，其影子价格应采用特殊方法确定。确定影子价格的原则是：投入物按机会成本分解定价，产出物按消费者支付意愿定价。

1. 电价

电价作为项目投入物时的影子价格，一般按完全成本分解定价，电力过剩时按可变成本分解定价；作为项目产出物的影子价格，可按电力对当地经济的边际贡献定价。

2. 铁路运价

铁路运价作为项目投入物时的影子价格，一般按完全成本分解定价，对运力有富裕的路段，按可变成本分解定价；铁路项目的国民经济效益按“有无法”计算运输费用节约等效益。

3. 水价

水价作为项目投入物时的影子价格，按后备水源的边际成本分解定价，或按恢复水功能的成本计算；作为项目产出物的影子价格，按消费者支付意愿(一般消费者承受能力+政府补贴)计算。

9.3.3 特殊投入物影子价格

项目的特殊投入物是指项目在建设、生产运营中使用的劳动力、土地和自然资源等物品。项目在使用这些特殊投入物所产生的国民经济费用，应分别采用下列方法确定其影子价格。

1. 劳动力影子价格

1) 劳动力影子价格的构成

劳动力作为一种资源被项目使用时，国民经济评价采用“影子工资”计算其费用。影子工资是国民经济为项目使用劳动力所付出的真实代价，由劳动力机会成本和劳动力就业或转移而引起的新增资源耗费两部分构成。

(1) 劳动力机会成本，是指项目的劳动力如果不用于拟建项目使用而用于其他生产经

营活动所能创造的最大效益。它与劳动力的技术熟练程度、过剩或稀缺程度有关，技术熟练程度和稀缺程度越高，其机会成本越高；反之越低。

(2) 劳动力就业或转移而引起的新增资源耗费，是指因项目使用劳动力而引起的培训费用、劳动力搬迁费用、城市管理费用、城市交通等基础设施投资费用等。

2) 影子工资的计算

在国民经济评价中，影子工资作为经济费用计入经营费用。为了计算方便，其计算公式为

$$影子工资=(财务工资+职工福利基金)\times影子工资换算系数 \tag{9-5}$$

影子换算系数将在后面的评价参数中介绍。

2. 土地影子价格

土地是一种不可再生资源，除了荒漠戈壁和严寒极地暂时无法为人类利用外，其余的土地，尤其是城市建设用地总是表现出稀缺性。土地影子价格反映土地用于拟建项目而使社会为此放弃的国民经济效益，以及国民经济为此增加的资源消耗。

1) 土地影子价格的构成

土地影子价格包括以下两部分。

(1) 土地的机会成本。按照土地因项目占用而放弃的“最好可替代用途”的净收益测算，原则上根据具体项目情况，由项目评价人员自行测算。在难以测算的情况下，可参考有关土地分类、土地净收益和经济区域划分的规定执行(参见《建设项目经济评价方法与参数》)。

(2) 因土地占用而新增加的社会资源消耗，如拆迁费、劳动力安置费、养老保险费等。

2) 农用土地影子价格的计算

农用土地的影子价格是指项目占用农用土地使国家为此损失的收益，由土地的机会成本和占用土地而引起的新增资源消耗两部分构成。土地机会成本按项目占用土地而使国家为此损失的该土地最佳替代用途的净效益计算。土地影子价格中新增资源消耗一般包括拆迁费用和劳动力安置费用。

土地影子价格可以直接从机会成本和新增资源消耗两方面求得，也可在财务评价土地费用的基础上调整计算得出。项目实际征地费用包括三部分：①机会成本性质的费用，如土地补偿费、青苗补偿费等，应按机会成本的计算方法调整计算；②新增资源消耗，如拆迁费用、剩余劳动力安置费用、养老保险费用等，应按影子价格调整计算；③转移支付，如粮食开发基金、耕地占用税等，应予以剔除。

3) 城镇土地影子价格计算

通常按市场价格计算，主要包括土地出让金、征地费、拆迁安置补偿费等。

3. 自然资源影子价格

各种有限的自然资源也是一种特殊的投入物。一个项目使用了矿产资源、水资源、森林资源等，是对国家资源的占用和消耗。矿产等不可再生自然资源的影子价格按资源的机会成本计算。可再生自然资源影子价格按资源再生费用计算。

9.3.4　国民经济评价的其他重要参数

国民经济评价参数是国民经济评价的基础。正确理解和使用评价参数，对正确计算费用、效益和评价指标以及方案的优化比选具有重要作用。国民经济评价参数除上述货物影子价格、特殊投入物影子价格外，还有社会折现率、影子汇率和影子工资换算系数和贸易费用率等通用参数。

1. 社会折现率

社会折现率(影子利率)是用以衡量资金时间价值的重要参数，代表社会资金被占用应获得的最低收益率，也用作不同年份资金价值换算的折现率。

适当的社会折现率有利于合理分配建设资金，引导有限资金流向对国民经济贡献大的建设项目，提高整个社会的资金利用率。正因为如此，社会折现率根据国民经济发展的多种因素综合测定，由国家统一发布。各类投资项目的国民经济评价都应采用国家统一发布的社会折现率作为计算经济净现值的折现率，也作为经济内部收益率的判据。根据目前国民经济运作的实际情况、投资收益水平、资金供求情况、资金机会成本以及国家宏观调控目标取向等因素综合分析，我国目前的社会折现率取值为12%。

2. 影子汇率

影子汇率是指能正确反映外汇增加或减少对国民经济贡献或损失的汇率，即外汇的影子价格，体现了从国家角度对外汇价格的估量。凡是工程项目投入物和产出物涉及进出口的，应采用影子汇率进行外汇与人民币之间的换算。同时，影子汇率又是经济换汇或节汇成本的判据。

影子汇率以美元与人民币的比价表示，对于美元以外的其他国家货币，应先根据项目评价确定的某个时间国家公布的国际金融市场美元与该种货币兑换率，先折算为美元，再用影子汇率换算成人民币。

目前，影子汇率通过影子汇率换算系数计算。计算公式为

$$影子汇率=外汇牌价(即官方汇率)\times影子汇率换算系数 \tag{9-6}$$

影子汇率换算系数是影子汇率与国家外汇牌价之比，其取值的高低，会影响项目评价中进出口的选择，影响采用进出口设备还是国产设备的选择，影响产品进出口型项目的选择。因此，影子汇率换算系数由国家统一测定和定期发布。根据目前我国外汇收支状况，主要进出口商品的国内价格与国外价格的比较、出口换汇成本及进出口关税等因素综合分析，目前我国的影子汇率换算系数仍取值为1.08。

3. 影子工资换算系数

影子工资换算系数是影子工资与财务评价中劳动力的工资和福利费之比值。影子工资换算系数是工程项目国民经济评价的通用参数，由国家计委和建设部根据我国劳动力的状况、结构及就业水平等测定和发布。根据目前我国劳动力市场状况，一般建设项目的影子

工资换算系数为1。若依据充分，某些特殊项目可依据当地劳动力的充裕程度以及所用劳动力的技术熟练程度，适当地提高或降低影子工资换算系数。对于压力很大的地区，如果是占用大量非熟练劳动力的项目，影子工资换算系数取值可小于1。如果是占用大量专业技术人员的项目，影子工资换算系数取值可大于1。

4. 贸易费用率

国民经济评价中的贸易费用是指外贸部门为进出口货物所耗用的、用影子价格计算的流通费用，包括货物的储运、再包装、短途运输、装卸、保险、检验等环节的费用支出以及资金占用的机会成本，但不包括长途运输费用。而贸易费用率是贸易费用与货物影子价格之比率，是工程项目国民经济评价中的重要参数，由国家有关部门测定和发布。目前，我国贸易费用率一般取6%。对于少数价格高、体积和重量较小的货物，可适当降低贸易费用率。

实际运用时，可用下列公式计算

$$\text{进出口货物贸易费用}=\text{到岸价}\times\text{影子汇率}\times\text{贸易费用率} \tag{9-7}$$

$$\text{出口货物贸易费用}=(\text{离岸价}\times\text{影子汇率}-\text{国内长途运输费})\times\text{贸易费用率} \tag{9-8}$$

9.4 国民经济评价步骤及指标

9.4.1 国民经济评价的步骤

1. 识别国民经济效益和费用

在国民经济评价中，应从整个国民经济的角度来划分和考虑项目的效益和费用。包括项目本身的直接效益费用和间接效益费用。

2. 确定影子价格

正确确定项目产出物和投入物的影子价格是保障项目国民经济评价正确性的关键。在国民经济的评价中应选择既能够反映资源本身的真实经济价值，又能够反映供求关系及国家经济政策的影子价格。

3. 编制评价报表

影子价格确定以后，可以将项目的各项财务评价基础数据按照影子价格进行调整，计算项目的各项国民经济效益和费用。根据调整、计算所得项目的各项国民经济效益及费用数值，编制国民经济评价报表，包括辅助报表和基本报表；也可以直接计算项目的各项国民经济效益与费用，编制国民经济评价报表。

4. 评价指标的计算与分析

根据国民经济评价报表及社会折现率等经济参数，计算项目的国民经济评价指标，分析项目的国民经济效益及经济合理性。此外，应对难以量化的外部效果进行定性分析，还可以从整个社会的角度来考虑和分析项目对社会目标的贡献，即进行费用效益分析。

5. 做出评价结论与建议

根据上述费用效益，对项目的经济合理性作出判断。然后结合财务的评价结果，作出项目经济评价的最终结论，提出相应建议。

9.4.2 国民经济评价报表

进行国民经济评价，一般需要编制国民经济效益费用流量表，分析国民经济盈利能力。国民经济效益费用流量表分两种：①全投资效益费用流量表；②国内投资效益费用流量表。全投资效益费用流量表以全部投资作为分析对象，分析项目全部投资的盈利能力。国内投资效益费用流量表以国内投资作为分析对象，分析项目国内投资部分的盈利能力。

国民经济效益费用流量表可在财务评价基础上进行调整编制，也可以直接编制。

1. 在财务评价基础上进行调整编制国民经济效益费用流量表

以财务评价为基础编制国民经济效益费用流量表，须根据项目的具体情况，合理调整项目的费用与效益的范围和数值。确定可以量化的外部效果，分析确定哪些是项目的重要外部效益和外部费用，需采取什么方法估算，并保持效益费用计算口径一致。调整内容如下。

1) 调整固定资产投资

用影子价格、影子汇率、影子工资等逐项调整构成固定资产投资的各项费用，具体包括以下几种。

(1) 剔除转移支付，将财务现金流量表中列支的流转税金及附加、国内借款利息、国家或地方政府给予的补贴作为转移支付剔除。

(2) 调整引进设备价值，包括影子汇率将外币价值折算为人民币价值和运输费用的调整。

(3) 调整国内设备价值，包括采用影子价格计算设备本身的价值和运输费。

(4) 调整建筑费用，原则上应按分解成本方法计算建筑工程影子造价。为了简化计算，也可只作材料费用价格调整。一般的项目也可将建筑工程的财务价格直接乘以建筑工程的影子价格换算系数，得出影子造价。对于建筑工程占比例较大或不符合《建设项目经济评价方法与参数》中该系数使用范围情况的，最好由评价人员自行调整。

(5) 调整安装费用，一般情况下可主要调整安装材料的价格(主要指钢材)，计算采用影子价格后所引起的变化。如果使用引进材料还要考虑采用影子汇率所引起的数值调整。

(6) 调整土地费用，如果项目占用农田、林地、山坡地、荒滩等，可将项目占用该土地导致国民经济的净收益损失加上土地征购补偿费中属于实际新增资源耗费的费用作为项目占用土地的费用。如果占用土地有明显的其他替代用途，原则上应按该替代用途所能产生的净收益计算。

(7) 其他费用调整，其他费用中的外币须按影子汇率折算为人民币。其他费用有些项目，如供电补贴费应从投资额中剔除。

(8) 将反映建设期内价格上涨的涨价预备费从投资额中剔除。

2) 调整流动资金

(1) 调整范围。构成流动资金总额的存货部分既是项目本身的费用，又是国民经济为项目付出的代价，在国民经济评价中仍然作为费用。而流动资金的应收、应付货款及现金(银行存款和库存现金)占用，只是财务会计账目上的资产或负债占用，并没有实际耗用经济资源(其中库存现金虽确属资金占用，但因数额很小，可忽略不计)，在国民经济评价时应从流动资金中剔除。

(2) 调整方法。如果财务评价流动资金是采用扩大指标法估算的，国民经济评价仍应按扩大指标法，以调整后的销售收入、经营费用等乘以相应的流动资金指标系数进行估算；如果财务评价流动资金是采用分项详细估算法进行估算的，则应用影子价格重新分项详细估算。

根据固定资产投资和流动资金调整结果，编制国民经济评价辅助报表中的投资调整计算表格式如表 9-1 所示。

表 9-1 国民经济评价投资调整计算表

人民币：万元；外币：万美元

序号	项目	财务评价				国民经济评价				国民经济评价比财务评价增减(±)
		合计	其中			合计	其中			
			外币	折合人民币	人民币		外币	折合人民币	人民币	
1	固定资产投资									
1.1	建筑工程									
1.2	设备									
1.2.1	进口设备									
1.2.2	国内设备									
1.3	安装工程									
1.3.1	进口材料									
1.3.2	国内部分材料及费用									
1.4	其他费用									
	其中：									
	(1)土地费用									
	(2)涨价预备费									
2	流动资金									
3	合计									

3)　调整经营成本

用影子价格调整各项经营费用，具体调整内容如下。

(1)　确定主要原材料、燃料及外购动力的货物类型(属于外贸货物还是非外贸货物)，然后根据其属性确定影子价格，并重新计算该项成本。对自产水、电、气等原则上按其成本构成重新调整计算后确定影子价格。

(2)　根据调整后的固定资产投资计算出调整后的固定资产原值与递延资产原值，除国内借款的建设期利息不计入固定资产原值外，其他各项的计算方法与财务评价相同。

(3)　确定影子工资换算系数，对劳动工资及福利按影子工资进行调整。

最后将调整后的项目与未调整的项目相加即得调整后的经营费用，并编制国民经济评价辅助报表中的经营费用调整计算表(如表 9-2 所示)，国民经济评价销售收入调整计算表(如表 9-3 所示)。

表 9-2　国民经济评价经营费用调整计算表

单价：元；年经营费用：万元

序号	项　目	单位	年耗量	财务评价		国民经济评价	
				单价	年经营成本	单价(或调整系数)	年经营费用
1	外购材料…						
2	外购燃料和动力						
2.1	煤						
2.2	水						
2.3	电						
2.4	气						
2.5	重油						
3	工资及福利费						
4	修理费						
5	其他费用						
6	合计						

(4)　调整外汇价值。对于涉及进出口或外汇收支的项目。应对各项销售收入和费用支出中的外汇部分，应用影子汇率进行调整计算外汇价值。从国外借入的资金和向国外支付的投资收益和贷款的还本付息，也应用影子汇率进行调整，并编制经济外汇流量表，用于计算外汇效果分析指标(参见《项目经济评价方法与参数》)。

根据辅助报表编制国民经济评价的基本报表国内投资国民经济效益费用流量表(格式见表 9-4)和全部投资国民经济效益费用流量表(如表 9-5 所示)。

表 9-3　国民经济评价销售收入调整计算表

单价：人民币(元)、外币(美元)；销售收入：人民币(万元)、外币(美元)

序号	产品名称	年销售量					财务评价				国民经济评价						
		单价	内销	替代进口	外销	合计	内销		外销		内销		替代进口		外销		合计
							单价	销售收入	单价	销售收入	单价	销售收入	单价	销售收入	单价	销售收入	
1	投产第一年生产负荷(%)																
	产品A																
	产品B																
2	投产第二年生产负荷(%)																
	产品A																
	产品B																
3	正常生产年份生产负荷(100%)																
	产品A																
	产品B																

表 9-4　国民经济效益费用流量表(国内投资)　万元

序号	年份 项目	建设期		投产期		达到设计能力生产期				合计
		1	2	3	4	5	6	…	n	
1	效益流量									
1.1	销售(营业)收入									
1.2	回收固定资产余值									
1.3	回收流动资金									
1.4	项目间接效益									
2	费用流量									
2.1	固定资产投资中国内资金									
2.2	流动资金中国内资金									
2.3	经营费用									
2.4	流至国外的资金									
2.4.1	偿还国外借款本金									
2.4.2	支付国外借款利息									
2.4.3	其他费用									
2.5	项目间接费用									
3	净效益流量(1-2)									

计算指标：经济内部收益率：%；

经济净现值(i_s= %)：万元。

表 9-5　国民经济效益费用流量表(全部投资)　　万元

序号	年份 项目	建设期		投产期		达到设计能力生产期				合计
		1	2	3	4	5	6	…	n	
1	效益流量									
1.1	销售(营业)收入									
1.2	回收固定资产余值									
1.3	回收流动资金									
1.4	项目间接效益									
2	费用流量									
2.1	固定资产投资									
2.2	流动资金									
2.3	经营费用									
2.4	项目间接费用									
3	净效益流量(1−2)									

计算指标：经济内部收益率：%；

经济净现值(i_s= %)：万元。

2. 直接编制国民经济效益费用流量表

有些行业的项目(如交通运输项目)可能需要直接进行国民经济评价，判断项目的经济合理性。这种情况下，可按以下步骤直接编制国民经济效益费用流量表。

(1) 识别和计算项目的国民经济直接效益。对为国民经济提供产出物的项目，按产出物的种类、数量及相应的影子价格计算项目的直接效益；对为国民经济提供服务的项目，根据提供服务的数量及用户的受益程度计算项目的直接效益。

(2) 投资估算。用货物的影子价格、土地的影子价格、影子工资、社会折算率等，参照财务评价的投资估算方法和程序，直接进行投资估算，包括固定资产投资估算和流动资金估算。

(3) 计算经营费用。根据生产消耗数据，用货物影子价格、影子工资、影子汇率等计算项目的经营费用。

(4) 识别、计算或分析项目的间接效益和间接费用。对能定量的项目外部效果进行定量计算，对难以定量的作定性描述。

根据上述数据编制国民经济评价基本报表，具体格式与表 9-4、表 9-5 相同。

9.4.3 国民经济评价指标体系

在国民经济评价中，由于不计清偿能力，所以没有时间型指标，而价值型指标、比率型指标与财务评价类似。

国民经济评价指标与国民经济评价内容、基本报表的关系详见表 9-6。

表 9-6 国民经济评价内容、基本报表与评价指标

评价内容	基本报表	国民经济评价指标
盈利能力分析	全部投资国民经济效益费用流量表	价值型指标：经济净现值
		比率型指标：经济内部收益率
	国内投资国民经济效益费用流量表	价值型指标：经济净现值
		比率型指标：经济内部收益率

1. 经济净现值

经济净现值(ENPV)是反映项目对国民经济净贡献的绝对指标，是用社会折现率将项目计算期内各年的净效益流量折算到建设期初的现值之和。计算公式为

$$\text{ENPV}=\sum_{t=1}^{n}(B-C)_t(1+i_s)^{-t} \tag{9-9}$$

式中：n——计算期；

B——国民经济效益流量；

C——国民经济费用流量；

$(B-C)_t$——第 t 年的国民经济净效益流量；

i_s——社会折现率。

项目经济净现值等于或大于零，表示国家为拟建项目付出的代价，可以得到符合社会折现率要求的社会盈余的补偿，或除得到符合社会折现率的社会盈余的补偿外，还可以得到以现值计算的超额社会盈余。经济净现值越大，表示项目所带来的经济效益的绝对值越大。

2. 经济内部收益率

经济内部收益率(EIRR)是反映项目对国民经济净贡献的相对指标，它表示项目占用的资金所能获得的动态收益率，是项目在计算期内各年经济净收益流量的现值累计等于零时的折现率。计算公式为

$$\sum_{t=1}^{n}(B-C)_t\ (1+\text{EIRR})^{-t}=0 \tag{9-10}$$

经济内部收益率等于或大于社会折现率，表示项目对国民经济的净贡献达到或超过要求的水平，应认为项目可以接受。

按分析对象的不同，上述评价指标又可分为全投资和国内投资经济内部收益率与经济净现值。如果该项目没有国外投资和国内借款，全投资指标与国内投资指标相同。如果项目有国外资金流入与流出，应以国内投资的经济内部收益率和经济净现值作为项目国民经济评价的取舍指标。

思考题与习题

1. 什么是国民经济评价？它与财务评价有什么不同？
2. 在国民经济评价中如何识别项目的效益与费用？
3. 什么是影子价格？如何确定各种投入物和产出物的影子价格？
4. 国民经济评价中的通用参数有哪些？各参数的含义是什么？
5. 国民经济评价的基本步骤是什么？
6. 国民经济评价的基本报表有哪些？如何编制国民经济评价的基本报表？
7. 国民经济评价指标体系的内容是什么？各指标的判断依据是什么？
8. 什么是费用效果分析？其步骤是怎样的？

第 10 章　价值工程及其在建设工程中的应用

本章学习目标

- 掌握价值工程的有关概念；
- 熟悉价值工程对象选择及信息资料搜集的过程、内容和方法；
- 了解并掌握价值工程的评价方法。

10.1　价值工程概述

10.1.1　价值工程的产生和发展

价值工程(Value Engineering，VE)，也称价值分析(VA)，是通过研究产品或系统的功能与成本的关系来改进产品或系统的状态，从而提高其经济效益的现代管理技术。1947 年前后起源于美国。

第二次世界大战期间，美国通用电气公司的工业设计工程师麦尔斯(L. D. Miles)等人通过实践活动，总结出一套在保证同样功能的前提下降低成本的比较完整的科学方法，当时称为价值分析。以后价值分析内容又逐步丰富、发展与完善，直至目前统称为价值工程。

麦尔斯从事的降低成本工作，是在分析功能的基础上找出不必要的费用，即那些既非用于保证产品质量和外观，也非用于满足用户要求的费用，并设法消除，这项工作取得了很好的效果。通用电气公司在开发价值工程技术上花了 80 万美元，而在头 17 年里就节约两亿美元以上。1954 年美国海军舰船局首先采用 VE，1956 年正式签订订货合同，第一年就节约了 3400 万美元。1955 年 VE 传到日本，1960 年日本的企业开始采用，并与质量管理和工业管理工程三者结合起来开展活动，收到了显著的经济效果。价值工程从材料代用开始，逐渐发展到改进设计、改进工艺、改进生产等领域。开始由单个零件、单个作业工序的改进，发展到整机整工序的改进或设计。现在价值工程已被公认为一种相当成熟而行之有效的管理技术，是降低成本的有效方法。

我国采用价值工程技术较晚，改革开放之后这项技术才被介绍到中国。1984 年在全国政协会议上，沈日新委员的 1378 号提案要求在我国迅速推广 VE 的科学管理方法。1987 年我国颁布了国家标准《价值工程基本术语和一般工作程序》。

10.1.2　价值工程的概念

1. 价值

价值工程中的价值是指产品或系统的“功能”和“成本”的比值，即单位成本实现的功能。在价值工程里这三者之间的关系如下

$$V=F/C \tag{10-1}$$

其中：V——产品价值；

F——产品功能；

C——产品成本。

从功能公式中，我们可以看出，要提高价值(V 值)可以采用四种方法。

(1)　功能(F)不变，降低成本(C)。

(2)　成本(C)不变，提高功能(F)。

(3)　成本增加一些，功能有很大的提高，则价格也提高。

(4)　功能提高，成本降低，则价值提高。

价值是评价某一产品、服务或工程项目的功能与实现这一功能所消耗费用之比的合理程度的尺度，也就是人们通常所说的“性价比”：即考虑商品所具有的功能以及价格和商品的成本水平。

功能是指产品、服务、工程等能够满足用户或消费者某种需求的一种属性，它是产品的本质特性，用户或消费者购买的就是功能，以满足其需求。

成本是指产品的寿命周期成本，它包括产品从开发研制到使用报废全过程的费用。这些费用可分为生产成本和使用成本，前者是生产产品必须付出的费用，后者是在使用过程中所付出的费用，如表 10-1 所示。

表 10-1　产品寿命周期成本

开发研制	试　制	制　造	销　售	使　用	维　修	“三废”处理	报　废
生产成本 C_1				使用成本 C_2			
寿命周期成本 C							

一般说来，生产成本是随着产品功能的提高而增加；而功能越好则使用成本就越低，如图 10-1 所示为成本—功能特性曲线。

从“成本—功能”曲线中可以看出，若采取一定的技术措施，使功能成本点从 C' 移到了 C_{min}，则既提高了功能又降低了成本。

2. 价值工程

价值工程是以最低的总费用，可靠地实现产品或作业的必要功能，着重于功能分析的一种运用集体智慧的有组织的活动。从这里可以看出，价值工程的定义包括以下三个方面。

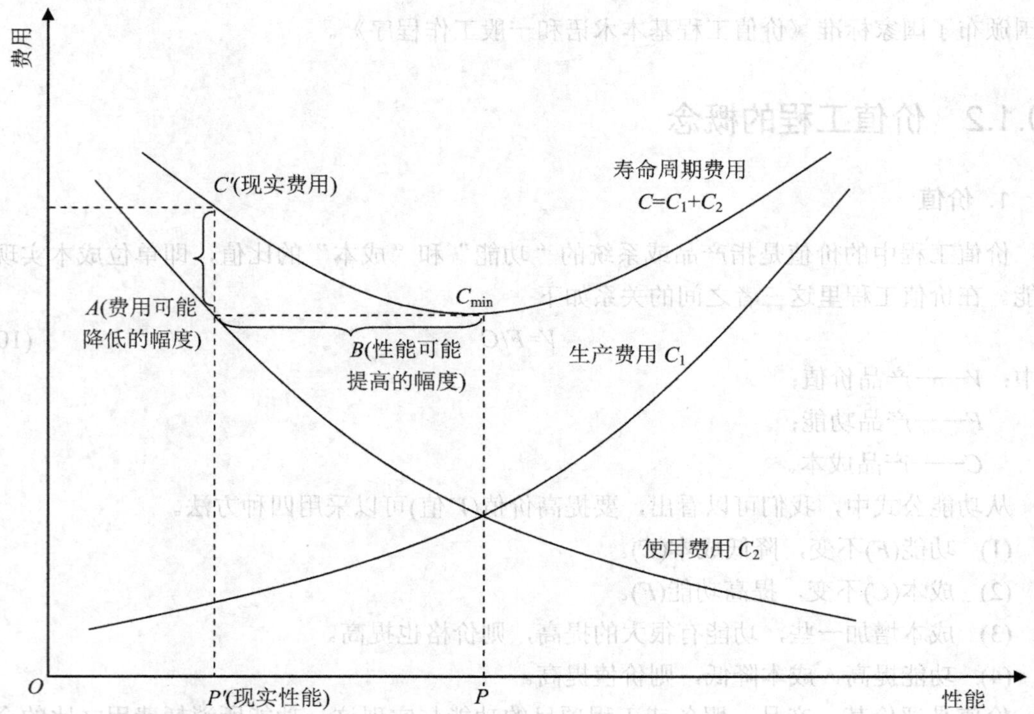

图 10-1　成本—功能特性曲线

(1)　价值工程的目标是以最低的总费用，使某产品或作业具有它所必须具备的功能。

(2)　价值工程的核心是对产品或作业进行功能分析。在工业生产中，降低成本的方法是多种多样的。价值工程之所以比其他方法更有效些，关键在于进行功能分析。通过功能分析，搞清基本功能和辅助功能，弄清哪些是用户需要的，哪些是不需要的。通过分析，搞清各功能之间的关系，找出新的解决办法。

(3)　价值工程是一种有组织有领导的活动。一种产品从设计到制成成品出厂，需通过企业内部的许多部门。一个改进方案，从方案提出，到进行试验，再到最后付诸实现，是依靠集体力量，通过许多部门的配合，才能体现到产品上，达到降低成本的目的。根据日本报道的资料，日本工人提出的改善提案一般能降低成本的 5%，经培训的技术人员的提案一般能降低成本的 10%～15%，而有组织地推行 VE 活动可降低成本的 30%，甚至更高一些。

10.1.3　价值工程的工作程序

开展价值工程的过程是一个发现问题、解决问题的过程。它针对价值工程的研究对象，逐步深入提出一系列问题。通过回答问题寻找答案，使问题解决。通常有以下 7 个问题：

(1)　VE 的对象是什么？

(2)　它是干什么用的？

(3)　其成本是多少？

(4) 其价值是多少？
(5) 有无其他方法可实现同样功能？
(6) 新方案的成本是多少？
(7) 新方案能满足要求吗？

价值工程的实施步骤按一般的决策过程划分为分析问题、综合研究与方案评价 3 个阶段及对象的选择、收集情报、目标的选定、功能的分析、方案的评价和选择、实验和提案、活动成果的评价 7 个具体步骤。3 个阶段和 7 个步骤、7 个提问的对应关系见表 10-2。

表 10-2　价值工程的 3 个阶段和 7 个步骤、7 个提问

一般决策过程的阶段	VE 实施的具体步骤	VE 的提问
分析问题	对象的选择 收集情报 目标的选定 功能的分析	(1)VE 的对象是什么？ (2)它是干什么用的？ (3)其成本是多少？ (4)其价值是多少？
综合研究	方案的评价和选择	(5)有无其他方法可实现同样功能？
方案评价	实验和提案 活动成果的评价	(6)新方案的成本是多少？ (7)新方案能满足要求吗？

10.2　对象选择及信息资料的收集

10.2.1　选择价值工程对象的原则和方法

VE 的对象就是生产中存在的问题。正确选择 VE 对象是 VE 收效大小与成败的关键。

1. 选择 VE 对象的一般原则

(1) 选择设计因素多、结构复杂、体积大的产品。
(2) 选择造价高、占总成本比重大，而且对经济效益影响大的产品。
(3) 选择质量差、退货多、用户意见大的产品。
(4) 选择同类产品中技术指标差的产品。
(5) 选择对国计民生影响大的产品。
(6) 选择对企业生产经营目标影响大的产品和零部件。
(7) 选择社会需要量大、竞争激烈的产品。
(8) 选择寿命周期长的产品。

2. 价值工程对象选择的方法

1) ABC 分析法

ABC 分析法是应用数理统计分析的方法来选择对象的。

ABC 分析法也称为不均匀分布定律法。这个方法为帕莱脱所提出，现已广泛应用。方法的基本思路是将某一产品的成本组成逐一分析，将每一个零件占多少成本从高到低排出一个顺序，再归纳出少数零件占多数成本的是哪些零件。一般零件个数占零件的总数的10%～20%，而成本却占总成本的 70%～80%的这类零件为 A 类零件，另一类零件个数占70%～80%，而成本却占总成本的 10%～20%的这类零件为 C 类零件。其余为 B 类零件。其中 A 类零件是需要研究的对象。ABC 分析法还可以用图表反映出来，如图 10-2 所示。

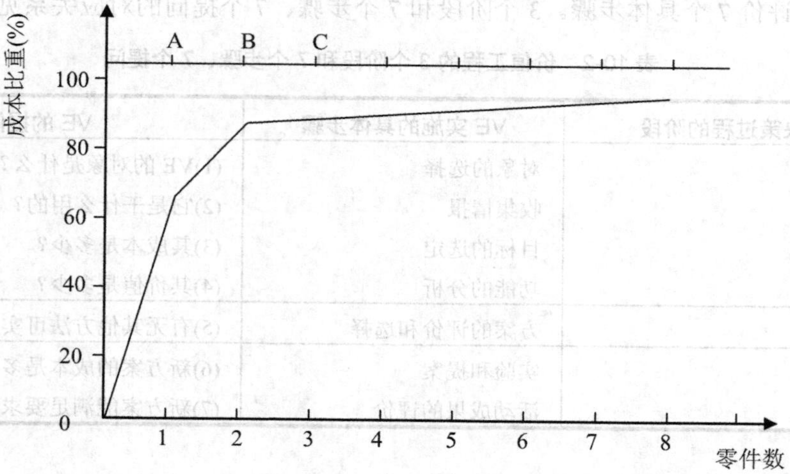

图 10-2　比重分布曲线图

2)　百分比分析法

通过分析不同产品在各类技术经济指标中所占的百分数不同并比较，找出 VE 对象，如表 10-3 所示。

表 10-3　百分比分析表

零部件	件	A	B	C	D	E	F	G	合　计
动力消耗比重	%	34	29	17	10	5	3	2	100
产值比重	%	36	30	7	12	7	6	2	100

从表中可以看出，C 类零件动力消耗较多，但产量比重小，应选为 VE 分析对象；A、B 类零部件虽然动力消耗较多，但产值比重大，两者比较吻合。

3)　比较法

(1)　价值比较法。价值比较法是同时考虑“成本”和“功能”两个因素来选择价值工程对象的方法。如果一个产品的零部件或工程结构的组成部分，都具有一个共同的功能，则依据公式 $V=F/C$ 计算出每个零部件的价值，然后选取价值小的零部件作为 VE 的对象。价值比较法计算方便，在方案设计、改进比较方面都可以使用。

(2)　01 评分法(也称强制确定法)。这种方法的做法是请 5～15 位对产品熟悉的人员各自参加功能的评价，评价两个功能的重要性。可以对完成该功能的相应零部件去一一对比完成其他功能的相应零部件。重要者得一分，不重要者得零分，自己和自己相比不得分用×表示。两个零件比较时，不能认为都重要均得一分，也不能认为都不重要均得零分，一定要给予 1 与 0 的相对比较。例如某个产品有 5 个零件，相互间进行功能重要性对比。以某一评分人员为例，计分表如表 10-4 所示。

表 10-4　功能重要性系数计算表(01 评分法)

零件	A	B	C	D	E	得分
A	×	1	1	0	1	3
B	0	×	1	0	1	2
C	0	0	×	1	0	1
D	1	1	0	×	1	3
E	0	0	1	0	×	1
总分						10

如请 10 位评价人员进行评定，那么把 10 人的评价得分汇总，求出平均得分值和功能评价系数，如表 10-5 所示。

功能评价系数是将零件所得平均得分值除以平均得分值总和，如 A 零件的功能评价系数是 3.8÷10=0.38。

功能评价系数的大小能反映零件功能的重要性。功能评价系数大说明功能重要，反之则不太重要。功能评价系数是说明功能大小的数量化数据。

01 评分法的产品零件对比次数总分=$n(n-1)\div 2$，n 为对比的零件数量。例：本例中产品由 5 个零件组成，总分=5×(5−1)÷2=10(如表 10-5“总计”行)。

表 10-5　功能系数表

零件	一	二	三	四	五	六	七	八	九	十	得分总数	平均得分	功能评价系数
A	3	4	4	4	4	4	4	3	4	4	38	3.8	0.38
B	2	3	3	2	3	3	1	2	3	2	24	2.4	0.24
C	1	1	0	1	2	0	1	1	0	2	9	0.9	0.09
D	3	2	3	3	1	3	4	3	2	2	26	2.6	0.26
E	1	0	0	0	0	0	0	1	1	0	3	0.3	0.03
总计	10	10	10	10	10	10	10	10	10	10	100	10	1.00

(3) 04 评分法。这种方法是请 5～15 位对产品熟悉的人员各自参加功能的评价。评价两个功能的重要性时采用四种评价计分。

① 功能非常重要的零件得 4 分，功能很不重要的零件得 0 分。

② 功能比较重要的零件得 3 分，功能不太重要的零件得 1 分。

③ 两个零件功能同样重要时，则各得 2 分。

④ 自身对比不得分。

结果如表10-6所示。

表10-6　功能重要性系数计算表(04评分表)

评价对象	F_1	F_2	F_3	F_4	得　分	功能重要性系数
F_1	×	3	4	2	9	0.375
F_2	1	×	3	1	5	0.208
F_3	0	1	×	0	1	0.042
F_4	2	3	4	×	9	0.375
合计					24	1

10.2.2　情报资料搜集

价值工程的目标是提高价值，其为实现目标所采取的任何行动或决策，都离不开必要的情报。一般来说，情报越多，价值提高的可能性也就越大。因为通过情报可以进行有关问题的分析对比，而通过对比往往使人受到启发、打开思路，可以找到解决问题的方向、方针和方法，并从情报中找到提高价值的依据和标准。因此，在一定意义上可以说，VE成果的大小取决于情报搜集的质量、数量与适宜的时间。

搜集情报内容原则上应将产品研制、生产、流通、交换、消费全过程中的有关情报资料都搜集起来。情报搜集之后，还需要进行整理、并对情报加以分析。需要的情报是多方面的，大致可分为以下几种。

1. 用户要求方面的情报

(1)　用户使用产品的目的、使用环境和使用条件。

(2)　用户对产品性能方面的要求。

①　产品使用功能方面的要求。如电动机的功率、汽车的载重量和手表的走时精度等。

②　对产品的可靠性、安全性、操作性、保养维修性及寿命的要求。产品过去使用中的故障、事故情况与问题。

③　对产品外观方面的要求。如造型、体积和色彩等。

(3)　用户对产品规格、交货期限、配件供应、技术服务方面的要求。

2. 销售方面的情报

(1)　产品产销数量的变化，目前产销情况与市场需求量的预测。

(2)　产品竞争的情况。目前有哪些竞争厂家和竞争产品，其产量、质量、销售、成本、利润情况。同类企业相同类产品的发展计划，拟增加的投资额，重新布点、扩建、改建或合并调整的情况。

3. 科学技术方面的情报

(1)　产品的研制设计历史和演变。

(2) 本企业产品和国内外同类产品的有关技术资料等。

(3) 有关新结构、新工艺、新材料、新技术、标准化和“三废”处理方面的科技资料。

4. 制造和供应方面的情报

(1) 产品加工方面的情报。生产批量、生产能力、加工方法、工艺装备、检验方法、废次品率、厂内运输方式、包装方法等情况。

(2) 原材料及外协件、外购件的种类、质量、数量、价格、材料等情况。

(3) 供应与协作单位的布局、生产经营情况、技术水平与成本、利润、价格情况。

(4) 厂外运输方式及运输经营情况。

5. 成本方面的情报

按产品、零部件的定额成本、工时定额、材料消耗定额、各种费用额、材料、配件、自制半成品、厂内劳务的厂内计划价格等。

6. 政府和社会有关部门法规、条例等方面的情报

了解国家新的经济政策、技术政策、环保政策、能源政策等。

搜集情报时要注意目的性、可靠性、适时性。搜集情报要事先明确目的，避免无的放矢，要力争无遗漏又无浪费地搜集必要的情报。情报是行动和决策的依据，不准确的情报不仅达不到预期的效果，还可能导致 VE 的失败。情报只有在需要时提出才有价值。

10.3　功能分析、整理及评价

10.3.1　功能分析

功能分析是价值工程活动的基本内容。从功能上入手，系统地对产品进行研究和分析是价值工程活动的核心。功能分析通过分析对象资料，正确表达分析对象的功能并予以满足，明确功能的特征要求，从而弄清产品与部件各功能之间的关系，去掉不合理的功能，使产品功能结构更合理，以达到降低产品成本的目的。通过功能分析，可以对对象“是干什么用的”这种价值工程提问做出回答，从而准确地掌握用户的功能要求。

例如，美国的一个价值工程小组，对海军登陆舰艇上的储油设备进行功能分析。该设备是用不锈钢特制的方形容器，它的功能是储存 900L 汽油，成本为 520 美元。价值分析人员了解到市场上有两种铁制的储油圆桶，一种是 1000L 容量，30 美元一只；另一种是 230L 容量，6 美元一只。如果采用大的只需一只，采用小的需要 4 只，再加些管道零件，80 美元就够了。基于设备的功能是储油，他们用市场上的圆桶代替特制的不锈钢容器，成本从 520 美元下降到 80 美元。

又例如，要设计一个实验室，在实验室里装置一架功能强大的 X 射线，探查铸钢内损。为了不让实验室周围的地方受 X 射线的波及，设计了一座 2m 厚、3m 高的马蹄形钢筋混凝

土防护墙，建筑费估计为50 000元。经过功能分析，了解到这垛墙的功能是防护，外观的需求极小，因此建议改用土墙。这样不但满足了防护功能，而且让建筑费降低到5000元，仅是原设计的1/10。可见通过功能分析大大地降低了成本。

功能分析包括“功能的分类与定义”和“功能整理”。

1. 功能分类

根据功能的不同特点可分为以下几种类型。

1) 按功能特征，分为基本功能和辅助功能

就产品而言，基本功能是用户直接要求产品具备的功能，是用户购买产品的原因，是产品存在的条件。如果失去了基本功能，产品或零部件就丧失了存在的价值。基本功能对实现产品或零部件的用途来说是最主要、最重要和必不可少的功能。如果基本功能发生改变，则产品或零部件的结构与工艺也一定会随之改变。基本功能既然是用户直接要求的功能，所以是不能由企业加以改变，而必须想方设法给以保证的功能。辅助功能也叫二次功能，是设计人员为实现基本功能而在用户直接要求的功能之上附加上去的功能，是由于设计中选择了某种特定的设计构思而成为必需的功能，或者是为了帮助实现基本功能而存在的功能。它是实现基本功能的手段，它的作用相对于基本功能来说是次要的。辅助功能由于是设计者附加上去的二次功能，所以是可以改变的。如室内间壁墙的基本功能是分隔空间，而隔声、隔热、保暖等是墙体的辅助功能。

2) 按功能性质，分为使用功能与美学功能

使用功能反映产品的使用属性；美学功能反映产品外观的艺术属性。建筑产品的使用功能一般包括可靠性、安全性、舒适性和维修性等；美学功能一般包括造型、色彩、图案及周围环境等。

3) 按用户要求，分为必要功能和不必要功能

对用户来说，基本功能无疑都是必要功能，而且在用户看来，只有基本功能才具有最大的价值。辅助功能是在用户直接要求的功能之上附加的功能，其中有的属于必要功能，有的则属于不必要功能。

4) 按功能的完善程度，分为过剩功能和不足功能

5) 按功能的结构位置，分为上位功能和下位功能

上位功能是目的，也称目的功能；下位功能是手段，也称手段功能。

2. 功能定义

功能定义是对VE对象的用途、作用或功能所做的明确表述。这一表述应能限定功能的内容，明确功能的本质，并与其他功能概念相互区别。在功能定义时应注意以下几点。

(1) 使用简洁语言，多用动词+名词。如承重外墙功能定义为“承受荷载”，道路功能定义为“提高通行能力”。

(2) 尽量准确。使用词汇要反映功能的本质。

(3) 适当抽象。功能定义的目的之一是扩大思路，设计出符合功能要求的更好方案。因此功能定义的表达要适当抽象，不要与实现功能的具体方式结合，以利于打开设计思路。

例如，要设计一种夹紧装置，可以有多种夹紧方式。若功能定义表达为“螺旋夹紧”，就会自然联想到丝杠螺母装置，思路会限制得很狭窄。如果定义抽象一些，表达为“机械夹紧”，就可能联想到偏心夹紧，思路便打开了一些。如果再抽象一些，定义为“压力夹紧”，那么便可能会想到液压、气动或电力夹紧装置，思路就会进一步打开。

10.3.2　功能整理

功能整理，就是按照一定的逻辑体系，把 VE 对象各组成部分的功能相互连接起来，从局部功能与整体功能的相互关系上分析对象功能系统的一种方法。功能整理的目的是为了真正掌握对象的必要功能，回答和解决“它是干什么用的”这样的问题。

1. 功能系统图的一般模式

功能系统图也叫功能分析系统图，是表示对象功能得以实现的功能逻辑关系图。如果用 F 表示功能，则功能系统图的一般模式如图 10-3 所示。

在图 10-3 中：横向直接相连的功能属于上下位关系，上位功能是下位功能的目的，下位功能是上位功能的手段。如 F_0 为 F_1～F_3 的上位功能，是目的；F_1～F_3 是 F_0 的下位功能，是手段。同理，F_1 为 F_{10}～F_{13} 的上位功能，是目的；F_{10}～F_{13} 为 F_1 的下位功能，是手段。依此类推。

(1) 与同一个上位功能直接相连的若干纵向并列的下位功能为同位关系，共同从属于它们的上位功能。如 F_1～F_3 为纵向并列的同位功能，F_{11}～F_{13}、F_{21}～F_{23}、F_{31}～F_{33} 也分别为三组并列的同位功能。

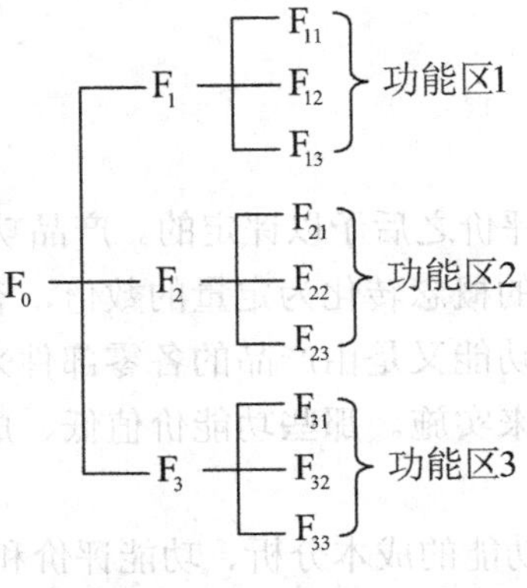

图 10-3　功能系统图的一般模式

(2) 根据功能的上下位关系和从属关系，又可区别不同的功能位级和功能区。如 F_0 为一级功能，或称总功能，即仅为上位功能的功能；F_1～F_3 为二级功能，并分别与所属的各级下位功能构成功能区 1、功能区 2、功能区 3；F_{11}～F_{13}、F_{21}～F_{23}、F_{31}～F_{33} 为三级功能，同时也是末位功能，即仅为下位功能的功能。

功能系统图的一般模式展示了功能整理的一般规律，使分析对象的功能结构和相互关系一目了然。

2. 功能整理的方法

功能整理的过程，也就是绘制功能系统图的过程。常用的方法如下。

(1) 把分析对象的结构或零部件名称和功能定义顺序填入功能整理汇总表中。

(2) 运用“目的—手段”的逻辑方法分析功能之间的关系，绘制功能系统图。如图10-4所示为平屋顶功能系统图。

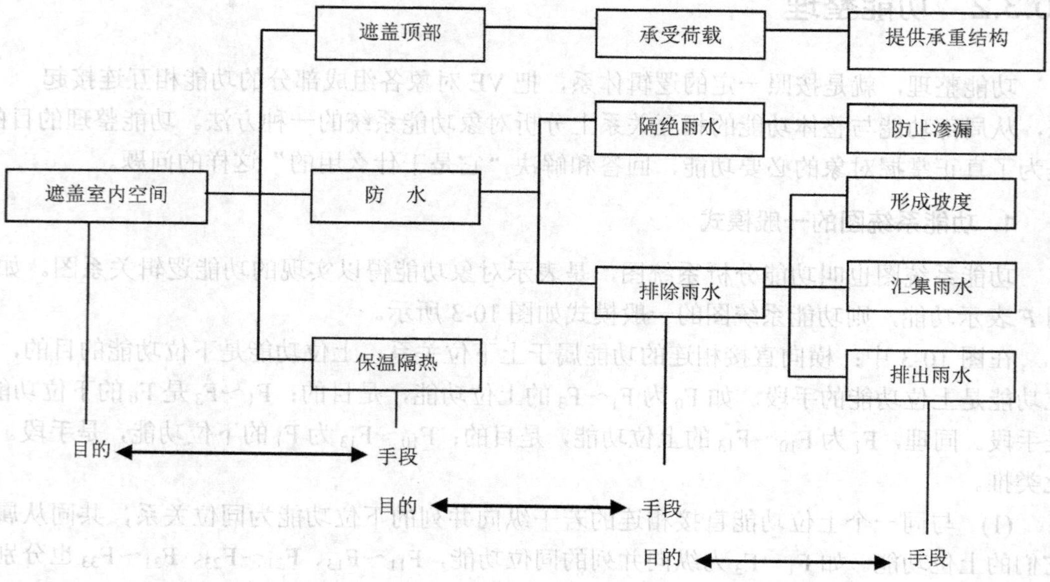

图 10-4　平屋顶功能系统图

10.3.3　功能评价

产品功能的重要性是通过评价之后予以评定的。产品功能重要，评价就高；功能次要，评价就低。通过评价，特定性的概念转化为定量的数值，有了定量的数值就可以进行数学运算，可以进行比较。产品的功能又是由产品的各零部件来实现的，所以对产品的功能评价要通过对其零部件进行评价来实施。那些功能价值低、成本改善期望值大的功能将作为开展价值工程的重点对象。

功能评价的基本内容包括功能的成本分析、功能评价和选择对象区域。进行功能评价，首先要进行功能成本分析，即确定功能的实际成本 C，然后确定实现这一功能的最低成本，即确定功能评价值 F，以此得出该功能成本的降低目标，称为功能目标成本。将功能的目标成本与实现功能的实际成本相比较，便得到该功能的功能价值(功能系数)V；将实现功能的实际成本减去功能的目标成本，得到功能成本改善期望值 E，E 值大的功能将作为价值工程活动的重点对象。其公式为

$$V=F/C \tag{10-2}$$

$$E=C-f \tag{10-3}$$

功能评价的目的是探讨功能价值，找出低功能区域即 $V<1$ 的部分，进而明确需要改进的具体对象及优先次序。

对 V 值的分析如下。

(1) $V=1$，表明实现评价对象功能的目前成本与实现此对象功能的最低成本(即目标成本)大致相当，一般无须改进。

(2) $V<1$，表明实现此对象功能的目前实际成本偏高，这时有两种可能：①是此对象功能过剩；②是虽无功能过剩，但实现功能的手段不佳，以至实现功能的实际成本大于功能的实际需要(目标成本)，应纳入改进的范围。

(3) $V>1$，此时应首先检查功能评价值是否定得合理，若是 F 定得太高，则应降低 F 值；其次，可能是该对象的功能不足，没有达到用户的功能要求，应适当增加成本，提高功能水平。

功能评价的一般程序如下。

(1) 定功能的实际成本(目前成本)C。

(2) 确定功能的目标成本(最低成本)F。

(3) 计算功能价值(价值系数)V。

(4) 计算功能成本改善期望值 E。

(5) 按价值系数(V)由低到高、功能成本改善期望值由大到小的顺序排列，确定价值工程的重点改进对象。

10.4　方案创新与评价

10.4.1　方案创新

方案创新是从提高对象的功能价值出发，在正确的功能分析和评价的基础上，针对应改进的具体目标，通过创造性的思维活动，提出能够可靠地实现必要功能的新方案。从某种意义上讲，价值工程可以说是创新工程，方案创新是价值工程取得成功的关键一步。因为前面所论述的一些问题，如选择对象、收集资料、功能分析、功能评价等，虽然都很重要，但都是为方案创新服务的。前面的工作做得再好，如果不能创造出高价值的创新方案，也就不会产生好的效果。所以，从价值工程技术实践来看，方案创新是决定价值工程成败的关键。

方案创新的理论依据是功能载体具有替代性。这种功能载体替代的重点应放在以功能创新的新产品替代原有产品和以功能创新的结构方案替代原有结构方案。而方案创新的过程是思想高度活跃、进行创造性开发的过程。为了引导和启发创造性的思考，可以采用各种方法，比较常用的方法有头脑风暴法、头脑书写法、提喻法和德尔菲法等，这里就不再介绍了。

10.4.2　方案评价

在方案创新阶段提出的设想和方案是多种多样的，能否付诸实施，就必须对各个方案的优缺点和可行性作分析、比较、论证和评价，并在评价过程中对有希望的方案进一步完善。方案评价包括概略评价和详细评价两个阶段，其评价内容和步骤包括技术评价、经济评价、社会评价以及综合评价，如图10-5所示。

在对方案进行评价时，无论是概略评价还是详细评价，一般可先做技术评价，再分别进行经济评价和社会评价，最后进行综合评价。

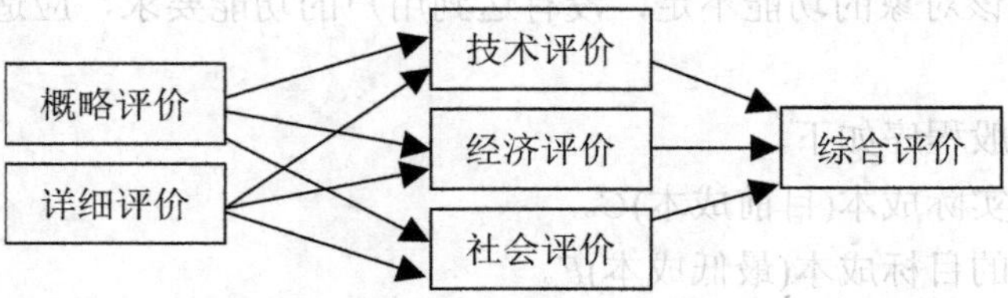

图 10-5　方案评价图

1. 概略评价

概略评价是对方案创新阶段提出的各个方案设想进行初步评价，目的是淘汰那些明显不可行的方案，筛选出少数几个价值较高的方案，以供详细评价作进一步的分析。概略评价的内容包括以下几个方面。

(1) 技术可行性方面。应分析和研究所创新的方案能否满足所要求的功能及其本身在技术上能否实现。

(2) 经济可行性方面。应分析和研究产品成本能否降低和降低的幅度，以及实现目标成本的可能性。

(3) 社会评价方面。应分析研究所创新的方案对社会影响的大小。

(4) 综合评价方面。应分析和研究所创新的方案能否使价值工程活动对象的功能和价值有所提高。

2. 详细评价

详细评价是在掌握大量数据资料的基础上，对通过概略评价的少数方案，从技术、经济、社会三个方面进行详尽的评价分析，为提案的编写和审批提供依据。详细评价的内容包括以下几个方面。

(1) 技术可行性方面。主要以用户需要的功能为依据，对创新方案的必要功能条件实现的程度做出分析评价。特别对产品或零部件，一般要对功能的实现程度(包括性能、质量、寿命等)、可靠性、维修性、操作性、安全性以及系统的协调性等进行评价。

(2) 经济可行性方面。主要考虑成本、利润、企业经营的要求；创新方案的适用期限与数量；实施方案所需费用、节约额与投资回收期以及实现方案所需的生产条件等。

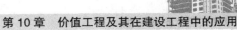

(3) 社会评价方面。主要研究和分析创新方案给国家和社会带来的影响(如环境污染、生态平衡、国民经济效益等)。

(4) 综合评价方面。是在(1)～(3)三种评价的基础上，对整个创新方案的诸因素作出全面系统的评价。为此，首先要明确规定评价项目，即确定评价所需的各种指标和因素；然后分析各个方案对每一评价项目的满足程度；最后再根据方案对各评价项目的满足程度来权衡利弊，判断各方案的总体价值，从而选出总体价值最大的方案，即技术上先进、经济上合理和社会上有利的最优方案。

10.5　价值工程案例

价值工程方法是一个方便实用的经济分析方法，下面是价值工程在工程项目上的应用。

【例 10-1】 某厂储配煤槽筒仓是我国目前最大的群体钢筋混凝土结构储煤仓之一。它由 3 组 24 个直径为 10m、壁厚 0.2m 的圆柱形薄壁联体仓筒组成。工程体积庞大，地质条件复杂，施工场地狭小，实物工程多，结构复杂。要求设计储煤量为 4.8 万吨，预算造价近千万元。为保证施工质量，按期完成施工任务，施工单位决定在施工组织设计中展开价值工程活动。

1. 对象选择

该施工单位对工程情况进行分析，工程主体由 3 个部分组成：地下基础、地表至 16m 为框架结构并安装钢漏斗、16m 以上为底环梁和筒仓。针对 3 个部分的主体工程，就施工时间、实物工程、施工机具占用、施工难度和人工占用等进行测算，用百分比分析法选择价值工程对象的结果表明，筒仓工程在指标对比中占首位，情况如表 10-7 所示。

表 10-7　某筒仓工程各项指数预算

工程名称指标	施工时间	实物工程	施工机具占用	人工占用	施工难度
地下基础/%	15	12	10	17	5
框架结构，钢漏斗/%	25	34	33	29	16
底环梁，筒仓/%	60	54	56	54	79

能否如期完成施工任务的关键在于能否正确处理筒仓工程面临的问题，能否选择符合本企业技术经济条件的施工方法。总之，筒仓工程是整个工程的主要矛盾，是关键工程。施工单位决定以筒仓工程为价值工程研究对象，优化筒仓工程施工组织设计。

2. 功能分析

1)　功能定义

筒仓的基本功能是提供储煤空间，其辅助功能主要为方便使用和外形美观。

2)　功能整理

在筒仓工程功能定义的基础上，根据筒仓工程内在的逻辑联系，采取剔除、合并简化等措施对功能定义进行整理，绘出筒仓工程功能系统图，如图 10-6 所示。

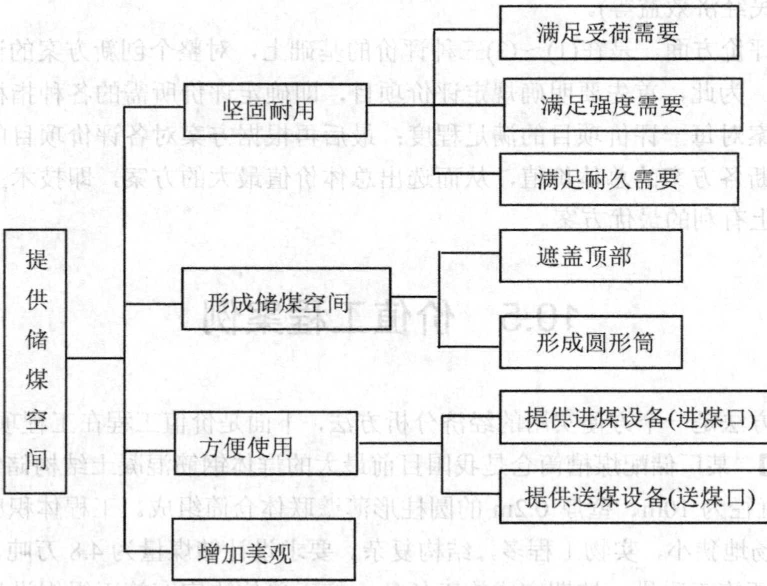

图 10-6 筒仓工程功能系统图

3) 功能评价和方案创造

在施工阶段运用价值工程不同于设计阶段运用价值工程，其重点不在于如何实现储煤空间这个功能，而在于考虑怎样实现。这就是说，采用什么样的方法组织施工，保质保量地浇灌混凝土筒仓体，是应用价值工程编制施工组织设计中所要解决的中心问题。根据“质量好、时间短、经济效益好”的原则，工程技术人员、施工人员、管理人员初步建立滑模、翻模、大模板和合同转包四个方案，在此基础上进一步进行技术经济评价。

4) 施工方案评价

价值工程人员运用“给分定量法”进行方案评价。以 A、B、C、D 分别代表滑模、翻模、大模板、合同外包四种施工方案，评价情况和具体打分结果如表 10-8 所示。

表 10-8 施工方案评价表(1)

方案评价			方案			
指挥体系	评分等级	分值	A	B	C	D
施工平台	(1)需要制作	0	0			
	(2)不需要制作	10		10	10	10
模板	(1)制作专用模板	0	0		0	
	(2)使用标准模板	10		10		
	(3)不需制作模板	15				15
千斤顶	(1)需购置	0	0			
	(2)不需购置	10		10	10	10

续表

方案评价			方案			
指挥体系	评分等级	分值	A	B	C	D
施工人员	(1)少工种少人员	10	10			
	(2)多工种多人员	5		5	5	
	(3)无须参加	15				15
施工准备时间	(1)较短	15		15		
	(2)中等	10				
	(3)较长	5	5		10	
	(4)无需准备	20				20
受气候、机械等影响	(1)较大	5	5			
	(2)较小	10		10	10	
	(3)不受影响	15				15
施工时间	(1)保证工期	10	10			
	(2)拖延工期	0		0	0	0
施工难度	(1)复杂	5	5			
	(2)中等程度	10			10	
	(3)简单	15		15		
	(4)无难度	20				20
合计			35	75	55	105

由表 10-8 可知，合同外包方案得分最高，其次为翻模和大模板施工方案。合同外包方案较其他方案更优，还需作进一步分析。利用“给分定量法”对施工方案作进一步的分析，见表 10-9。

表 10-9 施工方案评价表(2)

方案评价			方案			
指挥体系	评分等级	分值	A	B	C	D
技术水平	(1)清楚	10	10	10	10	
	(2)不清楚	5				5
材料	(1)需求量小	5				5
	(2)需求量大	10	10	10	10	
成本	(1)很高	5				5
	(2)较低	10	10	10	10	
工程质量	(1)保证质量	10	10	10	10	
	(2)难以保证	5				5
安全生产	(1)避免事故责任	10				10
	(2)尽量避免事故责任	5	5	5	5	

续表

方案评价			方案			
指挥体系	评分等级	分值	A	B	C	D
施工质量	(1)需要参加	5	5	5	5	
	(2)不需要参加	10				10
合计			50	50	50	40

表 10-9 表明，虽然合同外包方案可以坐享其成，但权衡利弊，应选翻模施工方案。为了证明这种选择的正确性，进一步对各方案作价值分析，各方案的预算成本及价值系数如表 10-10 所示。由表 10-10 可知，B 方案最优。

表 10-10　各方案预算成本及价值系数表　　万元

方　案	A	B	C	D
目标成本	630			
预算成本	>608.30	630.30	660.70	>750.00
价值系数	<0.880	0.999	0.950	<0.840

5)　翻模施工方案的进一步优化

由于翻模施工方案存在多工种、多人员作业和总体施工时间长的问题，适宜用价值工程方法作进一步优化。

经考察，水平运输和垂直运输使大量人工消耗在无效益的搬运上。为减少人工耗用，提出以下三种途径，同时对应提出三个施工方案。

(1)　成本不增加，人员减少。提出方案一：单纯减少人员。

(2)　成本略有增加，人员减少而工效大大提高。提出方案二：变更施工方案为单组流水作业。

(3)　成本减少，总人数不变而工效提高。提出方案三：采用双组流水作业。

对以上三个方案采用“给分定量法”进行评价，方案三为最优，即采用翻模施工双组流水作业，在工艺上采用二层半模板和二层角架施工。

6)　效果评价

通过运用价值工程方法，使该工程施工方案逐步完善，施工进度按计划完成，产值小幅增加，利润提高，工程质量好，被评为全优工程。从降低成本方面看，筒仓工程实际成本为 577.2 万元，与原滑模施工方案相比节约 31.1 万元，与大模板施工方案相比节约 83.5 万元，与合同外包方案相比节约 172.8 万元，与翻模施工方案相比节约 53.1 万元，成本降低率为 8.4%；与目标成本相比下降 52.8 万元，成本降低率为 8.3%，成效显著。

【例 10-2】 某房地产公司对某公寓项目的开发征集到若干设计方案，经筛选后对其中较为出色的四个设计方案作进一步的技术经济评价。有关专家决定从 5 个方面(分别以 F_1～F_5 表示)对四个方案的功能进行评价，并对各功能的重要性达成以下共识：F_2 和 F_3 同样重要，F_4 和 F_5 同样重要，F_1 相对于 F_4 很重要，F_1 相对于 F_2 较重要；此后，各专家对该四个方案的功能满足程度分别打分，其结果见表 10-11。

表 10-11　方案功能得分

功　能	方案功能得分			
	A	B	C	D
F_1	9	10	9	8
F_2	10	10	8	9
F_3	9	9	10	9
F_4	8	9	8	7
F_5	9	7	9	6

据造价工程师估算，A、B、C、D 四个方案的单方造价(每平方米)分别为 1420、1230、1050、1360 元。试计算各功能的重要性系数并用价值指数法选择最佳设计方案。

本案例主要考核 04 评分法的运用。

(1) 根据资料所给的条件，功能重要性系数计算如表 10-12 所示。

表 10-12　功能重要性系数计算表

	F_1	F_2	F_3	F_4	F_5	得 分	功能重要性系数
F_1	×	3	3	4	4	14	14/40=0.350
F_2	1	×	2	3	3	9	9/40=0.225
F_3	1	2	×	3	3	9	9/40=0.225
F_4	0	1	1	×	2	4	4/40=0.100
F_5	0	1	1	2	×	4	4/40=0.100
合计						40	1.00

(2) 分别计算各方案的功能指数、成本指数、价值指数。

① 计算功能指数。将各方案的功能得分分别与该功能的重要性系数相乘然后汇总，即为该方案的功能加权得分。各方案的功能加权得分为

W_A=9×0.350+10×0.225+9×0.225+8×0.100+9×0.100=9.125

W_B=10×0.350+10×0.225+9×0.225+8×0.100+7×0.100=9.275

W_C=9×0.350+8×0225+10×0.225+8×0.100+9×0.100=8.900

W_D=8×0.350+9×0.225+9×0.225+7×0.100+6×0.100=8.150

各方案功能的总加权得分为

$W=W_A+W_B+W_C+W_D$=9.125+9.275+8.900+8.150=35.45

因此，各方案的功能指数为

F_A=9.125/35.45=0.257

F_B=9.275/35.45=0.262

F_C=8.900/35.45=0.251

F_D=8.150/35.45=0.230

② 计算各方案的成本指数。各方案的成本指数为

C_A=1 420/(1420+1230+1050+1360)=1420/5160=0.275

C_B=1230/5160=0.238

C_C=1050/5160=0.223

C_D=1360/5160=0.264

③ 计算各方案的价值指数。各方案的价值指数为

$V_A=F_A/C_A$=0.257/0.275=0.935

$V_B=F_B/C_B$=0.262/0.238=1.101

$V_C=F_C/C_C$=0.251/0.223=1.126

$V_D=F_D/C_D$=0.230/0.264=0.871

由于C方案的价值指数最大，所以C方案为最佳方案

思考题与习题

1. 什么是价值工程？
2. 提高价值的途径有哪些？
3. 价值工程的特点是什么？
4. 什么是功能？功能是如何分类的？
5. 某市高新技术开发区有两幢科研楼和一幢综合楼，其设计方案对比项如下。

A楼方案：结构方案为大柱网框架轻墙体系，采用预应力大跨度叠合楼板，墙体材料采用多孔砖及移动式可拆装分式隔墙，窗户采用单框双玻璃钢塑窗，面积利用系数为93%，单方造价为1438元/m^2；

B楼方案：结构方案同A方案，墙体采用内浇外砌，窗户采用单框双玻璃空腹钢窗，面积利用系数为87%，单方造价为1008元/m^2；

C楼方案：结构方案采用砖混结构体系，采用多孔预应力板，墙体材料采用标准粘土砖，窗户采用单玻璃空腹钢窗，面积利用系数为79%，单方造价为1082元/m^2。

各方案功能得分及各方案的重要性系数见表10-13。

表10-13 方案功能得分及重要性系数表

方案功能	方案功能得分			方案功能重要性系数
	A	B	C	
结构体系	10	10	8	0.25
模板类型	10	10	9	0.05
墙体材料	8	9	7	0.25
面积系数	9	8	7	0.35
窗户类型	9	7	8	0.10

(1) 试应用价值工程方法选择最优设计方案。

(2) 为控制工程造价和进一步降低费用，拟针对所选的最优设计方案的土建工程部分，以工程材料费为对象开展价值工程分析。将土建工程划分为四个功能项目，各功能项目评

分值及其目前成本见表 10-14。按限额设计要求，目标成本额应控制为 12 170 万元。试分析各功能项目的目标成本及其可能降低的额度，并确定功能改进顺序。

表 10-14　方案功能评分及目前成本

序　号	功　能	功能评分	目前成本/万元
1	A 桩基维护工程	10	1520
2	B 地下室工程	10	1482
3	C 主体结构工程	35	4705
4	D 装饰工程	38	5105
合计		94	12 812

6. 承包商 B 在某高层住宅楼的现浇楼板施工中，拟采用钢木组合模板体系或小钢模体系施工。经有关专家讨论，决定从模板总摊销费用(F_1)、楼板浇筑质量(F_2)、模板人工费(F_3)、模板周转时间(F_4)、模板装拆便利性(F_5)等五个技术经济指标对两个方案进行评价，并采用 01 评分法对各技术经济指标的重要程度进行评分，其部分结果见表 10-15，两方案各技术经济指标的得分见表 10-16。

表 10-15　01 评分表

	F_1	F_2	F_3	F_4	F_5
F_1	×	0	1	1	1
F_2		×	1	1	1
F_3			×	0	1
F_4				×	1
F_5					×

表 10-16　技术经济指标得分表

方　案 指　标	钢木组合模板	小钢模
总摊销费用	10	8
楼板浇筑质量	8	10
模板人工费	8	10
模板周转时间	10	7
模板装拆便利性	10	9

经估算，钢木组合模板在该工程中的总摊销费用为 40 万元，楼板的模板人工费为 8.5 元/m^2；小钢模在该工程中的总摊销费用为 50 万元，楼板的模板人工费为 5.5 元/m^2。该住宅楼的楼板工程量为 2.5 万 m^2。

问题：

(1)　试确定各技术经济指标的权重(计算结果保留三位小数)。

(2) 若以楼板工程的单方模板费用作为成本比较对象，试用价值指数法选择较经济的模板体系(功能指数、成本指数、价值指数的计算结果均保留两位小数)。

(3) 若该承包商准备参加另一幢高层办公楼的投标，为提高竞争能力，公司决定模板总摊销费用仍按本住宅楼标准，其他有关条件均不变。该办公楼的现浇楼板工程量至少要达到多少平方米才应采用小钢模体系(计算结果保留两位小数)？

第 11 章　设备更新分析

本章学习目标

- 熟悉设备更新的概念、原因、特点；
- 熟悉设备的磨损形式；
- 掌握设备的寿命形态；
- 掌握经济寿命的计算方法；
- 熟练掌握设备购置与租赁的优缺点。

11.1　设备更新的原因及特点

设备更新是工程项目经营与管理过程中不可避免的一个工作内容。设备更新的决策就是对各个备选更新方案本着技术上先进、功能上满足、经济上合理的原则进行经济分析和综合比较。设备的使用状况千差万别，但更新方案主要有以下六种情况：①继续使用原有设备；②设备大修后继续使用；③以原型新设备更换旧有设备；④设备现代化改装；⑤用新型、高效的设备更新旧设备；⑥设备租赁。本章主要介绍设备的各种寿命的含义、设备更新的概念、新添设备的优缺点比较和设备更新方案的经济分析方法等内容。其中，重点要求掌握设备更新的经济分析方法。

11.1.1　设备更新的概念

设备更新(Equipment Renewed)是指在设备的使用过程中，由于有形磨损和无形磨损的作用，致使其功能受到一定的影响，有所降低，因而需要用新的、功能类似的设备去进行替代。即用新的设备或技术先进的设备，去更换在技术上或经济上不宜继续使用的设备。广义上而言，设备更新包括设备大修、设备更换、设备更新和设备的现代化改装。设备大修是指通过零件更换与修复，全部或大部分恢复设备的原有性能；设备更换是以与原有设备性能相同的设备更换旧设备；设备更新是以结构更先进、功能更完善、性能更可靠、生产效率更高、产品质量更好及能降低产品成本的新设备代替原有的不能继续使用或继续使用在经济上、环境上已不合理的设备；而设备的现代化改装是指通过设备现代化改造，改善原性能，提高生产能力和劳动生产率，降低使用费等。狭义上而言，设备更新仅指以结构更先进、功能更完善、性能更可靠、生产效率更高、产品质量更好及能降低产品成本的新设备代替原有的不能继续使用或继续使用在经济上、环境上已不合理的设备。

11.1.2 设备更新的原因分析

设备更新源于设备的磨损。磨损分为有形磨损和无形磨损，设备磨损是有形磨损和无形磨损共同作用的结果。

1) 设备的有形磨损(物质磨损)

设备的有形磨损(物质磨损)指设备在使用(或闲置)过程中所发生的实体磨损。

(1) 第Ⅰ类有形磨损：外力作用下(如摩擦、受到冲击、超负荷或交变应力作用、受热不均匀等)造成的实体磨损、变形或损坏。

(2) 第Ⅱ类有形磨损：自然力作用下(生锈、腐蚀、老化等)造成的磨损。

2) 设备的无形磨损(精神磨损)

设备的无形磨损(精神磨损)表现为设备原始价值的贬值，不表现为设备实体的变化和损坏。

(1) 第Ⅰ类无形磨损。设备制造工艺改进→制造同种设备的成本降低→原设备价值贬值。

(2) 第Ⅱ类无形磨损。技术进步→出现性能更好的新型设备→原设备价值贬值。

3) 设备的综合磨损。

11.1.3 设备更新的特点分析

1. 设备更新的中心内容是确定设备的经济寿命

(1) 自然寿命(物理寿命)。是指设备从全新状态下开始使用，直到报废的全部时间过程。自然寿命主要取决于设备有形磨损的速度。

(2) 技术寿命。是指设备在开始使用后持续的能够满足使用者需要功能的时间。技术寿命的长短，主要取决于无形磨损的速度。

(3) 经济寿命。是从经济角度看设备最合理的使用期限，它是由有形磨损和无形磨损共同决定的。具体来说是指能使投入使用的设备等额年总成本(包括购置成本和运营成本)最低或等额年净收益最高的期限。在设备更新分析中，经济寿命是确定设备最优更新期的主要依据。

2. 设备更新分析应站在咨询者的立场分析问题

设备更新问题的要点是站在咨询师的立场上，而不是站在旧资产所有者的立场上考虑问题。咨询师并不拥有任何资产，故若要保留旧资产，首先要付出相当于旧资产当前市场价值的现金，才能取得旧资产的使用权。这是设备更新分析的重要概念。

3. 设备更新分析只考虑未来发生的现金流量

在分析中只考虑今后所发生的现金流量，对以前发生的现金流量及沉入成本，因为它们都属于不可恢复的费用，与更新决策无关，故不需再参与经济计算。

4. 只比较设备的费用

通常在比较更新方案时，假定设备产生的收益是相同的，因此只对它们的费用进行比较。

5. 设备更新分析以费用年值法为主

由于不同设备方案的服务寿命不同，因此通常都采用年值法进行比较。

11.1.4　设备磨损

设备在使用或闲置过程中将发生两种基本形式的磨损，即有形磨损和无形磨损。有形磨损是机器实体发生磨损，又称为物理磨损；无形磨损是机器设备在价值形态上的损失，又称为经济磨损。

1. 有形磨损

(1) 有形磨损按其产生原因，又可分为因使用产生的磨损和因自然力的作用而产生的磨损，前者称为第一类有形磨损，后者称为第二类有形磨损。

有形磨损的技术后果是降低设备的使用价值，磨损到一定程度将导致机器设备使用价值的完全丧失。有形磨损的经济后果是机器设备原始价值的部分贬值，甚至完全丧失价值。消除有形磨损，使机器设备局部或完全恢复使用价值的方式是修理或更换，为此需支出相应的费用，即产生了修理的经济性分析问题。

(2) 有形磨损的度量。可以用经济指标对设备的有形磨损加以度量，其计算公式从咨询师考虑的角度分为

$$a_{\mathrm{p}}=\frac{\sum_{i=1}^{n}a_i k_i}{\sum_{i=1}^{n}k_i}$$

式中：a_{p}——设备有形磨损程度；

k_i——设备中零件的价值；

a_i——零件的实体磨损程度。

$$a_{\mathrm{p}}=\frac{R}{K}$$

式中：R——修复全部磨损零件所用的修理费用；

K——在修复时具有同等效率的该种设备的再生产价值。

2. 无形磨损

无形磨损产生的根本原因是科学技术的不断进步和发展。导致无形磨损产生的原因有两类：一类是由于设备制造工艺不断改进，成本不断降低和劳动生产率不断提高，生产同种设备所需的社会必要劳动耗费减少，因而导致设备的价值相应地贬值，这是第一类无形磨损；第二类无形磨损是由于技术进步，市场上出现了结构更先进，技术更完善，生产效率更高，耗用原材料和能源动力更少的新型设备，使原有设备价值降低，而且会使原有设备局部或全部丧失其使用价值。第二类磨损可能导致设备提前更新。

设备的无形磨损可以用两种方法加以度量。

(1) 在技术进步的影响下，用设备价值降低系数来衡量它的无形磨损的程度。

其计算公式为

$$a_1=\frac{k_0-k_1}{k_0}=1-\frac{k_1}{k_0}$$

式中：a_1——设备无形磨损的程度；

k_0——设备的原始价值；

k_1——考虑设备的两类无形磨损后的再生产价值。

在计算设备的无形磨损程度时，k_1 必须既考虑技术进步使生产同样设备的效率提高而导致的设备的贬值，也要考虑由于出现了更高性能和技术水平的设备而使现有设备价值的降低。所以，k_1 的计算如下

$$k_1=k_n\left(\frac{q_0}{q_n}\right)^a\left(\frac{c_n}{c_0}\right)^b$$

式中：k_n——新设备的价值；

q_0,q_n——旧、新设备的年生产率指标；

c_0,c_n——使用旧、新设备的单位产品消耗；

a,b——劳动生产率提高指数和单位成本降低指数。

(2) 衡量设备无形磨损的程度，还可以用下式分别计算，即分别研究设备的第一类无形磨损的程度和第二类无形磨损的程度。

$$a_{n1}=1-\frac{k_{01}}{k_0}$$

$$a_{n2}=1-\frac{c_n}{c_0}$$

式中：a_{n1}，a_{n2}——第一类、第二类无形磨损程度；

k_{01}——考虑第一类无形磨损的设备再生产价值；

c_0,c_n——使用原有设备或新设备生产产品的单位成本。

3. 综合磨损

正如前面所述，设备的磨损具有二重性，即在其使用期内既有有形磨损，又有无形磨损，这两种磨损都引起了设备的贬值，但不同的是有形磨损严重的设备，往往不能工作，而无形磨损很严重的设备，依然可以使用，只不过是在经济上可能已经很不合算了。在设

备的更新的经济决策中，常常要考虑设备的综合磨损的程度，即两种磨损同时作用在设备上的效果，通过对这项指标及其他经济指标的分析来确定设备的更新改造方案。

设备综合磨损的度量可用如下方法进行。

设备遭受的有形磨损程度为 a_p，设备遭受无形磨损程度为 a_1，由此可得设备的综合磨损程度为

$$a=\left(1-a_p\right)\left(1-a_1\right)$$

故有设备遭受综合磨损后的净值为

$$k=\left(1-a\right)k_0$$

11.1.5　设备磨损的补偿

在工程项目的生产经营期内，要维持生产经营的正常进行，就必须对设备的磨损进行补偿，由于设备所受的磨损形式不同，因此，其补偿方式也不尽相同，其设备磨损形式与补偿方式的相互关系如图 11-1 所示。

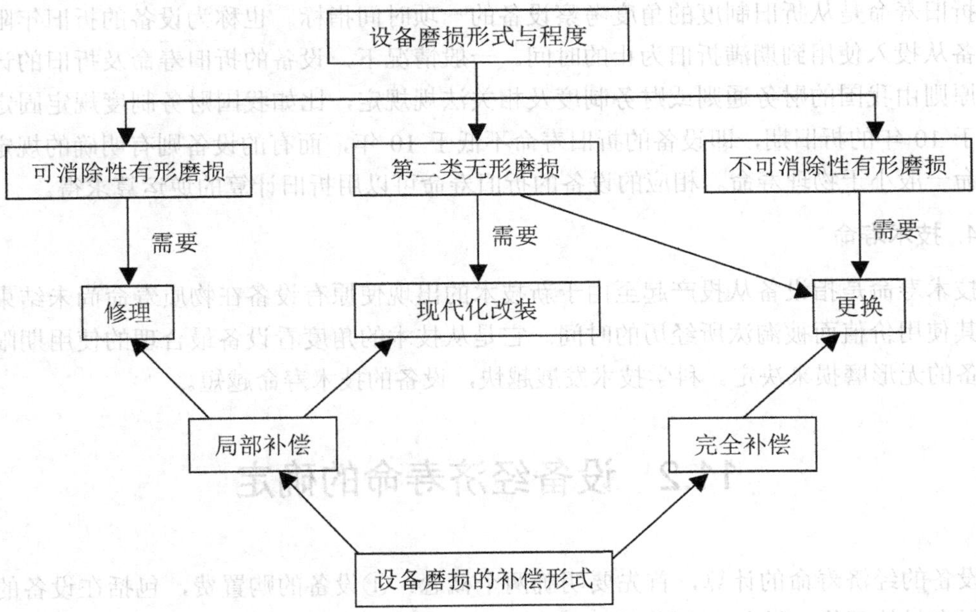

图 11-1　设备磨损形式与补偿方式相互关系图

11.1.6　设备的寿命形态

设备寿命从不同角度可划分为自然寿命、经济寿命、折旧寿命和技术寿命。

1. 自然寿命

自然寿命又称为物理寿命或物质寿命，它是设备从全新状态投入使用直到不能保持正

常使用状态而且予以报废的全部时间。这种自然寿命主要取决于设备的质量、使用和维修的质量。一般来说，设备的质量越高、日常使用和维修工作做得越好，设备的自然寿命会越长。

2. 经济寿命

经济寿命是指给定的设备具有最低等值年成本的时期，或最高的等值年净收益的时期。也就是指一台设备开始使用至在经济前景的分析中不如另一台设备更有效益而被替代时所经历的时间。

设备随着使用时间的延长，一方面，其磨损逐渐加大，效率下降；另一方面，为了维持其原有的生产效率，必须增加维修次数，消耗更多的燃料和动力，而使每年的使用费用呈递增趋势。当设备年使用费的增长超过了一次性投资分摊费的降低额时，继续使用该设备就不经济了。根据设备使用费这种变化规律确定的设备最佳经济使用年限，称为设备的经济寿命。

3. 折旧寿命

折旧寿命是从折旧制度的角度考察设备的一项时间指标。也称为设备的折旧年限，是指设备从投入使用到期满折旧为止的时间。一般情况下，设备的折旧寿命及折旧的计提方法及原则由我国的财务通则或财务制度及相关法规规定，比如我国财务制度规定固定资产不低于 10 年的折旧期，即设备的折旧寿命不低于 10 年，而有的设备则有明确的规定。折旧寿命一般小于物理寿命。相应的设备的折旧寿命可以用折旧计算的逆运算求得。

4. 技术寿命

技术寿命是指设备从投产起至由于新技术的出现使原有设备在物质寿命尚未结束前就丧失其使用价值而被淘汰所经历的时间。它是从技术的角度看设备最合理的使用期限，并由设备的无形磨损来决定。科学技术发展越快，设备的技术寿命越短。

11.2 设备经济寿命的确定

设备的经济寿命的计算，首先要明确两个概念：①设备的购置费，包括在设备的购置中实际支付的买价、税金(如增值税)、支付的运杂费、包装费和安装成本等；②设备的运行成本，即设备在使用过程中发生的费用，包括能源费、保养费、修理费(包括大修理费)、停工损失及废次品损失等。一般情况下，运行成本是逐年递增的，这种递增称为设备的劣化。设备的经济寿命是由设备的年均费用决定的，年均费用包括两个部分，即年资金费用和年经营费用(年运营费用)。年资金费用就是固定资产价值的年减少额，实质上就是固定资产的年折旧额加上未回收资金的利息；年经营费用，就是前文提及的设备的运行成本。设备的经济寿命就是求设备年均费用最小的使用年份，如图 11-2 所示。

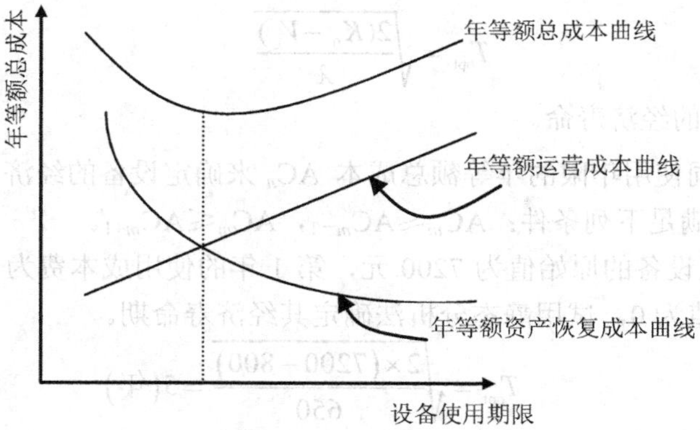

图 11-2　设备经济寿命

对于设备的经济寿命的确定方法可以分为静态模式和动态模式两种。

11.2.1　静态模式下的经济寿命

静态模式下设备经济寿命的确定方法，就是在不考虑资金时间价值的基础上计算设备年平均成本。使设备年平均成本为最小的使用年份就是设备的经济寿命。

下文采用静态计算法。

假设机器设备的年运行成本的劣化是线性增长的，每年运行成本增加额为 λ，若设备使用了 T 年，则第 T 年时的运行成本 C_T 为

$$C_T = C_1 + (T-1)\lambda$$

式中：C_1 ——运行成本的初始值，即第一年的运行成本；

T ——设备的使用年数。

则 T 年内设备的运行成本的平均值将为

$$C_1 + \frac{T-1}{2}\lambda$$

除运行成本外，在设备的年均总费用中还有每年分摊的设备购置费用，称为资金恢复费用或年资金费用。其值为 z。

$$z = \frac{K_0 - V_L}{T}$$

式中：K_0 ——设备的原始价值；

V_L ——设备的净残值。

则设备的年均总费用为

$$AC = C_1 + \frac{T-1}{2}\lambda + \frac{K_0 - V_L}{T}$$

设备的经济寿命为其年均费用最小的年数，即求当 AC 最小时的年数 T 值。

$$\frac{d(AC)}{dT} = \frac{\lambda}{2} - \frac{K_0 - V_L}{T^2} = 0$$

得
$$T_{opt}=\sqrt{\frac{2(K_0-V_L)}{\lambda}}$$

式中：T_{opt}——设备的经济寿命。

可通过计算不同使用年限的年等额总成本 AC_n 来确定设备的经济寿命。若设备的经济寿命为 m 年，则应满足下列条件：$AC_m \leqslant AC_{m-1}$，$AC_m \leqslant AC_{m+1}$。

【例 11-1】 某设备的原始值为 7200 元，第 1 年的使用成本费为 800 元，以后每年递增 650 元，预计残值为 0，试用静态分析法确定其经济寿命期。

解：
$$T_{opt}=\sqrt{\frac{2\times(7200-800)}{650}}=5(年)$$

即经济寿命期为 5 年。

对应的最小成本 $C_0=\dfrac{7200-0}{5}+800+\dfrac{650\times(5-1)}{2}=3540(元/年)$

【例 11-2】 某型号轿车购置费为 3 万元，在使用中有如表 11-1 的统计资料，如果不考虑资金的时间价值，试计算其经济寿命。

表 11-1 统计资料表

元

使用年度 j	1	2	3	4	5	6	7
j 年度运营成本	5 000	6 000	7 000	9 000	11 500	14 000	17 000
n 年年末残值	15 000	7 500	3 750	1 875	1 000	1 000	1 000

解：该型轿车在不同使用期限的年等额总成本 AC_n 如表 11-2 所示。

由结果来看，该型号轿车使用 5 年时，其年等额总成本最低(AC_5=13 500 元)，使用期限大于或小于 5 年时，其年等额总成本均大于 13 500 元，故该汽车的经济寿命为 5 年。

表 11-2 某型号轿车年等额总成本计算表

元

使用期限 n	资产恢复成本 $P-L_n$	年等额资产恢复成本 $\frac{P-L_n}{n}$	年度运营成本 C_j	使用期限内运营成本累计 $\sum_{j=1}^{n}C_j$	年等额运营成本 $\frac{1}{n}\sum_{j=1}^{n}C_j$	年等额总成本 AC_n ⑦=③+⑥
①	②	③	④	⑤	⑥	⑦
1	15 000	15 000	5 000	5 000	5 000	20 000
2	22 500	11 150	6 000	11 000	5 500	16 750
3	26 250	8 750	7 000	18 000	6 000	14 750
4	28 115	7 031	9 000	27 000	6 750	13 781
5*	29 000	5 800	11 500	38 500	7 700	13 500*
6	29 000	4 833	14 000	52 500	8 750	13 583
7	29 000	4 143	17 000	69 500	9 929	14 072

* 年等额总成本最低。

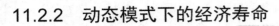

11.2.2　动态模式下的经济寿命

在国际上的项目分析与评价中，通常要考虑资金的时间价值，这样评价才能更准确，更符合客观实际。

动态模式下设备经济寿命的确定方法，就是在考虑资金时间价值的情况下计算设备的净值 NAV 或年成本 AC，通过比较年平均效益或年平均费用来确定设备的经济寿命。

1. 计算单利时设备的经济寿命的确定

假若设备的年运行成本的劣化是线性增长的，第一年的运行成本为 C_1，每年运行成本增加额为 λ，若设备使用了 T 年，则第 T 年时的运行成本 C_T 为

$$C_T = C_1 + (T-1)\lambda$$

显然，T 年内设备的运行成本的平均值将为

$$C_1 + \frac{T-1}{2}\lambda$$

除运行成本外在设备的年均费用中还有每年分摊的年资金费用。其金额为

$$\frac{K_0 - V_L}{T}$$

另外，我们还要考虑单利情况下，设备占有资金的利息

$$\frac{K_0 - V_L}{2}i$$

式中：i——银行利率。

设备的年总费用则为

$$AC = C_1 + \frac{T-1}{2}\lambda + \frac{K_0 - V_L}{T} + \frac{K_0 - V_L}{T}i + \frac{K_0 - V_L}{2}i$$

求 AC 的最小值，利用导数的知识，上式对 T 求导，并令其等于零，得

$$\frac{d(AC)}{dT} = \frac{\lambda}{2} - \frac{K_0 - V_L}{T^2} = 0$$

得

$$T_{opt} = \sqrt{\frac{2(K_0 - V_L)}{\lambda}}$$

其最小年均费用为

$$AC_{min} = C_1 + \frac{\sqrt{\frac{2(K_0 - V_L)}{\lambda}} - 1}{2} + \sqrt{\frac{(K_0 - V_L)\lambda}{2}} + \frac{K_0 - V_L}{2}i$$

若不考虑设备的残值，其经济寿命和最小年均费用为

$$T_{opt} = \sqrt{\frac{2K_0}{\lambda}}$$

$$AC_{min} = C_1 + \sqrt{2k_0\lambda} + \frac{K_0 i - \lambda}{2}$$

【例 11-3】 设有一台设备，初始投资为 18 000 元，残值为零，运行费用第一年为 2000

元，以后每年递增 1000 元，利率为 8%，试计算该设备的经济寿命及最小年均费用。

解：经济寿命为

$$T_{\text{opt}}=\sqrt{\frac{2k_0}{\lambda}}=\sqrt{\frac{2\times 18\,000}{1000}}=6(\text{年})$$

其最小年均费用为

$$\begin{aligned}AC_{\min}&=2000+\sqrt{2\times 18\,000\times 1000}+\frac{18\,000\times 8\%-1000}{2}\\&=8000+220=8220(\text{元})\end{aligned}$$

2. 计算复利时设备的经济寿命的确定

$$AC=K_0(A/P,i,n)-V_L(A/F,i,n)+C_1+\left[\sum_{j=2}^{n}\lambda(P/F,i,j)\right](A/P,i,n)$$

式中：λ——劣化值增加额；

$(A/P,i,n)$——资金回收系数；

$(A/F,i,n)$——偿债基金系数；

$(P/F,i,n)$——一次支付现值系数。

可通过计算不同使用年限的年等额总成本 AC_n 来确定设备的经济寿命。若设备的经济寿命为 m 年，则应满足下列条件：$AC_m \leqslant AC_{m-1}$，$AC_m \leqslant AC_{m+1}$。

【例 11-4】 某设备购置费为 24 000 元，第 1 年的设备运营费为 8000 元，以后每年增加 5600 元，设备逐年减少的残值如表 11-3 所示。设利率为 11%，求该设备的经济寿命。

表 11-3 设备经济寿命动态计算表 元

第 j 年年末	设备使用到第 n 年年末的残值	年度运营成本	等额年资产恢复成本	等额年运营成本	等额年总成本
1	11 000	8 000	14 880	8 000	22 880
2	8 000	13 600	10 427	10 641	21 068
3	4 000	19 200	8 806	13 179	21 985
4	0	24 800	7 901	15 610	23 511

解：设备在使用年限内的等额年总成本计算如下：

n=1：

$$\begin{aligned}AC_1&=(24\,000-12\,000)(A/P,12\%,1)+12\,000\times i+8000+5600(A/G,12\%,1)\\&=12\,000(1.1200)+12\,000\times 0.12+8000+5600(0)=22\,880(\text{元})\end{aligned}$$

n=2：

$$\begin{aligned}AC_2&=(24\,000-8000)(A/P,12\%,2)+8000\times i+8000+5600(A/G,12\%,2)\\&=16\,000(0.5917)+8000\times 0.12+8000+5600(0.4717)=21\,068(\text{元})\end{aligned}$$

n=3：

$$\begin{aligned}AC_3&=(24\,000-4000)(A/P,12\%,3)+4000\times i+8000+5600(A/G,12\%,3)\\&=20\,000(0.4163)+4000\times 0.12+8000+5600(0.9246)=21\,985(\text{元})\end{aligned}$$

n=4：

$$\begin{aligned}AC_4 &= (24\,000-0)(A/P,12\%,4)+0\times i+8000+5600(A/G,12\%,4)\\ &= 24\,000(0.3292)+0\times 0.12+8000+5600(1.3589)=23\,511(\text{元})\end{aligned}$$

根据计算结果，设备的经济寿命为 2 年。

但在实务中，设备的劣化值的变化是比较复杂的，故设备的年均总费用计算的一般公式为

$$AC=(K_0-V_L)(A/P,i,n)+V_L i+\left[\sum_{j=1}^{n}W_j(P/F,i,n)\right](A/P,i,n)$$

式中：W_j——第 j 年的运营费用；

i——基准收益率。

在实际工作中，大家一定要遵循资金时间价值计算的原理，对设备的年均总费用进行计算，上述的计算原理实际是将不同时期的费用流折算为年金，即设备的年均费用，年均费用最低的年份即为设备的经济寿命。

11.3　设备更新分析方法及其应用

11.3.1　设备更新

1. 设备更新的经济意义

设备原型更新的意义显而易见，可使生产经营活动延续下去。设备技术更新，是用技术更先进的设备取代已过时的落后设备，是对设备的提前更换，具有以下意义：①促进企业技术进步；②降低消耗，提高企业效益；③提高劳动生产率；④促进国家经济发展。如 19 世纪 80 年代，英国把大量资本投于国外， 没有充分重视老工业部门的设备更新，舍不得丢掉产业革命时留下的大量陈旧设备，妨碍了工业发展。再如日本，1956 年后，先后执行了四个工业振兴法，在大力抓智力投资的同时，一手抓专业化，一手抓设备更新，工业得到迅速发展。

2. 设备更新的核心问题

选择最优更新时机及相应的更新方式和更新机型。

3. 设备更新的原则

设备更新的原则为：①技术进步原则；②经济效益原则。

4. 设备更新分析的特点

设备更新的特点为：①假定设备产生的效益相同，只作费用比较；②常采用年度费用进行比较；③不考虑沉入成本，原设备价值按目前实际值计算；④应从一个客观的立场上去比较。

11.3.2 设备更新分析方法

设备更新分析的结论取决于所采用的分析方法，而设备更新分析的假定条件和设备的研究期是选用设备更新分析方法时应考虑的重要因素。

1. 原型设备更新分析

所谓原型设备更新分析，就是假定企业的生产经营期较长，并且设备均采用原型设备重复更新，这相当于研究期为各设备自然寿命的最小公倍数。

原型设备更新分析主要有以下三个步骤：

(1) 确定各方案共同的研究期；

(2) 用费用年值法确定各方案设备的经济寿命；

(3) 通过比较每个方案设备的经济寿命确定最佳方案，即旧设备是否更新以及新设备未来的更新周期。

2. 新型设备更新分析

所谓新型设备更新分析，就是假定企业现有设备可被其经济寿命内等额年总成本最低的新设备取代。

11.3.3 设备更新分析方法应用

1. 技术创新引起的设备更新

通过技术创新不断改善设备的生产效率，提高设备使用功能，会造成旧设备产生无形磨损，从而有可能导致企业对旧设备进行更新。

【例 11-5】 某公司用旧设备 O 加工某产品的关键零件，设备 O 是 8 年前买的，当时的购置及安装费为 8 万元，设备 O 目前市场价为 18 000 元，估计设备 O 可再使用 2 年，退役时残值为 2750 元。目前市场上出现了一种新的设备 A，设备 A 的购置及安装费为 110 000 元，使用寿命为 10 年，残值为原值的 10%。旧设备 O 和新设备 A 加工 100 个零件所需时间分别为 5.24h 和 4.2h，该公司预计今后每年平均能销售 44 000 件该产品。该公司人工费为 18.7 元/h。旧设备动力费为 4.7 元/h，新设备动力费为 4.9 元/h。基准折现率为 10%，试分析是否应采用新设备 A 更新旧设备 O。

解：选择旧设备 O 的剩余使用寿命 2 年为研究期，采用年值法计算新旧设备的等额年总成本。

$$AC_O = (18\,000-2750)(A/P,10\%,2)+2750\times10\%+5.24\div100\times44\,000\times(18.7+4.7)$$
$$=63\,013.09(\text{元})$$

$$AC_A = (120\,000-12\,000)(A/P,10\%,10)+12\,000\times10\%+4.22\div100\times44\,000\times(18.7+4.9)$$
$$=62\,592.08(\text{元})$$

从以上计算结果可以看出，使用新设备 A 比使用旧设备 O 每年节约 421 元，故应立即用设备 A 更新设备 O。

2. 由于能力不足而发生的更新设备

在实际工程中，有时尽管旧的设备完好，功能正常，但由于原有设备的能力不能满足工程需要，就需要购置新的高效设备来替换原有设备；或者增加原型设备的数量，以保证生产能力满足工程项目建设的需要。所以，在设备更新方案的决策中，就要通过新型高效设备的年均总费用与旧的设备和增加的原型设备的年均总费用进行方案比较来决策。

【例 11-6】 由于市场需求量增加，某钢铁集团公司高速线材生产线面临两种选择：第一方案是在保留现有生产线 A 的基础上，3 年后再上一条生产线 B，使生产能力增加一倍；第二方案是放弃现在的生产线 A，直接上一条新的生产线 C，使生产能力增加一倍。

生产线 A 是 10 年前建造的，其剩余寿命估计为 10 年，到期残值为 100 万元，目前市场上有厂家愿以 700 万的价格收购 A 生产线。生产线今后第一年的经营成本为 20 万元，以后每年等额增加 5 万元。

B 生产线 3 年后建设，总投资 6000 万元，寿命期为 20 年，到期残值为 1000 万元，每年经营成本为 10 万元。

C 生产线目前建设，总投资 8000 万元，寿命期为 30 年，到期残值为 1100 万元，年运营成本为 8 万元。

基准折现率为 10%，试比较方案一和方案二的优劣，设研究期为 10 年。

解：方案 1 和方案 2 的现金流量如图 11-3 所示。

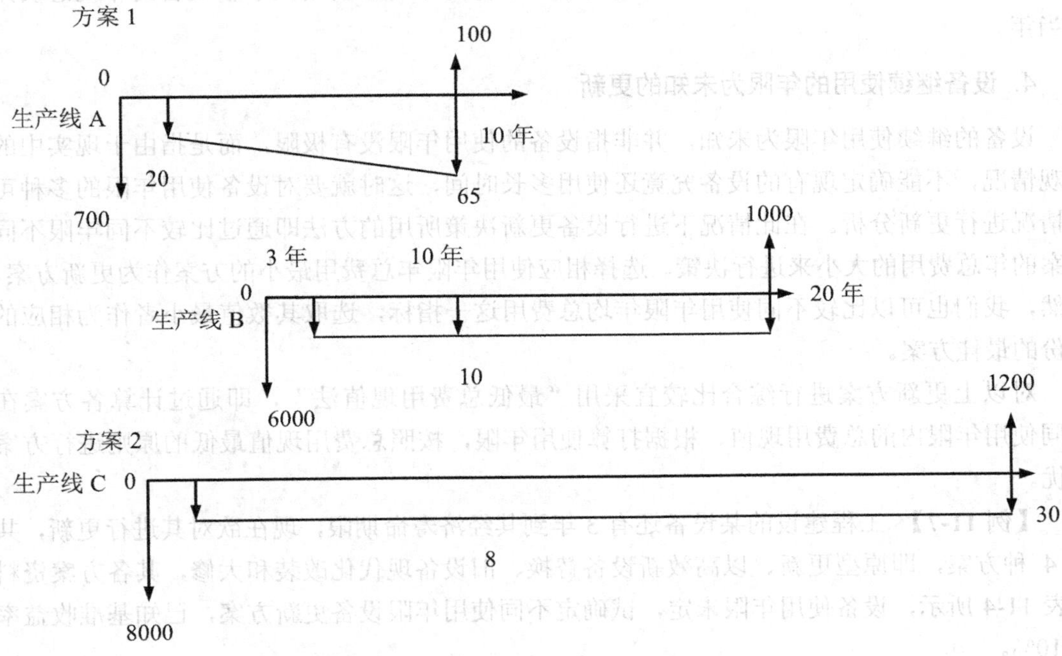

图 11-3 现金流量图(万元)

设定研究期为 10 年，各方案的等额年总成本计算如下。

方案 1：

$$AC_A = 700(A/P,10\%,10) - 100(A/F,10\%,10) + 20 + 5(A/G,10\%,10)$$
$$= 700 \times 0.1627 - 100 \times 0.0627 + 20 + 5 \times 3.725 = 146.25(\text{万元})$$

$$AC_B = [6000(A/P,10\%,20) - 1000(A/F,10\%,20) + 10](F/A,10\%,7)(A/F,10\%,10)$$
$$= [6000 \times 0.1175 - 1000 \times 0.0175 + 10] \times 9.4872 \times 0.0672 = 413.58(\text{万元})$$

$$AC_1 = 146.25 + 413.58 = 559.83(\text{万元})$$

方案 2：

$$AC_C = 8000(A/P,10\%,30) - 1200(A/F,10\%,30) + 8 = 849.48(\text{万元})$$

$$AC_2 = 849.48(\text{万元})$$

从以上比较结果来看，应采用方案 1。

3. 由于性能降低而发生的更新

机器设备的性能随着磨损的产生性能不断降低，从而导致维修费用过高，运行费用增加，废品率上升及附加设备增加等。性能降低可以通过维修或更换零件、大修理来部分或全部恢复。但由于维修费用是递增的，为了提高经济效益，在一定时期就要考虑到用新的设备来代替旧的设备。为此，由于性能降低的更新就有两个方案，①用新设备更新；②大修。因此，在更新方案决策时就要考察在修理后设备年均总费用、更新设备的年均总费用和继续使用原有设备的年均总费用的大小。但要注意，即使计算表明新设备比继续使用旧设备要优，也不一定需要立即进行更新，还要比较旧设备继续使用以后年度的年均总费用，正确的更新时间应该是旧设备继续使用的某一年份的年均总费用大于新设备的年均总费用的当年。

4. 设备继续使用的年限为未知的更新

设备的继续使用年限为未知，并非指设备的使用年限没有极限，而是指由于现实中的客观情况，不能确定现有的设备究竟还使用多长时间，这时就要对设备使用年限的多种可能情况进行更新分析。在此情况下进行设备更新决策所用的方法即通过比较不同年限不同方案的年总费用的大小来进行决策。选择相应使用年限年总费用最小的方案作为更新方案。当然，我们也可以比较不同使用年限年均总费用这一指标，选取其数值最小者作为相应的年份的最佳方案。

对以上更新方案进行综合比较宜采用“最低总费用现值法”，即通过计算各方案在不同使用年限内的总费用现值，根据打算使用年限，按照总费用现值最低的原则进行方案选优。

【例 11-7】 工程建设的某设备还有 3 年到其经济寿命期限，现在欲对其进行更新，共有 4 种方案，即原型更新、以高效新设备替换、旧设备现代化改装和大修，其各方案资料如表 11-4 所示，设备使用年限未定，试确定不同使用年限设备更新方案，已知基准收益率为 10%。

表 11-4　各更新方案的数据资料　　元

备选方案	继续使用旧设备		原型更新		高效新型更新		现代化改装		大　修	
初始费用	2000		15 000		21 000		11 000		5000	
使用年限	运营费	残值	运营费	残值	运营费	残值	运营费	残值	运营费	残值
1	4 000	1 100	1 000	11 200	600	18 000	1 600	9 000	2 700	3 000
2	5 200	600	1 100	9 500	800	15 200	1 800	6 700	3 300	1 800
3	6 400	300	1 600	7 000	1 100	13 200	2 000	4 700	3 900	600
4			2 000	5 000	1 400	11 100	2 300	3 000	5 000	300
5			2 400	3 500	1 700	10 000	2 600	1 700	6 000	100
6			2 800	2 000	2 000	9 000	3 100	1 000	7 000	100
7			3 400	1 000	2 300	8 000	3 800	700		
8			4 600	500	2 600	7 000	4 700	200		
9			5 600	300	2 900	6 500	5 700	200		
10			6 800	100	3 300	6 000	6 800	200		

解：因不能确定具体使用年限，所以，首先计算出各方案的年均总费用或总费用现值，然后比较相同年份的年均总费用或年总费用的现值，选择其最小值，即为对应年份应选择的方案。其不同方案的计算结果如表 11-5 所示。

表 11-5　年均总费用计算表　　元

使用年限	继续使用旧设备	原型更新	高效新型更新	现代化改装	大　修
1	5 000	5 300	5 700	5 800	5 200
2	5 438	5 214	5 557	5 419	5 010
3	5 837	5 165	5 274	5 193	5 091
4	0	5 065	5 155	5 037	5 149
5	0	4 965	4 969	4 900	5 326
6	0	4 916	4 843	4 779	5 544
7	0	4 883	4 775	4 718	0
8	0	4 910	4 743	4 767	0
9	0	4 980	4 695	7 837	0
10	0	5 108	4 680	4 961	0

由表中可以看出，第一年，继续使用旧设备的年均总费用最低；第 2、3 年，大修的年均总费用最低；第 4～7 年，现代化改装方案的年总费用最低；而 8 年以上，高效新型设备的年均总费用最低。因此，在方案进行决策时，可以参考上表，根据使用年限来选择方案，要选择不仅在技术上、功能上满足生产需要，而且在经济上具有效益的，能提高企业经济效益的方案。

11.4 设备更新方案的综合比较

设备超过最佳期限之后，就存在更新的问题。但陈旧设备直接更换是否必要或是否为最佳的选择，是需要进一步研究的问题。一般而言，对超过最佳期限的设备可以采用以下五种处理办法：

(1) 继续使用旧设备；

(2) 对旧设备进行大修理；

(3) 用原型设备更新；

(4) 对旧设备进行现代化技术改造；

(5) 用新型设备更新。

设备的更新时机，一般取决于设备的技术寿命和经济寿命。技术寿命是从技术的角度看设备最合理的使用期限，它是由无形磨损决定的，与技术进步无关；而经济寿命是从经济角度看设备最合理的使用期限，它是由无形磨损和有形磨损共同决定的。适时地更换设备，既能促进技术进步，加速经济增长，又能节约资源，提高经济效益。

11.4.1 新购设备的优劣比较

新购设备的优劣比较，是项目经济效益的必然要求，项目为了保证良好的经济效果就必须适时更新设备，且更新方案需满足在技术性能和生产功能上有保证，在经济上效益好这样的前提。

1. 年费用比较法(年均总费用比较法)

年费用比较法是通过分别计算，比较几个备选新添设备方案对应于各自的经济寿命期内的年均总费用，选择年均总费用最小的购置设备方案作为最佳方案。

(1) 年费用比较法假定设备产生的收益是相同的，其应遵循的原则有：

不考虑沉没成本。即在方案比较时，原有设备的价值按目前实际上能实现的价值来计算，而不管它过去是多少钱购进的。

不要简单地按照方案的直接现金流量进行比较，而应从一个客观的立场上去比较。

在按方案的直接现金流量进行比较时，服务年限必须一致，否则不能按方案的直接现金流量进行比较，因为这将涉及原有设备的利用问题，情况比较复杂。

(2) 年均费用法的计算模型。设备的年度使用费包括两部分，即资金恢复费用(年资金费用)和年经营费用或运行成本。具体还可细分为：运行的劣化损失、设备价值耗损和利息损失。根据设备更新的情况，年均费用法可分为以下几个模型。

① 不计算设备的残值，也不计算资金的时间价值。年均费用 AC 计算公式如下。

$$\mathrm{AC}=\frac{K_0}{n}+\frac{1}{n}\sum_{m=1}^{n}C_m$$

式中：C_m——第 m 年设备的运营成本或费用。

② 假设设备的劣化是线性的且逐年按同等数额增加，只以单利计算占有资金的利息并计算设备的残值。

为了简化计算，设劣化值为 λ，如果设备的使用年限为 T，则 T 年的劣化值的平均值为

$$\frac{\lambda(T-1)}{2}$$

式中：λ——设备年劣化值的增加额。

在实务中新设备的劣化损失是难以预先知道的，一般可以采用耐用年数相同的类似设备的劣化值的增量来代替。

假定设备的残值为 V_{L}，则设备在 T 年内年均价值的损耗为

$$\frac{K_0-V_{\mathrm{L}}}{T}$$

设备的利息损失等于新设备在使用期内平均资金占用额乘以相应的利率，即

$$\frac{K_0+V_{\mathrm{L}}}{2}i$$

所以，新设备的年均费用为

$$\mathrm{AC}=\frac{T-1}{2}\lambda+\frac{k_0-V_{\mathrm{L}}}{T}+\frac{K_0+V_{\mathrm{L}}}{2}i$$

(3) 以复利计息情况下，设备的年均总费用计算公式为

$$\mathrm{AC}=(K_0-V_{\mathrm{L}})(A/P,i,n)+V_{\mathrm{L}}i+\left[\sum_{j=1}^{n}W_j(P/F,i,n)\right](A/P,i,n)$$

【例 11-8】 某项目需购买某种设备已满足生产需要，已知有甲、乙两种方案，甲方案估计投资 200 000 元，年运营成本 6400 元；乙方案估计投资 65 000 元，年运营成本 8500 元，两设备的折旧率均为 11%，其技术性能、生产能力和使用年限相同。试进行方案决策。

解： 甲方案的年均总费用 $200\,000\times12\%+6400=30\,400$(元)

乙方案的年均总费用 $65\,000\times12\%+8500=16\,300$(元)

显然，甲方案的年均总费用大于乙方案的年均总费用，应选择乙方案。

2. 研究期法

所谓研究期法就是针对使用期限不同的设备更新方案，直接选取一个适当的分析期作为各个更新方案共同的计算期，通过比较各个方案在该计算期内费用的限值对设备的更新方案进行比较。研究期的选择视具体情况而定，主要有三类。

(1) 以寿命最短方案的寿命为各方案共同的服务年限，令寿命较长的方案在共同服务期限末保留一定的残值。

(2) 以寿命最长方案的寿命为各个方案的共同服务年限，令寿命较短的方案在寿命终了时，由同种设备或其他新型设备进行替代，直至达到共同服务年限为止，期末可能存在一定的残值。

(3) 统一规定方案的计划服务年限，其数值不一定等于各个方案的寿命，在达到计划

服务年限前，有的方案或许要进行更替，服务期满，有的方案可能存在一定的残值。

【例 11-9】 某工程正使用设备 A，其目前的残值为 2000 元，尚可使用 5 年，每年使用费为 1100 元，无残值；为了满足生产的需要，提出两个设备更新方案。甲方案：5 年后用设备 B 来替代 A，B 的购置费为 10 000 元，使用寿命为 15 年，残值为零，每年使用费为 600 元；乙方案：现在即用设备 C 来替代 A，C 设备的购置费为 8000 元，使用寿命为 15 年，到期无残值，每年使用费为 900 元。已知利率为 10%，试比较上述两方案的优劣。

解： 可以分三种情形对设备更新进行分析比较。

第一种情况、选定研究期为 15 年，考虑设备的未使用价值。

按照方案甲，15 年研究期，包括设备 A 使用 5 年，设备 B 使用 10 年，费用的现值如下

$$P_{C_{甲}}=2000+1200(P/A,10\%,5)+\left[10\,000\times(A/P,10\%,15)\right]+600(P/F,10\%,10)=13\,856(元)$$

对于方案乙，设备 C 在 15 年中的费用现值为 14 845 元。

显然，$P_{C_{甲}}>P_{C_{乙}}$，故甲方案优于乙方案。

第二种情况，研究期为 15 年，不考虑设备的未使用价值。

$$P_{C_{甲}}=2000+1200(P/A,10\%,5)+\left[10\,000\times(A/P,10\%,15)+600\right](P/F,10\%,5)=15\,050(元)$$

$$P_{C_{乙}}=14\,845元$$

$P_{C_{甲}}>P_{C_{乙}}$，结论和第一种情况恰恰相反，为什么？原因在于第一种情形把设备 B 的未使用价值考虑进去了，而第二种情形以 10 年来分摊购置成本，事实上，设备 B 只使用了 10 年，以 15 年分摊必存在未使用的价值，第一、第二种情形计算所得的甲方案费用现值的差额即为未使用价值。未使用价值是客观存在的，所以应该将其考虑进去，这样才能得到比较准确的结论。

第三种情况，由于资料及估算不准确，采用 5 年作为研究期。比如并不清楚用什么设备继续 A 的设备的工作，就只能选定 A 设备还可使用的期限作为研究期，此时，可比较两方案前 5 年的年均使用费。

$$AC_{甲}=2000(A/P,10\%,5)+1200=1728(元)$$

$$AC_{乙}=1952(元)$$

即在前 5 年继续使用设备 A 较之使用设备 C 要经济，每年可节约费用 224 元。

由上例可知，对于不同使用年限的设备，采用不同的研究期，其结论会不一致。因此在实务中，应根据掌握的资料和具体的实际情况来确定，以期真实反映客观实际，做出正确决策。

3. 最低总费用法

设备更新的决策方案不外乎六种情况：一是原有设备继续使用；二是原有设备大修后继续使用；三是以同类型新设备更换旧有设备；四是设备现代化改装；五是用新型、高效的设备更新旧设备；六是设备租赁。最低总费用法是通过分别计算、比较不同设备更新方案在不同服务年限内的总费用现值，根据所需要的服务年限，按照总费用现值最低的原则，进行设备更新方案选择的一种方法。下面我们分别介绍各种方案的费用现值的计算公式。

(1) 继续使用旧设备的费用现值公式。

$$\mathrm{PC}_0=\left[\sum_{i=1}^{n}C_t(P/F,i,t)-V_1(P/F,i,n)\right]$$

式中：PC_0——继续使原设备的费用现值；

C_i——原设备的年运营成本。

(2) 大修一次后继续使用旧设备的费用现值计算公式。

$$\mathrm{PC}_\mathrm{r}=K_\mathrm{r}+\sum_{i=1}^{n}C_{\mathrm{r}t}\left(P/F,i,t\right)$$

式中：PC_r——大修后设备的费用现值；

$C_{\mathrm{r}t}$——大修后设备第 t 年运营成本。

(3) 以同类设备更新旧设备的方案费用现值计算公式。

$$\mathrm{PC}_n=K_n-V_\mathrm{L}+\sum_{i=1}^{n}C_{nt}\left(P/F,i,t\right)-V_n\left(P/F,i,n\right)$$

式中：PC_n——同类新设备的费用现值；

K_n——新设备的购置费用；

C_{nt}——新设备的第 t 年的运营成本；

V_L，V_n——分别为原设备和新设备的残值。

(4) 设备的现代化改装计算公式。

$$\mathrm{PC}_m=\frac{K_m}{\beta_m}+\sum_{i=1}^{n}C_{mt}\left(P/F,i,t\right)-V_n\left(P/F,i,n\right)$$

式中：K_m——设备现代化改装的费用现值；

β_m——经过现代化改装后设备的生产效率系数；

C_{mt}——经过现代化改装好第 t 年的运营成本；

V_n——新型高效设备的残值。

(5) 以高效新型设备更换旧设备的费用现值计算公式。

$$\mathrm{PC}_\mathrm{h}=\frac{K_\mathrm{h}}{\beta_\mathrm{h}}-V_\mathrm{L}+\sum_{i=1}^{n}C_{\mathrm{h}t}\left(P/F,i,t\right)-V_\mathrm{h}\left(P/F,i,n\right)$$

式中：PC_h——高效新型设备的费用现值；

K_h——高效新型设备的购置费用；

β_h——高效新型设备的生产率提高系数；

$C_{\mathrm{h}t}$——高效新型设备第 t 年的运营成本；

$V_\mathrm{L},V_\mathrm{h}$——分别为原设备和新型高效设备的残值。

究竟采取哪个设备更新方案，往往取决于其使用年限的大小。当使用年限很大时，比如，使用年限在 8～10 年时，采用高效新型设备可能是最优的；如果在 3～5 年，可能继续使用旧设备是比较经济的。

11.4.2 购置设备与租赁设备的优劣比较

1. 设备租赁

设备租赁是指设备使用者(承租人)按照合同规定，按期向设备所有者(出租人)支付一定费用而取得设备使用权的一种经济活动。

2. 设备租赁的形式

设备租赁一般有以下两种方式。

1) 融资租赁

融资租赁又称财务租赁，它是指出租方和承租方共同承担确定时期的租让和付费义务，不得任意终止和取消租赁合同。融资租赁是一种融资和融物相结合的方式。主要解决企业大型的贵重设备和长期资产的需要。如车皮、重型机械设备等宜采用这种方式。

融资租赁的主要特点：

(1) 一般由承租人向出租人提出正式申请，由出租人融通资金引进租户所需设备，然后租给用户使用。

(2) 租期较长。融资租赁的租期一般为租赁财产寿命的一半以上。

(3) 租赁合同比较稳定。在融资租赁期内，承租人必须连续支付租金，非经双方同意，中途不得退租，这样既能保证承租人长期使用资产，又能保证出租人在基本租期内收回投资并获得一定利润。

(4) 租赁期满后，可选择将设备作价转让给承租人、出租人回收、延长租期续租 3 种方式处理租赁财产。

(5) 在租赁期间，出租人一般不提供维修和保养设备方面的服务。

融资租赁的形式：

(1) 售后租回。指企业将某资产卖给出租人，再将其租回使用。资产的售价大致等同于市价。其好处是企业出售资产可得到一笔资金，同时仍可使用设备，利于项目建设及资金筹集。

(2) 直接租赁。是指承租人直接向出租人租入所需要的资产，并付租金，其出租人主要是制造厂商、租赁公司等。

(3) 杠杆租赁。杠杆租赁涉及三方。即承租人、出租人和资金出借方三方。和其他租赁不同的是出租人只出购买资产所需的部分资金，作为投资，其他不足部分以该资产作为担保向资金出借方借入，所以，他既是出租人又是借款人，既是资产所有权人又是债务人。融资租赁租入的设备属于固定资产，可以计提折旧并计入企业的成本，但租赁费不直接计入企业的成本，而由企业在税后支付，租赁费中的利息和手续费可在支付时计入企业的成本，作为纳税所得额中准予扣除的项目。

2) 经营租赁

经营租赁即租赁双方的任何一方可以随时以一定方式在通知对方后的规定期限内取消

或中止租约。临时使用设备(如车辆、仪器)通常采用这种方式。其特点是：

(1) 承租企业可随时向出租人提出租赁资产的要求。

(2) 租赁期短，不涉及长期而固定的义务且租赁费可计入企业的成本，以减少企业的所得税。

(3) 租赁合同比较灵活，在合理限制条件范围内，可以解除租赁契约。

(4) 租赁期满，租赁资产一般归还出租人。

(5) 出租人提供专门服务，如设备的保养、维修、保险等。

3. 设备租赁与设备购买相比优越性

(1) 在资金短缺的情况下，即可用较少资金获得生产急需设备，也可以引进先进设备，加快技术进步的步伐。

(2) 可享受设备试用的优惠，加快设备更新，减少或避免设备陈旧、技术落后的风险。

(3) 可以保持资金流动状态，防止呆滞，也不会使企业资产负债恶化。

(4) 保值，既不受通货膨胀的影响也不受利率波动的影响。

(5) 手续简便，设备进货速度快。

(6) 设备租金可在所得税前扣除，能享受税上的利益。

4. 对承租人来说，设备租赁与设备购买相比不足之处

(1) 在租赁期间承租人对租用设备无所有权，只有使用权。故承租人无权随意对设备进行改造，不能处置设备，也不能用于担保，抵押贷款。

(2) 承租人在租赁期间所交的租金总额一般比直接购置设备的费用要高，即资金成本较高。

(3) 长年支付租金，形成长期负债。

(4) 租赁合同规定严格，毁约要赔偿损失，罚款较多等。

5. 设备租赁与购置分析

1) 设备租赁与购置分析的步骤

第一步：根据企业生产经营目标和技术状况，提出设备更新的投资建议。

第二步：拟定若干设备投资、更新方案，包括购置和租赁。

第三步：定性分析筛选方案，包括分析企业财务能力、分析设备技术风险及使用维修特点。

第四步：定量分析并优选方案。

2) 设备租赁与购置的经济比较方法

对于设备的使用者来讲，是采用购置设备还是租赁设备取决于这两个方案在经济上的比较。其比较原则和方法与一般的互斥投资方案比选的方法并无实质上的差别。设备租赁由于租金可在税前扣除，所以和购置设备方案在现金流量上的比较主要区别在于所得税和租赁费以及设备购置费上。当设备寿命相同时一般可以采用净现值法；当设备寿命不同时，可以采用年值法。无论是采用净现值法还是年值法，均以收益效果较大或成本较少的方案为宜。

(1) 设备租赁的净现金流量。采用设备租赁的方案，没有资金恢复费用，租赁费可以

直接进入成本，其净现金流量为

净现金流量=销售收入-经营成本-租赁费用-所得税税率

×(销售收入-经营成本-租赁费用)

其中租赁费用主要包括：租赁保证金、租金、担保费。

(2) 购买设备的净现金流量。与租赁相同条件下购买设备方案的净现金流量为

净现金流量=销售收入-经营成本-设备购置费-所得税税率

×(销售收入-经营成本-折旧)

【例 11-10】 某建筑公司的某设备损坏，现有两种方案，一是购置，购置费为 8000 元，预计使用 10 年，残值为零；二是租赁，年租金为 1600 元，设备每年的运行费为 1100 元，所得税为 30%，利率为 11%，以直线法计提折旧，企业应采用哪种方案？

解： 可以用年值法进行比较。

企业采用购置方案，年折旧费 $8000 \div 10 = 800$ 元，计入总成本，而租赁方案租金每年 1600 元计入总成本，因此后者每年的税金少付金额=$(1600 - 800) \times 30\% = 240$ (元)

设备购置的年均费用=$8000 \times 0.1770 + 1200 = 2616$ (元)

设备租赁的年均费用=$1600+1100-240 = 2800 - 240 = 2360$ (元)

显然，租赁方案的年均费用小于购置方案，在设备的经济效益相同的情况下，选择设备租赁方案作为更新设备的最佳方案。

思考题与习题

1. 联系实际，举例说明，何谓设备的有形磨损、无形磨损，各有什么特点？设备磨损的补偿形式有哪些？

2. 设备更新分析有什么特点？

3. 设备的技术寿命、自然寿命和经济寿命有什么区别和联系？

4. 设备更新方案比较的特点和原则是什么？

5. 试述设备租赁的好处和不足之处。

6. 什么是设备的经济寿命？

7. 设备经济寿命的确定对设备更新分析有什么作用？

8. 什么是设备租赁？分哪几种形式？

9. 某企业 3 年前出资 40 万元购置了设备 A，目前设备 A 的剩余寿命为 4 年，寿命终了时的残值为 10 000 元，设备 A 每年的运营费用见表 11-6。目前，有一个设备制造厂出售与设备 A 具有相同功效的设备 B，设备 B 售价 35 万元，寿命为 6 年，残值为 15 000 元，每年运营费用如下表。设基准折现率为 15%，问是否需要更新设备。(其新旧设备资料如表 11-6 所示)

表 11-6 新旧设备的运行状况表

年 份	旧设备 A		新设备 B	
	运营费	残值	运营费	残值
0		110 000	350 000	
1	34 000	70 000	2 000	300 000
2	39 000	40 000	10 000	270 000
3	46 000	25 000	11 000	240 000
4	56 000	10 000	15 000	200 000
5			20 000	170 000
6			26 000	150 000

10. 某企业需要使用计算机，根据目前的市场情况，有两种方案可供选择。一种方案是投资 29 000 元购置一台计算机，估计计算机的服务寿命为 6 年，6 年年末残值 5800 元，运行费每天 50 元，另一种方案是租用计算机，每天租赁费用 20 元，如果公司一年中用计算机的天数估计为 200 天，政府规定的所得税率为 33%，采用直线折旧法计提折旧，基准贴现率为 11%，试确定该企业是采用购置方案还是租赁方案。

附表　复利系数表

复利系数表

(1%)

年份 n	一次收付		等额系列			
	终值系数 $(F/P,i,n)$ $(1+i)^n$	现值系数 $(P/F,i,n)$ $\frac{1}{(1+i)^n}$	终值系数 $(F/A,i,n)$ $\frac{(1+i)^n-1}{i}$	偿债基金系数 $(A/F,i,n)$ $\frac{i}{(1+i)^n-1}$	资金回收系数 $(A/P,i,n)$ $\frac{i(1+i)^n}{(1+i)^n-1}$	现值系数 $(P/A,i,n)$ $\frac{(1+i)^n-1}{i(1+i)^n}$
1	(1.0100)	(0.9901)	(1.0000)	(1.0000)	(1.0100)	(0.9901)
2	(1.0201)	(0.9803)	(2.0100)	(0.4975)	(0.5075)	(1.9704)
3	(1.0303)	(0.9706)	(3.0301)	(0.3300)	(0.3400)	(2.9410)
4	(1.0406)	(0.9610)	(4.0604)	(0.2463)	(0.2563)	(3.9020)
5	(1.0510)	(0.9515)	(5.1010)	(0.1960)	(0.2060)	(4.8534)
6	(1.0615)	(0.9420)	(6.1520)	(0.1625)	(0.1725)	(5.7955)
7	(1.0721)	(0.9327)	(7.2135)	(0.1386)	(0.1486)	(6.7282)
8	(1.0829)	(0.9235)	(8.2857)	(0.1207)	(0.1307)	(7.6517)
9	(1.0937)	(0.9143)	(9.3685)	(0.1067)	(0.1167)	(8.5660)
10	(1.1046)	(0.9053)	(10.4622)	(0.0956)	(0.1056)	(9.4713)
11	(1.1157)	(0.8963)	(11.5668)	(0.0865)	(0.0965)	(10.3676)
12	(1.1268)	(0.8874)	(12.6825)	(0.0788)	(0.0888)	(11.2551)
13	(1.1381)	(0.8787)	(13.8093)	(0.0724)	(0.0824)	(12.1337)
14	(1.1495)	(0.8700)	(14.9474)	(0.0669)	(0.0769)	(13.0037)
15	(1.1610)	(0.8613)	(16.0969)	(0.0621)	(0.0721)	(13.8651)
16	(1.1726)	(0.8528)	(17.2579)	(0.0579)	(0.0679)	(14.7179)
17	(1.1843)	(0.8444)	(18.4304)	(0.0543)	(0.0643)	(15.5623)
18	(1.1961)	(0.8360)	(19.6147)	(0.0510)	(0.0610)	(16.3983)
19	(1.2081)	(0.8277)	(20.8109)	(0.0481)	(0.0581)	(17.2260)
20	(1.2202)	(0.8195)	(22.0190)	(0.0454)	(0.0554)	(18.0456)
21	(1.2324)	(0.8114)	(23.2392)	(0.0430)	(0.0530)	(18.8570)
22	(1.2447)	(0.8034)	(24.4716)	(0.0409)	(0.0509)	(19.6604)
23	(1.2572)	(0.7954)	(25.7163)	(0.0389)	(0.0489)	(20.4558)
24	(1.2697)	(0.7876)	(26.9735)	(0.0371)	(0.0471)	(21.2434)
25	(1.2824)	(0.7798)	(28.2432)	(0.0354)	(0.0454)	(22.0232)
26	(1.2953)	(0.7720)	(29.5256)	(0.0339)	(0.0439)	(22.7952)
27	(1.3082)	(0.7644)	(30.8209)	(0.0324)	(0.0424)	(23.5596)
28	(1.3213)	(0.7568)	(32.1291)	(0.0311)	(0.0411)	(24.3164)
29	(1.3345)	(0.7493)	(33.4504)	(0.0299)	(0.0399)	(25.0658)
30	(1.3478)	(0.7419)	(34.7849)	(0.0287)	(0.0387)	(25.8077)

复利系数表

(2%)

年份 n	一次收付		等额系列			
	终值系数 $(F/P,i,n)$ $(1+i)^n$	现值系数 $(P/F,i,n)$ $\frac{1}{(1+i)^n}$	终值系数 $(F/A,i,n)$ $\frac{(1+i)^n-1}{i}$	偿债基金系数 $(A/F,i,n)$ $\frac{i}{(1+i)^n-1}$	资金回收系数 $(A/P,i,n)$ $\frac{i(1+i)^n}{(1+i)^n-1}$	现值系数 $(P/A,i,n)$ $\frac{(1+i)^n-1}{i(1+i)^n}$
1	(1.0200)	(0.9804)	(1.0000)	(1.0000)	(1.0200)	(0.9804)
2	(1.0404)	(0.9612)	(2.0200)	(0.4950)	(0.5150)	(1.9416)
3	(1.0612)	(0.9423)	(3.0604)	(0.3268)	(0.3468)	(2.8839)
4	(1.0824)	(0.9238)	(4.1216)	(0.2426)	(0.2626)	(3.8077)
5	(1.1041)	(0.9057)	(5.2040)	(0.1922)	(0.2122)	(4.7135)
6	(1.1262)	(0.8880)	(6.3081)	(0.1585)	(0.1785)	(5.6014)
7	(1.1487)	(0.8706)	(7.4343)	(0.1345)	(0.1545)	(6.4720)
8	(1.1717)	(0.8535)	(8.5830)	(0.1165)	(0.1365)	(7.3255)
9	(1.1951)	(0.8368)	(9.7546)	(0.1025)	(0.1225)	(8.1622)
10	(1.2190)	(0.8203)	(10.9497)	(0.0913)	(0.1113)	(8.9826)
11	(1.2434)	(0.8043)	(12.1687)	(0.0822)	(0.1022)	(9.7868)
12	(1.2682)	(0.7885)	(13.4121)	(0.0746)	(0.0946)	(10.5753)
13	(1.2936)	(0.7730)	(14.6803)	(0.0681)	(0.0881)	(11.3484)
14	(1.3195)	(0.7579)	(15.9739)	(0.0626)	(0.0826)	(12.1062)
15	(1.3459)	(0.7430)	(17.2934)	(0.0578)	(0.0778)	(12.8493)
16	(1.3728)	(0.7284)	(18.6393)	(0.0537)	(0.0737)	(13.5777)
17	(1.4002)	(0.7142)	(20.0121)	(0.0500)	(0.0700)	(14.2919)
18	(1.4282)	(0.7002)	(21.4123)	(0.0467)	(0.0667)	(14.9920)
19	(1.4568)	(0.6864)	(22.8406)	(0.0438)	(0.0638)	(15.6785)
20	(1.4859)	(0.6730)	(24.2974)	(0.0412)	(0.0612)	(16.3514)
21	(1.5157)	(0.6598)	(25.7833)	(0.0388)	(0.0588)	(17.0112)
22	(1.5460)	(0.6468)	(27.2990)	(0.0366)	(0.0566)	(17.6580)
23	(1.5769)	(0.6342)	(28.8450)	(0.0347)	(0.0547)	(18.2922)
24	(1.6084)	(0.6217)	(30.4219)	(0.0329)	(0.0529)	(18.9139)
25	(1.6406)	(0.6095)	(32.0303)	(0.0312)	(0.0512)	(19.5235)
26	(1.6734)	(0.5976)	(33.6709)	(0.0297)	(0.0497)	(20.1210)
27	(1.7069)	(0.5859)	(35.3443)	(0.0283)	(0.0483)	(20.7069)
28	(1.7410)	(0.5744)	(37.0512)	(0.0270)	(0.0470)	(21.2813)
29	(1.7758)	(0.5631)	(38.7922)	(0.0258)	(0.0458)	(21.8444)
30	(1.8114)	(0.5521)	(40.5681)	(0.0246)	(0.0446)	(22.3965)

复利系数表

(3%)

年份 n	一次收付		等额系列			
	终值系数 $(F/P,i,n)$ $(1+i)^n$	现值系数 $(P/F,i,n)$ $\frac{1}{(1+i)^n}$	终值系数 $(F/A,i,n)$ $\frac{(1+i)^n-1}{i}$	偿债基金系数 $(A/F,i,n)$ $\frac{i}{(1+i)^n-1}$	资金回收系数 $(A/P,i,n)$ $\frac{i(1+i)^n}{(1+i)^n-1}$	现值系数 $(P/A,i,n)$ $\frac{(1+i)^n-1}{i(1+i)^n}$
1	(1.0300)	(0.9709)	(1.0000)	(1.0000)	(1.0300)	(0.9709)
2	(1.0609)	(0.9426)	(2.0300)	(0.4926)	(0.5226)	(1.9135)
3	(1.0927)	(0.9151)	(3.0909)	(0.3235)	(0.3535)	(2.8286)
4	(1.1255)	(0.8885)	(4.1836)	(0.2390)	(0.2690)	(3.7171)
5	(1.1593)	(0.8626)	(5.3091)	(0.1884)	(0.2184)	(4.5797)
6	(1.1941)	(0.8375)	(6.4684)	(0.1546)	(0.1846)	(5.4172)
7	(1.2299)	(0.8131)	(7.6625)	(0.1305)	(0.1605)	(6.2303)
8	(1.2668)	(0.7894)	(8.8923)	(0.1125)	(0.1425)	(7.0197)
9	(1.3048)	(0.7664)	(10.1591)	(0.0984)	(0.1284)	(7.7861)
10	(1.3439)	(0.7441)	(11.4639)	(0.0872)	(0.1172)	(8.5302)
11	(1.3842)	(0.7224)	(12.8078)	(0.0781)	(0.1081)	(9.2526)
12	(1.4258)	(0.7014)	(14.1920)	(0.0705)	(0.1005)	(9.9540)
13	(1.4685)	(0.6810)	(15.6178)	(0.0640)	(0.0940)	(10.6350)
14	(1.5126)	(0.6611)	(17.0863)	(0.0585)	(0.0885)	(11.2961)
15	(1.5580)	(0.6419)	(18.5989)	(0.0538)	(0.0838)	(11.9379)
16	(1.6047)	(0.6232)	(20.1569)	(0.0496)	(0.0796)	(12.5611)
17	(1.6528)	(0.6050)	(21.7616)	(0.0460)	(0.0760)	(13.1661)
18	(1.7024)	(0.5874)	(23.4144)	(0.0427)	(0.0727)	(13.7535)
19	(1.7535)	(0.5703)	(25.1169)	(0.0398)	(0.0698)	(14.3238)
20	(1.8061)	(0.5537)	(26.8704)	(0.0372)	(0.0672)	(14.8775)
21	(1.8603)	(0.5375)	(28.6765)	(0.0349)	(0.0649)	(15.4150)
22	(1.9161)	(0.5219)	(30.5368)	(0.0327)	(0.0627)	(15.9369)
23	(1.9736)	(0.5067)	(32.4529)	(0.0308)	(0.0608)	(16.4436)
24	(2.0328)	(0.4919)	(34.4265)	(0.0290)	(0.0590)	(16.9355)
25	(2.0938)	(0.4776)	(36.4593)	(0.0274)	(0.0574)	(17.4131)
26	(2.1566)	(0.4637)	(38.5530)	(0.0259)	(0.0559)	(17.8768)
27	(2.2213)	(0.4502)	(40.7096)	(0.0246)	(0.0546)	(18.3270)
28	(2.2879)	(0.4371)	(42.9309)	(0.0233)	(0.0533)	(18.7641)
29	(2.3566)	(0.4243)	(45.2189)	(0.0221)	(0.0521)	(19.1885)
30	(2.4273)	(0.4120)	(47.5754)	(0.0210)	(0.0510)	(19.6004)

复利系数表

(4%)

年份 n	一次收付		等额系列			
	终值系数 $(F/P,i,n)$ $(1+i)^n$	现值系数 $(P/F,i,n)$ $\frac{1}{(1+i)^n}$	终值系数 $(F/A,i,n)$ $\frac{(1+i)^n-1}{i}$	偿债基金系数 $(A/F,i,n)$ $\frac{i}{(1+i)^n-1}$	资金回收系数 $(A/P,i,n)$ $\frac{i(1+i)^n}{(1+i)^n-1}$	现值系数 $(P/A,i,n)$ $\frac{(1+i)^n-1}{i(1+i)^n}$
1	(1.0400)	(0.9615)	(1.0000)	(1.0000)	(1.0400)	(0.9615)
2	(1.0816)	(0.9246)	(2.0400)	(0.4902)	(0.5302)	(1.8861)
3	(1.1249)	(0.8890)	(3.1216)	(0.3203)	(0.3603)	(2.7751)
4	(1.1699)	(0.8548)	(4.2465)	(0.2355)	(0.2755)	(3.6299)
5	(1.2167)	(0.8219)	(5.4163)	(0.1846)	(0.2246)	(4.4518)
6	(1.2653)	(0.7903)	(6.6330)	(0.1508)	(0.1908)	(5.2421)
7	(1.3159)	(0.7599)	(7.8983)	(0.1266)	(0.1666)	(6.0021)
8	(1.3686)	(0.7307)	(9.2142)	(0.1085)	(0.1485)	(6.7327)
9	(1.4233)	(0.7026)	(10.5828)	(0.0945)	(0.1345)	(7.4353)
10	(1.4802)	(0.6756)	(12.0061)	(0.0833)	(0.1233)	(8.1109)
11	(1.5395)	(0.6496)	(13.4864)	(0.0741)	(0.1141)	(8.7605)
12	(1.6010)	(0.6246)	(15.0258)	(0.0666)	(0.1066)	(9.3851)
13	(1.6651)	(0.6006)	(16.6268)	(0.0601)	(0.1001)	(9.9856)
14	(1.7317)	(0.5775)	(18.2919)	(0.0547)	(0.0947)	(10.5631)
15	(1.8009)	(0.5553)	(20.0236)	(0.0499)	(0.0899)	(11.1184)
16	(1.8730)	(0.5339)	(21.8245)	(0.0458)	(0.0858)	(11.6523)
17	(1.9479)	(0.5134)	(23.6975)	(0.0422)	(0.0822)	(12.1657)
18	(2.0258)	(0.4936)	(25.6454)	(0.0390)	(0.0790)	(12.6593)
19	(2.1068)	(0.4746)	(27.6712)	(0.0361)	(0.0761)	(13.1339)
20	(2.1911)	(0.4564)	(29.7781)	(0.0336)	(0.0736)	(13.5903)
21	(2.2788)	(0.4388)	(31.9692)	(0.0313)	(0.0713)	(14.0292)
22	(2.3699)	(0.4220)	(34.2480)	(0.0292)	(0.0692)	(14.4511)
23	(2.4647)	(0.4057)	(36.6179)	(0.0273)	(0.0673)	(14.8568)
24	(2.5633)	(0.3901)	(39.0826)	(0.0256)	(0.0656)	(15.2470)
25	(2.6658)	(0.3751)	(41.6459)	(0.0240)	(0.0640)	(15.6221)
26	(2.7725)	(0.3607)	(44.3117)	(0.0226)	(0.0626)	(15.9828)
27	(2.8834)	(0.3468)	(47.0842)	(0.0212)	(0.0612)	(16.3296)
28	(2.9987)	(0.3335)	(49.9676)	(0.0200)	(0.0600)	(16.6631)
29	(3.1187)	(0.3207)	(52.9663)	(0.0189)	(0.0589)	(16.9837)
30	(3.2434)	(0.3083)	(56.0849)	(0.0178)	(0.0578)	(17.2920)

复利系数表

(5%)

年份 n	一次收付		等额系列			
	终值系数 $(F/P,i,n)$ $(1+i)^n$	现值系数 $(P/F,i,n)$ $\frac{1}{(1+i)^n}$	终值系数 $(F/A,i,n)$ $\frac{(1+i)^n-1}{i}$	偿债基金系数 $(A/F,i,n)$ $\frac{i}{(1+i)^n-1}$	资金回收系数 $(A/P,i,n)$ $\frac{i(1+i)^n}{(1+i)^n-1}$	现值系数 $(P/A,i,n)$ $\frac{(1+i)^n-1}{i(1+i)^n}$
1	(1.0500)	(0.9524)	(1.0000)	(1.0000)	(1.0500)	(0.9524)
2	(1.1025)	(0.9070)	(2.0500)	(0.4878)	(0.5378)	(1.8594)
3	(1.1576)	(0.8638)	(3.1525)	(0.3172)	(0.3672)	(2.7232)
4	(1.2155)	(0.8227)	(4.3101)	(0.2320)	(0.2820)	(3.5460)
5	(1.2763)	(0.7835)	(5.5256)	(0.1810)	(0.2310)	(4.3295)
6	(1.3401)	(0.7462)	(6.8019)	(0.1470)	(0.1970)	(5.0757)
7	(1.4071)	(0.7107)	(8.1420)	(0.1228)	(0.1728)	(5.7864)
8	(1.4775)	(0.6768)	(9.5491)	(0.1047)	(0.1547)	(6.4632)
9	(1.5513)	(0.6446)	(11.0266)	(0.0907)	(0.1407)	(7.1078)
10	(1.6289)	(0.6139)	(12.5779)	(0.0795)	(0.1295)	(7.7217)
11	(1.7103)	(0.5847)	(14.2068)	(0.0704)	(0.1204)	(8.3064)
12	(1.7959)	(0.5568)	(15.9171)	(0.0628)	(0.1128)	(8.8633)
13	(1.8856)	(0.5303)	(17.7130)	(0.0565)	(0.1065)	(9.3936)
14	(1.9799)	(0.5051)	(19.5986)	(0.0510)	(0.1010)	(9.8986)
15	(2.0789)	(0.4810)	(21.5786)	(0.0463)	(0.0963)	(10.3797)
16	(2.1829)	(0.4581)	(23.6575)	(0.0423)	(0.0923)	(10.8378)
17	(2.2920)	(0.4363)	(25.8404)	(0.0387)	(0.0887)	(11.2741)
18	(2.4066)	(0.4155)	(28.1324)	(0.0355)	(0.0855)	(11.6896)
19	(2.5270)	(0.3957)	(30.5390)	(0.0327)	(0.0827)	(12.0853)
20	(2.6533)	(0.3769)	(33.0660)	(0.0302)	(0.0802)	(12.4622)
21	(2.7860)	(0.3589)	(35.7193)	(0.0280)	(0.0780)	(12.8212)
22	(2.9253)	(0.3418)	(38.5052)	(0.0260)	(0.0760)	(13.1630)
23	(3.0715)	(0.3256)	(41.4305)	(0.0241)	(0.0741)	(13.4886)
24	(3.2251)	(0.3101)	(44.5020)	(0.0225)	(0.0725)	(13.7986)
25	(3.3864)	(0.2953)	(47.7271)	(0.0210)	(0.0710)	(14.0939)
26	(3.5557)	(0.2812)	(51.1135)	(0.0196)	(0.0696)	(14.3752)
27	(3.7335)	(0.2678)	(54.6691)	(0.0183)	(0.0683)	(14.6430)
28	(3.9201)	(0.2551)	(58.4026)	(0.0171)	(0.0671)	(14.8981)
29	(4.1161)	(0.2429)	(62.3227)	(0.0160)	(0.0660)	(15.1411)
30	(4.3219)	(0.2314)	(66.4388)	(0.0151)	(0.0651)	(15.3725)

复利系数表

(6%)

年份 n	一次收付		等额系列			
	终值系数 $(F/P,i,n)$ $(1+i)^n$	现值系数 $(P/F,i,n)$ $\frac{1}{(1+i)^n}$	终值系数 $(F/A,i,n)$ $\frac{(1+i)^n-1}{i}$	偿债基金系数 $(A/F,i,n)$ $\frac{i}{(1+i)^n-1}$	资金回收系数 $(A/P,i,n)$ $\frac{i(1+i)^n}{(1+i)^n-1}$	现值系数 $(P/A,i,n)$ $\frac{(1+i)^n-1}{i(1+i)^n}$
1	(1.0600)	(0.9434)	(1.0000)	(1.0000)	(1.0600)	(0.9434)
2	(1.1236)	(0.8900)	(2.0600)	(0.4854)	(0.5454)	(1.8334)
3	(1.1910)	(0.8396)	(3.1836)	(0.3141)	(0.3741)	(2.6730)
4	(1.2625)	(0.7921)	(4.3746)	(0.2286)	(0.2886)	(3.4651)
5	(1.3382)	(0.7473)	(5.6371)	(0.1774)	(0.2374)	(4.2124)
6	(1.4185)	(0.7050)	(6.9753)	(0.1434)	(0.2034)	(4.9173)
7	(1.5036)	(0.6651)	(8.3938)	(0.1191)	(0.1791)	(5.5824)
8	(1.5938)	(0.6274)	(9.8975)	(0.1010)	(0.1610)	(6.2098)
9	(1.6895)	(0.5919)	(11.4913)	(0.0870)	(0.1470)	(6.8017)
10	(1.7908)	(0.5584)	(13.1808)	(0.0759)	(0.1359)	(7.3601)
11	(1.8983)	(0.5268)	(14.9716)	(0.0668)	(0.1268)	(7.8869)
12	(2.0122)	(0.4970)	(16.8699)	(0.0593)	(0.1193)	(8.3838)
13	(2.1329)	(0.4688)	(18.8821)	(0.0530)	(0.1130)	(8.8527)
14	(2.2609)	(0.4423)	(21.0151)	(0.0476)	(0.1076)	(9.2950)
15	(2.3966)	(0.4173)	(23.2760)	(0.0430)	(0.1030)	(9.7122)
16	(2.5404)	(0.3936)	(25.6725)	(0.0390)	(0.0990)	(10.1059)
17	(2.6928)	(0.3714)	(28.2129)	(0.0354)	(0.0954)	(10.4773)
18	(2.8543)	(0.3503)	(30.9057)	(0.0324)	(0.0924)	(10.8276)
19	(3.0256)	(0.3305)	(33.7600)	(0.0296)	(0.0896)	(11.1581)
20	(3.2071)	(0.3118)	(36.7856)	(0.0272)	(0.0872)	(11.4699)
21	(3.3996)	(0.2942)	(39.9927)	(0.0250)	(0.0850)	(11.7641)
22	(3.6035)	(0.2775)	(43.3923)	(0.0230)	(0.0830)	(12.0416)
23	(3.8197)	(0.2618)	(46.9958)	(0.0213)	(0.0813)	(12.3034)
24	(4.0489)	(0.2470)	(50.8156)	(0.0197)	(0.0797)	(12.5504)
25	(4.2919)	(0.2330)	(54.8645)	(0.0182)	(0.0782)	(12.7834)
26	(4.5494)	(0.2198)	(59.1564)	(0.0169)	(0.0769)	(13.0032)
27	(4.8223)	(0.2074)	(63.7058)	(0.0157)	(0.0757)	(13.2105)
28	(5.1117)	(0.1956)	(68.5281)	(0.0146)	(0.0746)	(13.4062)
29	(5.4184)	(0.1846)	(73.6398)	(0.0136)	(0.0736)	(13.5907)
30	(5.7435)	(0.1741)	(79.0582)	(0.0126)	(0.0726)	(13.7648)

复利系数表

(7%)

年份	一次收付		等额系列			
n	终值系数 $(F/P,i,n)$ $(1+i)^n$	现值系数 $(P/F,i,n)$ $\frac{1}{(1+i)^n}$	终值系数 $(F/A,i,n)$ $\frac{(1+i)^n-1}{i}$	偿债基金系数 $(A/F,i,n)$ $\frac{i}{(1+i)^n-1}$	资金回收系数 $(A/P,i,n)$ $\frac{i(1+i)^n}{(1+i)^n-1}$	现值系数 $(P/A,i,n)$ $\frac{(1+i)^n-1}{i(1+i)^n}$
1	(1.0700)	(0.9346)	(1.0000)	(1.0000)	(1.0700)	(0.9346)
2	(1.1449)	(0.8734)	(2.0700)	(0.4831)	(0.5531)	(1.8080)
3	(1.2250)	(0.8163)	(3.2149)	(0.3111)	(0.3811)	(2.6243)
4	(1.3108)	(0.7629)	(4.4399)	(0.2252)	(0.2952)	(3.3872)
5	(1.4026)	(0.7130)	(5.7507)	(0.1739)	(0.2439)	(4.1002)
6	(1.5007)	(0.6663)	(7.1533)	(0.1398)	(0.2098)	(4.7665)
7	(1.6058)	(0.6227)	(8.6540)	(0.1156)	(0.1856)	(5.3893)
8	(1.7182)	(0.5820)	(10.2598)	(0.0975)	(0.1675)	(5.9713)
9	(1.8385)	(0.5439)	(11.9780)	(0.0835)	(0.1535)	(6.5152)
10	(1.9672)	(0.5083)	(13.8164)	(0.0724)	(0.1424)	(7.0236)
11	(2.1049)	(0.4751)	(15.7836)	(0.0634)	(0.1334)	(7.4987)
12	(2.2522)	(0.4440)	(17.8885)	(0.0559)	(0.1259)	(7.9427)
13	(2.4098)	(0.4150)	(20.1406)	(0.0497)	(0.1197)	(8.3577)
14	(2.5785)	(0.3878)	(22.5505)	(0.0443)	(0.1143)	(8.7455)
15	(2.7590)	(0.3624)	(25.1290)	(0.0398)	(0.1098)	(9.1079)
16	(2.9522)	(0.3387)	(27.8881)	(0.0359)	(0.1059)	(9.4466)
17	(3.1588)	(0.3166)	(30.8402)	(0.0324)	(0.1024)	(9.7632)
18	(3.3799)	(0.2959)	(33.9990)	(0.0294)	(0.0994)	(10.0591)
19	(3.6165)	(0.2765)	(37.3790)	(0.0268)	(0.0968)	(10.3356)
20	(3.8697)	(0.2584)	(40.9955)	(0.0244)	(0.0944)	(10.5940)
21	(4.1406)	(0.2415)	(44.8652)	(0.0223)	(0.0923)	(10.8355)
22	(4.4304)	(0.2257)	(49.0057)	(0.0204)	(0.0904)	(11.0612)
23	(4.7405)	(0.2109)	(53.4361)	(0.0187)	(0.0887)	(11.2722)
24	(5.0724)	(0.1971)	(58.1767)	(0.0172)	(0.0872)	(11.4693)
25	(5.4274)	(0.1842)	(63.2490)	(0.0158)	(0.0858)	(11.6536)
26	(5.8074)	(0.1722)	(68.6765)	(0.0146)	(0.0846)	(11.8258)
27	(6.2139)	(0.1609)	(74.4838)	(0.0134)	(0.0834)	(11.9867)
28	(6.6488)	(0.1504)	(80.6977)	(0.0124)	(0.0824)	(12.1371)
29	(7.1143)	(0.1406)	(87.3465)	(0.0114)	(0.0814)	(12.2777)
30	(7.6123)	(0.1314)	(94.4608)	(0.0106)	(0.0806)	(12.4090)

复利系数表

(8%)

年份 n	一次收付		等额系列			
	终值系数 $(F/P,i,n)$ $(1+i)^n$	现值系数 $(P/F,i,n)$ $\frac{1}{(1+i)^n}$	终值系数 $(F/A,i,n)$ $\frac{(1+i)^n-1}{i}$	偿债基金系数 $(A/F,i,n)$ $\frac{i}{(1+i)^n-1}$	资金回收系数 $(A/P,i,n)$ $\frac{i(1+i)^n}{(1+i)^n-1}$	现值系数 $(P/A,i,n)$ $\frac{(1+i)^n-1}{i(1+i)^n}$
1	(1.0800)	(0.9259)	(1.0000)	(1.0000)	(1.0800)	(0.9259)
2	(1.1664)	(0.8573)	(2.0800)	(0.4808)	(0.5608)	(1.7833)
3	(1.2597)	(0.7938)	(3.2464)	(0.3080)	(0.3880)	(2.5771)
4	(1.3605)	(0.7350)	(4.5061)	(0.2219)	(0.3019)	(3.3121)
5	(1.4693)	(0.6806)	(5.8666)	(0.1705)	(0.2505)	(3.9927)
6	(1.5869)	(0.6302)	(7.3359)	(0.1363)	(0.2163)	(4.6229)
7	(1.7138)	(0.5835)	(8.9228)	(0.1121)	(0.1921)	(5.2064)
8	(1.8509)	(0.5403)	(10.6366)	(0.0940)	(0.1740)	(5.7466)
9	(1.9990)	(0.5002)	(12.4876)	(0.0801)	(0.1601)	(6.2469)
10	(2.1589)	(0.4632)	(14.4866)	(0.0690)	(0.1490)	(6.7101)
11	(2.3316)	(0.4289)	(16.6455)	(0.0601)	(0.1401)	(7.1390)
12	(2.5182)	(0.3971)	(18.9771)	(0.0527)	(0.1327)	(7.5361)
13	(2.7196)	(0.3677)	(21.4953)	(0.0465)	(0.1265)	(7.9038)
14	(2.9372)	(0.3405)	(24.2149)	(0.0413)	(0.1213)	(8.2442)
15	(3.1722)	(0.3152)	(27.1521)	(0.0368)	(0.1168)	(8.5595)
16	(3.4259)	(0.2919)	(30.3243)	(0.0330)	(0.1130)	(8.8514)
17	(3.7000)	(0.2703)	(33.7502)	(0.0296)	(0.1096)	(9.1216)
18	(3.9960)	(0.2502)	(37.4502)	(0.0267)	(0.1067)	(9.3719)
19	(4.3157)	(0.2317)	(41.4463)	(0.0241)	(0.1041)	(9.6036)
20	(4.6610)	(0.2145)	(45.7620)	(0.0219)	(0.1019)	(9.8181)
21	(5.0338)	(0.1987)	(50.4229)	(0.0198)	(0.0998)	(10.0168)
22	(5.4365)	(0.1839)	(55.4568)	(0.0180)	(0.0980)	(10.2007)
23	(5.8715)	(0.1703)	(60.8933)	(0.0164)	(0.0964)	(10.3711)
24	(6.3412)	(0.1577)	(66.7648)	(0.0150)	(0.0950)	(10.5288)
25	(6.8485)	(0.1460)	(73.1059)	(0.0137)	(0.0937)	(10.6748)
26	(7.3964)	(0.1352)	(79.9544)	(0.0125)	(0.0925)	(10.8100)
27	(7.9881)	(0.1252)	(87.3508)	(0.0114)	(0.0914)	(10.9352)
28	(8.6271)	(0.1159)	(95.3388)	(0.0105)	(0.0905)	(11.0511)
29	(9.3173)	(0.1073)	(103.9659)	(0.0096)	(0.0896)	(11.1584)
30	(10.0627)	(0.0994)	(113.2832)	(0.0088)	(0.0888)	(11.2578)

复利系数表

(9%)

年份 n	一次收付		等额系列			
	终值系数 $(F/P,i,n)$ $(1+i)^n$	现值系数 $(P/F,i,n)$ $\frac{1}{(1+i)^n}$	终值系数 $(F/A,i,n)$ $\frac{(1+i)^n-1}{i}$	偿债基金系数 $(A/F,i,n)$ $\frac{i}{(1+i)^n-1}$	资金回收系数 $(A/P,i,n)$ $\frac{i(1+i)^n}{(1+i)^n-1}$	现值系数 $(P/A,i,n)$ $\frac{(1+i)^n-1}{i(1+i)^n}$
1	(1.0900)	(0.9174)	(1.0000)	(1.0000)	(1.0900)	(0.9174)
2	(1.1881)	(0.8417)	(2.0900)	(0.4785)	(0.5685)	(1.7591)
3	(1.2950)	(0.7722)	(3.2781)	(0.3051)	(0.3951)	(2.5313)
4	(1.4116)	(0.7084)	(4.5731)	(0.2187)	(0.3087)	(3.2397)
5	(1.5386)	(0.6499)	(5.9847)	(0.1671)	(0.2571)	(3.8897)
6	(1.6771)	(0.5963)	(7.5233)	(0.1329)	(0.2229)	(4.4859)
7	(1.8280)	(0.5470)	(9.2004)	(0.1087)	(0.1987)	(5.0330)
8	(1.9926)	(0.5019)	(11.0285)	(0.0907)	(0.1807)	(5.5348)
9	(2.1719)	(0.4604)	(13.0210)	(0.0768)	(0.1668)	(5.9952)
10	(2.3674)	(0.4224)	(15.1929)	(0.0658)	(0.1558)	(6.4177)
11	(2.5804)	(0.3875)	(17.5603)	(0.0569)	(0.1469)	(6.8052)
12	(2.8127)	(0.3555)	(20.1407)	(0.0497)	(0.1397)	(7.1607)
13	(3.0658)	(0.3262)	(22.9534)	(0.0436)	(0.1336)	(7.4869)
14	(3.3417)	(0.2992)	(26.0192)	(0.0384)	(0.1284)	(7.7862)
15	(3.6425)	(0.2745)	(29.3609)	(0.0341)	(0.1241)	(8.0607)
16	(3.9703)	(0.2519)	(33.0034)	(0.0303)	(0.1203)	(8.3126)
17	(4.3276)	(0.2311)	(36.9737)	(0.0270)	(0.1170)	(8.5436)
18	(4.7171)	(0.2120)	(41.3013)	(0.0242)	(0.1142)	(8.7556)
19	(5.1417)	(0.1945)	(46.0185)	(0.0217)	(0.1117)	(8.9501)
20	(5.6044)	(0.1784)	(51.1601)	(0.0195)	(0.1095)	(9.1285)
21	(6.1088)	(0.1637)	(56.7645)	(0.0176)	(0.1076)	(9.2922)
22	(6.6586)	(0.1502)	(62.8733)	(0.0159)	(0.1059)	(9.4424)
23	(7.2579)	(0.1378)	(69.5319)	(0.0144)	(0.1044)	(9.5802)
24	(7.9111)	(0.1264)	(76.7898)	(0.0130)	(0.1030)	(9.7066)
25	(8.6231)	(0.1160)	(84.7009)	(0.0118)	(0.1018)	(9.8226)
26	(9.3992)	(0.1064)	(93.3240)	(0.0107)	(0.1007)	(9.9290)
27	(10.2451)	(0.0976)	(102.7231)	(0.0097)	(0.0997)	(10.0266)
28	(11.1671)	(0.0895)	(112.9682)	(0.0089)	(0.0989)	(10.1161)
29	(12.1722)	(0.0822)	(124.1354)	(0.0081)	(0.0981)	(10.1983)
30	(13.2677)	(0.0754)	(136.3075)	(0.0073)	(0.0973)	(10.2737)

复利系数表

(10%)

年份 n	一次收付		等额系列			
	终值系数 $(F/P,i,n)$ $(1+i)^n$	现值系数 $(P/F,i,n)$ $\frac{1}{(1+i)^n}$	终值系数 $(F/A,i,n)$ $\frac{(1+i)^n-1}{i}$	偿债基金系数 $(A/F,i,n)$ $\frac{i}{(1+i)^n-1}$	资金回收系数 $(A/P,i,n)$ $\frac{i(1+i)^n}{(1+i)^n-1}$	现值系数 $(P/A,i,n)$ $\frac{(1+i)^n-1}{i(1+i)^n}$
1	(1.1000)	(0.9091)	(1.0000)	(1.0000)	(1.1000)	(0.9091)
2	(1.2100)	(0.8264)	(2.1000)	(0.4762)	(0.5762)	(1.7355)
3	(1.3310)	(0.7513)	(3.3100)	(0.3021)	(0.4021)	(2.4869)
4	(1.4641)	(0.6830)	(4.6410)	(0.2155)	(0.3155)	(3.1699)
5	(1.6105)	(0.6209)	(6.1051)	(0.1638)	(0.2638)	(3.7908)
6	(1.7716)	(0.5645)	(7.7156)	(0.1296)	(0.2296)	(4.3553)
7	(1.9487)	(0.5132)	(9.4872)	(0.1054)	(0.2054)	(4.8684)
8	(2.1436)	(0.4665)	(11.4359)	(0.0874)	(0.1874)	(5.3349)
9	(2.3579)	(0.4241)	(13.5795)	(0.0736)	(0.1736)	(5.7590)
10	(2.5937)	(0.3855)	(15.9374)	(0.0627)	(0.1627)	(6.1446)
11	(2.8531)	(0.3505)	(18.5312)	(0.0540)	(0.1540)	(6.4951)
12	(3.1384)	(0.3186)	(21.3843)	(0.0468)	(0.1468)	(6.8137)
13	(3.4523)	(0.2897)	(24.5227)	(0.0408)	(0.1408)	(7.1034)
14	(3.7975)	(0.2633)	(27.9750)	(0.0357)	(0.1357)	(7.3667)
15	(4.1772)	(0.2394)	(31.7725)	(0.0315)	(0.1315)	(7.6061)
16	(4.5950)	(0.2176)	(35.9497)	(0.0278)	(0.1278)	(7.8237)
17	(5.0545)	(0.1978)	(40.5447)	(0.0247)	(0.1247)	(8.0216)
18	(5.5599)	(0.1799)	(45.5992)	(0.0219)	(0.1219)	(8.2014)
19	(6.1159)	(0.1635)	(51.1591)	(0.0195)	(0.1195)	(8.3649)
20	(6.7275)	(0.1486)	(57.2750)	(0.0175)	(0.1175)	(8.5136)
21	(7.4002)	(0.1351)	(64.0025)	(0.0156)	(0.1156)	(8.6487)
22	(8.1403)	(0.1228)	(71.4027)	(0.0140)	(0.1140)	(8.7715)
23	(8.9543)	(0.1117)	(79.5430)	(0.0126)	(0.1126)	(8.8832)
24	(9.8497)	(0.1015)	(88.4973)	(0.0113)	(0.1113)	(8.9847)
25	(10.8347)	(0.0923)	(98.3471)	(0.0102)	(0.1102)	(9.0770)
26	(11.9182)	(0.0839)	(109.1818)	(0.0092)	(0.1092)	(9.1609)
27	(13.1100)	(0.0763)	(121.0999)	(0.0083)	(0.1083)	(9.2372)
28	(14.4210)	(0.0693)	(134.2099)	(0.0075)	(0.1075)	(9.3066)
29	(15.8631)	(0.0630)	(148.6309)	(0.0067)	(0.1067)	(9.3696)
30	(17.4494)	(0.0573)	(164.4940)	(0.0061)	(0.1061)	(9.4269)

复利系数表

(11%)

年份 n	一次收付		等额系列			
	终值系数 (F/P,i,n) $(1+i)^n$	现值系数 (P/F,i,n) $\frac{1}{(1+i)^n}$	终值系数 (F/A,i,n) $\frac{(1+i)^n-1}{i}$	偿债基金系数 (A/F,i,n) $\frac{i}{(1+i)^n-1}$	资金回收系数 (A/P,i,n) $\frac{i(1+i)^n}{(1+i)^n-1}$	现值系数 (P/A,i,n) $\frac{(1+i)^n-1}{i(1+i)^n}$
1	(1.1100)	(0.9009)	(1.0000)	(1.0000)	(1.1100)	(0.9009)
2	(1.2321)	(0.8116)	(2.1100)	(0.4739)	(0.5839)	(1.7125)
3	(1.3676)	(0.7312)	(3.3421)	(0.2992)	(0.4092)	(2.4437)
4	(1.5181)	(0.6587)	(4.7097)	(0.2123)	(0.3223)	(3.1024)
5	(1.6851)	(0.5935)	(6.2278)	(0.1606)	(0.2706)	(3.6959)
6	(1.8704)	(0.5346)	(7.9129)	(0.1264)	(0.2364)	(4.2305)
7	(2.0762)	(0.4817)	(9.7833)	(0.1022)	(0.2122)	(4.7122)
8	(2.3045)	(0.4339)	(11.8594)	(0.0843)	(0.1943)	(5.1461)
9	(2.5580)	(0.3909)	(14.1640)	(0.0706)	(0.1806)	(5.5370)
10	(2.8394)	(0.3522)	(16.7220)	(0.0598)	(0.1698)	(5.8892)
11	(3.1518)	(0.3173)	(19.5614)	(0.0511)	(0.1611)	(6.2065)
12	(3.4985)	(0.2858)	(22.7132)	(0.0440)	(0.1540)	(6.4924)
13	(3.8833)	(0.2575)	(26.2116)	(0.0382)	(0.1482)	(6.7499)
14	(4.3104)	(0.2320)	(30.0949)	(0.0332)	(0.1432)	(6.9819)
15	(4.7846)	(0.2090)	(34.4054)	(0.0291)	(0.1391)	(7.1909)
16	(5.3109)	(0.1883)	(39.1899)	(0.0255)	(0.1355)	(7.3792)
17	(5.8951)	(0.1696)	(44.5008)	(0.0225)	(0.1325)	(7.5488)
18	(6.5436)	(0.1528)	(50.3959)	(0.0198)	(0.1298)	(7.7016)
19	(7.2633)	(0.1377)	(56.9395)	(0.0176)	(0.1276)	(7.8393)
20	(8.0623)	(0.1240)	(64.2028)	(0.0156)	(0.1256)	(7.9633)
21	(8.9492)	(0.1117)	(72.2651)	(0.0138)	(0.1238)	(8.0751)
22	(9.9336)	(0.1007)	(81.2143)	(0.0123)	(0.1223)	(8.1757)
23	(11.0263)	(0.0907)	(91.1479)	(0.0110)	(0.1210)	(8.2664)
24	(12.2392)	(0.0817)	(102.1742)	(0.0098)	(0.1198)	(8.3481)
25	(13.5855)	(0.0736)	(114.4133)	(0.0087)	(0.1187)	(8.4217)
26	(15.0799)	(0.0663)	(127.9988)	(0.0078)	(0.1178)	(8.4881)
27	(16.7386)	(0.0597)	(143.0786)	(0.0070)	(0.1170)	(8.5478)
28	(18.5799)	(0.0538)	(159.8173)	(0.0063)	(0.1163)	(8.6016)
29	(20.6237)	(0.0485)	(178.3972)	(0.0056)	(0.1156)	(8.6501)
30	(22.8923)	(0.0437)	(199.0209)	(0.0050)	(0.1150)	(8.6938)

复利系数表

(12%)

年份 n	一次收付		等额系列			
	终值系数 $(F/P,i,n)$ $(1+i)^n$	现值系数 $(P/F,i,n)$ $\frac{1}{(1+i)^n}$	终值系数 $(F/A,i,n)$ $\frac{(1+i)^n-1}{i}$	偿债基金系数 $(A/F,i,n)$ $\frac{i}{(1+i)^n-1}$	资金回收系数 $(A/P,i,n)$ $\frac{i(1+i)^n}{(1+i)^n-1}$	现值系数 $(P/A,i,n)$ $\frac{(1+i)^n-1}{i(1+i)^n}$
1	(1.1200)	(0.8929)	(1.0000)	(1.0000)	(1.1200)	(0.8929)
2	(1.2544)	(0.7972)	(2.1200)	(0.4717)	(0.5917)	(1.6901)
3	(1.4049)	(0.7118)	(3.3744)	(0.2963)	(0.4163)	(2.4018)
4	(1.5735)	(0.6355)	(4.7793)	(0.2092)	(0.3292)	(3.0373)
5	(1.7623)	(0.5674)	(6.3528)	(0.1574)	(0.2774)	(3.6048)
6	(1.9738)	(0.5066)	(8.1152)	(0.1232)	(0.2432)	(4.1114)
7	(2.2107)	(0.4523)	(10.0890)	(0.0991)	(0.2191)	(4.5638)
8	(2.4760)	(0.4039)	(12.2997)	(0.0813)	(0.2013)	(4.9676)
9	(2.7731)	(0.3606)	(14.7757)	(0.0677)	(0.1877)	(5.3282)
10	(3.1058)	(0.3220)	(17.5487)	(0.0570)	(0.1770)	(5.6502)
11	(3.4785)	(0.2875)	(20.6546)	(0.0484)	(0.1684)	(5.9377)
12	(3.8960)	(0.2567)	(24.1331)	(0.0414)	(0.1614)	(6.1944)
13	(4.3635)	(0.2292)	(28.0291)	(0.0357)	(0.1557)	(6.4235)
14	(4.8871)	(0.2046)	(32.3926)	(0.0309)	(0.1509)	(6.6282)
15	(5.4736)	(0.1827)	(37.2797)	(0.0268)	(0.1468)	(6.8109)
16	(6.1304)	(0.1631)	(42.7533)	(0.0234)	(0.1434)	(6.9740)
17	(6.8660)	(0.1456)	(48.8837)	(0.0205)	(0.1405)	(7.1196)
18	(7.6900)	(0.1300)	(55.7497)	(0.0179)	(0.1379)	(7.2497)
19	(8.6128)	(0.1161)	(63.4397)	(0.0158)	(0.1358)	(7.3658)
20	(9.6463)	(0.1037)	(72.0524)	(0.0139)	(0.1339)	(7.4694)
21	(10.8038)	(0.0926)	(81.6987)	(0.0122)	(0.1322)	(7.5620)
22	(12.1003)	(0.0826)	(92.5026)	(0.0108)	(0.1308)	(7.6446)
23	(13.5523)	(0.0738)	(104.6029)	(0.0096)	(0.1296)	(7.7184)
24	(15.1786)	(0.0659)	(118.1552)	(0.0085)	(0.1285)	(7.7843)
25	(17.0001)	(0.0588)	(133.3339)	(0.0075)	(0.1275)	(7.8431)
26	(19.0401)	(0.0525)	(150.3339)	(0.0067)	(0.1267)	(7.8957)
27	(21.3249)	(0.0469)	(169.3740)	(0.0059)	(0.1259)	(7.9426)
28	(23.8839)	(0.0419)	(190.6989)	(0.0052)	(0.1252)	(7.9844)
29	(26.7499)	(0.0374)	(214.5828)	(0.0047)	(0.1247)	(8.0218)
30	(29.9599)	(0.0334)	(241.3327)	(0.0041)	(0.1241)	(8.0552)

复利系数表

(13%)

年份	一次收付		等额系列			
n	终值系数 $(F/P,i,n)$ $(1+i)^n$	现值系数 $(P/F,i,n)$ $\frac{1}{(1+i)^n}$	终值系数 $(F/A,i,n)$ $\frac{(1+i)^n-1}{i}$	偿债基金系数 $(A/F,i,n)$ $\frac{i}{(1+i)^n-1}$	资金回收系数 $(A/P,i,n)$ $\frac{i(1+i)^n}{(1+i)^n-1}$	现值系数 $(P/A,i,n)$ $\frac{(1+i)^n-1}{i(1+i)^n}$
1	(1.1300)	(0.8850)	(1.0000)	(1.0000)	(1.1300)	(0.8850)
2	(1.2769)	(0.7831)	(2.1300)	(0.4695)	(0.5995)	(1.6681)
3	(1.4429)	(0.6931)	(3.4069)	(0.2935)	(0.4235)	(2.3612)
4	(1.6305)	(0.6133)	(4.8498)	(0.2062)	(0.3362)	(2.9745)
5	(1.8424)	(0.5428)	(6.4803)	(0.1543)	(0.2843)	(3.5172)
6	(2.0820)	(0.4803)	(8.3227)	(0.1202)	(0.2502)	(3.9975)
7	(2.3526)	(0.4251)	(10.4047)	(0.0961)	(0.2261)	(4.4226)
8	(2.6584)	(0.3762)	(12.7573)	(0.0784)	(0.2084)	(4.7988)
9	(3.0040)	(0.3329)	(15.4157)	(0.0649)	(0.1949)	(5.1317)
10	(3.3946)	(0.2946)	(18.4197)	(0.0543)	(0.1843)	(5.4262)
11	(3.8359)	(0.2607)	(21.8143)	(0.0458)	(0.1758)	(5.6869)
12	(4.3345)	(0.2307)	(25.6502)	(0.0390)	(0.1690)	(5.9176)
13	(4.8980)	(0.2042)	(29.9847)	(0.0334)	(0.1634)	(6.1218)
14	(5.5348)	(0.1807)	(34.8827)	(0.0287)	(0.1587)	(6.3025)
15	(6.2543)	(0.1599)	(40.4175)	(0.0247)	(0.1547)	(6.4624)
16	(7.0673)	(0.1415)	(46.6717)	(0.0214)	(0.1514)	(6.6039)
17	(7.9861)	(0.1252)	(53.7391)	(0.0186)	(0.1486)	(6.7291)
18	(9.0243)	(0.1108)	(61.7251)	(0.0162)	(0.1462)	(6.8399)
19	(10.1974)	(0.0981)	(70.7494)	(0.0141)	(0.1441)	(6.9380)
20	(11.5231)	(0.0868)	(80.9468)	(0.0124)	(0.1424)	(7.0248)
21	(13.0211)	(0.0768)	(92.4699)	(0.0108)	(0.1408)	(7.1016)
22	(14.7138)	(0.0680)	(105.4910)	(0.0095)	(0.1395)	(7.1695)
23	(16.6266)	(0.0601)	(120.2048)	(0.0083)	(0.1383)	(7.2297)
24	(18.7881)	(0.0532)	(136.8315)	(0.0073)	(0.1373)	(7.2829)
25	(21.2305)	(0.0471)	(155.6196)	(0.0064)	(0.1364)	(7.3300)
26	(23.9905)	(0.0417)	(176.8501)	(0.0057)	(0.1357)	(7.3717)
27	(27.1093)	(0.0369)	(200.8406)	(0.0050)	(0.1350)	(7.4086)
28	(30.6335)	(0.0326)	(227.9499)	(0.0044)	(0.1344)	(7.4412)
29	(34.6158)	(0.0289)	(258.5834)	(0.0039)	(0.1339)	(7.4701)
30	(39.1159)	(0.0256)	(293.1992)	(0.0034)	(0.1334)	(7.4957)

复利系数表

(14%)

年份 n	一次收付		等额系列			
	终值系数 (F/P,i,n) $(1+i)^n$	现值系数 (P/F,i,n) $\frac{1}{(1+i)^n}$	终值系数 (F/A,i,n) $\frac{(1+i)^n-1}{i}$	偿债基金系数 (A/F,i,n) $\frac{i}{(1+i)^n-1}$	资金回收系数 (A/P,i,n) $\frac{i(1+i)^n}{(1+i)^n-1}$	现值系数 (P/A,i,n) $\frac{(1+i)^n-1}{i(1+i)^n}$
1	(1.1400)	(0.8772)	(1.0000)	(1.0000)	(1.1400)	(0.8772)
2	(1.2996)	(0.7695)	(2.1400)	(0.4673)	(0.6073)	(1.6467)
3	(1.4815)	(0.6750)	(3.4396)	(0.2907)	(0.4307)	(2.3216)
4	(1.6890)	(0.5921)	(4.9211)	(0.2032)	(0.3432)	(2.9137)
5	(1.9254)	(0.5194)	(6.6101)	(0.1513)	(0.2913)	(3.4331)
6	(2.1950)	(0.4556)	(8.5355)	(0.1172)	(0.2572)	(3.8887)
7	(2.5023)	(0.3996)	(10.7305)	(0.0932)	(0.2332)	(4.2883)
8	(2.8526)	(0.3506)	(13.2328)	(0.0756)	(0.2156)	(4.6389)
9	(3.2519)	(0.3075)	(16.0853)	(0.0622)	(0.2022)	(4.9464)
10	(3.7072)	(0.2697)	(19.3373)	(0.0517)	(0.1917)	(5.2161)
11	(4.2262)	(0.2366)	(23.0445)	(0.0434)	(0.1834)	(5.4527)
12	(4.8179)	(0.2076)	(27.2707)	(0.0367)	(0.1767)	(5.6603)
13	(5.4924)	(0.1821)	(32.0887)	(0.0312)	(0.1712)	(5.8424)
14	(6.2613)	(0.1597)	(37.5811)	(0.0266)	(0.1666)	(6.0021)
15	(7.1379)	(0.1401)	(43.8424)	(0.0228)	(0.1628)	(6.1422)
16	(8.1372)	(0.1229)	(50.9804)	(0.0196)	(0.1596)	(6.2651)
17	(9.2765)	(0.1078)	(59.1176)	(0.0169)	(0.1569)	(6.3729)
18	(10.5752)	(0.0946)	(68.3941)	(0.0146)	(0.1546)	(6.4674)
19	(12.0557)	(0.0829)	(78.9692)	(0.0127)	(0.1527)	(6.5504)
20	(13.7435)	(0.0728)	(91.0249)	(0.0110)	(0.1510)	(6.6231)
21	(15.6676)	(0.0638)	(104.7684)	(0.0095)	(0.1495)	(6.6870)
22	(17.8610)	(0.0560)	(120.4360)	(0.0083)	(0.1483)	(6.7429)
23	(20.3616)	(0.0491)	(138.2970)	(0.0072)	(0.1472)	(6.7921)
24	(23.2122)	(0.0431)	(158.6586)	(0.0063)	(0.1463)	(6.8351)
25	(26.4619)	(0.0378)	(181.8708)	(0.0055)	(0.1455)	(6.8729)
26	(30.1666)	(0.0331)	(208.3327)	(0.0048)	(0.1448)	(6.9061)
27	(34.3899)	(0.0291)	(238.4993)	(0.0042)	(0.1442)	(6.9352)
28	(39.2045)	(0.0255)	(272.8892)	(0.0037)	(0.1437)	(6.9607)
29	(44.6931)	(0.0224)	(312.0937)	(0.0032)	(0.1432)	(6.9830)
30	(50.9502)	(0.0196)	(356.7868)	(0.0028)	(0.1428)	(7.0027)

复利系数表

(15%)

年份	一次收付		等额系列			
n	终值系数 $(F/P,i,n)$ $(1+i)^n$	现值系数 $(P/F,i,n)$ $\frac{1}{(1+i)^n}$	终值系数 $(F/A,i,n)$ $\frac{(1+i)^n-1}{i}$	偿债基金系数 $(A/F,i,n)$ $\frac{i}{(1+i)^n-1}$	资金回收系数 $(A/P,i,n)$ $\frac{i(1+i)^n}{(1+i)^n-1}$	现值系数 $(P/A,i,n)$ $\frac{(1+i)^n-1}{i(1+i)^n}$
1	(1.1500)	(0.8696)	(1.0000)	(1.0000)	(1.1500)	(0.8696)
2	(1.3225)	(0.7561)	(2.1500)	(0.4651)	(0.6151)	(1.6257)
3	(1.5209)	(0.6575)	(3.4725)	(0.2880)	(0.4380)	(2.2832)
4	(1.7490)	(0.5718)	(4.9934)	(0.2003)	(0.3503)	(2.8550)
5	(2.0114)	(0.4972)	(6.7424)	(0.1483)	(0.2983)	(3.3522)
6	(2.3131)	(0.4323)	(8.7537)	(0.1142)	(0.2642)	(3.7845)
7	(2.6600)	(0.3759)	(11.0668)	(0.0904)	(0.2404)	(4.1604)
8	(3.0590)	(0.3269)	(13.7268)	(0.0729)	(0.2229)	(4.4873)
9	(3.5179)	(0.2843)	(16.7858)	(0.0596)	(0.2096)	(4.7716)
10	(4.0456)	(0.2472)	(20.3037)	(0.0493)	(0.1993)	(5.0188)
11	(4.6524)	(0.2149)	(24.3493)	(0.0411)	(0.1911)	(5.2337)
12	(5.3503)	(0.1869)	(29.0017)	(0.0345)	(0.1845)	(5.4206)
13	(6.1528)	(0.1625)	(34.3519)	(0.0291)	(0.1791)	(5.5831)
14	(7.0757)	(0.1413)	(40.5047)	(0.0247)	(0.1747)	(5.7245)
15	(8.1371)	(0.1229)	(47.5804)	(0.0210)	(0.1710)	(5.8474)
16	(9.3576)	(0.1069)	(55.7175)	(0.0179)	(0.1679)	(5.9542)
17	(10.7613)	(0.0929)	(65.0751)	(0.0154)	(0.1654)	(6.0472)
18	(12.3755)	(0.0808)	(75.8364)	(0.0132)	(0.1632)	(6.1280)
19	(14.2318)	(0.0703)	(88.2118)	(0.0113)	(0.1613)	(6.1982)
20	(16.3665)	(0.0611)	(102.4436)	(0.0098)	(0.1598)	(6.2593)
21	(18.8215)	(0.0531)	(118.8101)	(0.0084)	(0.1584)	(6.3125)
22	(21.6447)	(0.0462)	(137.6316)	(0.0073)	(0.1573)	(6.3587)
23	(24.8915)	(0.0402)	(159.2764)	(0.0063)	(0.1563)	(6.3988)
24	(28.6252)	(0.0349)	(184.1678)	(0.0054)	(0.1554)	(6.4338)
25	(32.9190)	(0.0304)	(212.7930)	(0.0047)	(0.1547)	(6.4641)
26	(37.8568)	(0.0264)	(245.7120)	(0.0041)	(0.1541)	(6.4906)
27	(43.5353)	(0.0230)	(283.5688)	(0.0035)	(0.1535)	(6.5135)
28	(50.0656)	(0.0200)	(327.1041)	(0.0031)	(0.1531)	(6.5335)
29	(57.5755)	(0.0174)	(377.1697)	(0.0027)	(0.1527)	(6.5509)
30	(66.2118)	(0.0151)	(434.7451)	(0.0023)	(0.1523)	(6.5660)

复利系数表

(16%)

年份 n	一次收付		等额系列			
	终值系数 $(F/P,i,n)$ $(1+i)^n$	现值系数 $(P/F,i,n)$ $\frac{1}{(1+i)^n}$	终值系数 $(F/A,i,n)$ $\frac{(1+i)^n-1}{i}$	偿债基金系数 $(A/F,i,n)$ $\frac{i}{(1+i)^n-1}$	资金回收系数 $(A/P,i,n)$ $\frac{i(1+i)^n}{(1+i)^n-1}$	现值系数 $(P/A,i,n)$ $\frac{(1+i)^n-1}{i(1+i)^n}$
1	(1.1600)	(0.8621)	(1.0000)	(1.0000)	(1.1600)	(0.8621)
2	(1.3456)	(0.7432)	(2.1600)	(0.4630)	(0.6230)	(1.6052)
3	(1.5609)	(0.6407)	(3.5056)	(0.2853)	(0.4453)	(2.2459)
4	(1.8106)	(0.5523)	(5.0665)	(0.1974)	(0.3574)	(2.7982)
5	(2.1003)	(0.4761)	(6.8771)	(0.1454)	(0.3054)	(3.2743)
6	(2.4364)	(0.4104)	(8.9775)	(0.1114)	(0.2714)	(3.6847)
7	(2.8262)	(0.3538)	(11.4139)	(0.0876)	(0.2476)	(4.0386)
8	(3.2784)	(0.3050)	(14.2401)	(0.0702)	(0.2302)	(4.3436)
9	(3.8030)	(0.2630)	(17.5185)	(0.0571)	(0.2171)	(4.6065)
10	(4.4114)	(0.2267)	(21.3215)	(0.0469)	(0.2069)	(4.8332)
11	(5.1173)	(0.1954)	(25.7329)	(0.0389)	(0.1989)	(5.0286)
12	(5.9360)	(0.1685)	(30.8502)	(0.0324)	(0.1924)	(5.1971)
13	(6.8858)	(0.1452)	(36.7862)	(0.0272)	(0.1872)	(5.3423)
14	(7.9875)	(0.1252)	(43.6720)	(0.0229)	(0.1829)	(5.4675)
15	(9.2655)	(0.1079)	(51.6595)	(0.0194)	(0.1794)	(5.5755)
16	(10.7480)	(0.0930)	(60.9250)	(0.0164)	(0.1764)	(5.6685)
17	(12.4677)	(0.0802)	(71.6730)	(0.0140)	(0.1740)	(5.7487)
18	(14.4625)	(0.0691)	(84.1407)	(0.0119)	(0.1719)	(5.8178)
19	(16.7765)	(0.0596)	(98.6032)	(0.0101)	(0.1701)	(5.8775)
20	(19.4608)	(0.0514)	(115.3797)	(0.0087)	(0.1687)	(5.9288)
21	(22.5745)	(0.0443)	(134.8405)	(0.0074)	(0.1674)	(5.9731)
22	(26.1864)	(0.0382)	(157.4150)	(0.0064)	(0.1664)	(6.0113)
23	(30.3762)	(0.0329)	(183.6014)	(0.0054)	(0.1654)	(6.0442)
24	(35.2364)	(0.0284)	(213.9776)	(0.0047)	(0.1647)	(6.0726)
25	(40.8742)	(0.0245)	(249.2140)	(0.0040)	(0.1640)	(6.0971)
26	(47.4141)	(0.0211)	(290.0883)	(0.0034)	(0.1634)	(6.1182)
27	(55.0004)	(0.0182)	(337.5024)	(0.0030)	(0.1630)	(6.1364)
28	(63.8004)	(0.0157)	(392.5028)	(0.0025)	(0.1625)	(6.1520)
29	(74.0085)	(0.0135)	(456.3032)	(0.0022)	(0.1622)	(6.1656)
30	(85.8499)	(0.0116)	(530.3117)	(0.0019)	(0.1619)	(6.1772)

复利系数表

(17%)

年份 n	一次收付		等额系列			
	终值系数 $(F/P,i,n)$ $(1+i)^n$	现值系数 $(P/F,i,n)$ $\frac{1}{(1+i)^n}$	终值系数 $(F/A,i,n)$ $\frac{(1+i)^n-1}{i}$	偿债基金系数 $(A/F,i,n)$ $\frac{i}{(1+i)^n-1}$	资金回收系数 $(A/P,i,n)$ $\frac{i(1+i)^n}{(1+i)^n-1}$	现值系数 $(P/A,i,n)$ $\frac{(1+i)^n-1}{i(1+i)^n}$
1	(1.1700)	(0.8547)	(1.0000)	(1.0000)	(1.1700)	(0.8547)
2	(1.3689)	(0.7305)	(2.1700)	(0.4608)	(0.6308)	(1.5852)
3	(1.6016)	(0.6244)	(3.5389)	(0.2826)	(0.4526)	(2.2096)
4	(1.8739)	(0.5337)	(5.1405)	(0.1945)	(0.3645)	(2.7432)
5	(2.1924)	(0.4561)	(7.0144)	(0.1426)	(0.3126)	(3.1993)
6	(2.5652)	(0.3898)	(9.2068)	(0.1086)	(0.2786)	(3.5892)
7	(3.0012)	(0.3332)	(11.7720)	(0.0849)	(0.2549)	(3.9224)
8	(3.5115)	(0.2848)	(14.7733)	(0.0677)	(0.2377)	(4.2072)
9	(4.1084)	(0.2434)	(18.2847)	(0.0547)	(0.2247)	(4.4506)
10	(4.8068)	(0.2080)	(22.3931)	(0.0447)	(0.2147)	(4.6586)
11	(5.6240)	(0.1778)	(27.1999)	(0.0368)	(0.2068)	(4.8364)
12	(6.5801)	(0.1520)	(32.8239)	(0.0305)	(0.2005)	(4.9884)
13	(7.6987)	(0.1299)	(39.4040)	(0.0254)	(0.1954)	(5.1183)
14	(9.0075)	(0.1110)	(47.1027)	(0.0212)	(0.1912)	(5.2293)
15	(10.5387)	(0.0949)	(56.1101)	(0.0178)	(0.1878)	(5.3242)
16	(12.3303)	(0.0811)	(66.6488)	(0.0150)	(0.1850)	(5.4053)
17	(14.4265)	(0.0693)	(78.9792)	(0.0127)	(0.1827)	(5.4746)
18	(16.8790)	(0.0592)	(93.4056)	(0.0107)	(0.1807)	(5.5339)
19	(19.7484)	(0.0506)	(110.2846)	(0.0091)	(0.1791)	(5.5845)
20	(23.1056)	(0.0433)	(130.0329)	(0.0077)	(0.1777)	(5.6278)
21	(27.0336)	(0.0370)	(153.1385)	(0.0065)	(0.1765)	(5.6648)
22	(31.6293)	(0.0316)	(180.1721)	(0.0056)	(0.1756)	(5.6964)
23	(37.0062)	(0.0270)	(211.8013)	(0.0047)	(0.1747)	(5.7234)
24	(43.2973)	(0.0231)	(248.8076)	(0.0040)	(0.1740)	(5.7465)
25	(50.6578)	(0.0197)	(292.1049)	(0.0034)	(0.1734)	(5.7662)
26	(59.2697)	(0.0169)	(342.7627)	(0.0029)	(0.1729)	(5.7831)
27	(69.3455)	(0.0144)	(402.0323)	(0.0025)	(0.1725)	(5.7975)
28	(81.1342)	(0.0123)	(471.3778)	(0.0021)	(0.1721)	(5.8099)
29	(94.9271)	(0.0105)	(552.5121)	(0.0018)	(0.1718)	(5.8204)
30	(111.0647)	(0.0090)	(647.4391)	(0.0015)	(0.1715)	(5.8294)

复利系数表

(18%)

年份 n	一次收付		等额系列			
	终值系数 $(F/P,i,n)$ $(1+i)^n$	现值系数 $(P/F,i,n)$ $\frac{1}{(1+i)^n}$	终值系数 $(F/A,i,n)$ $\frac{(1+i)^n-1}{i}$	偿债基金系数 $(A/F,i,n)$ $\frac{i}{(1+i)^n-1}$	资金回收系数 $(A/P,i,n)$ $\frac{i(1+i)^n}{(1+i)^n-1}$	现值系数 $(P/A,i,n)$ $\frac{(1+i)^n-1}{i(1+i)^n}$
1	(1.1800)	(0.8475)	(1.0000)	(1.0000)	(1.1800)	(0.8475)
2	(1.3924)	(0.7182)	(2.1800)	(0.4587)	(0.6387)	(1.5656)
3	(1.6430)	(0.6086)	(3.5724)	(0.2799)	(0.4599)	(2.1743)
4	(1.9388)	(0.5158)	(5.2154)	(0.1917)	(0.3717)	(2.6901)
5	(2.2878)	(0.4371)	(7.1542)	(0.1398)	(0.3198)	(3.1272)
6	(2.6996)	(0.3704)	(9.4420)	(0.1059)	(0.2859)	(3.4976)
7	(3.1855)	(0.3139)	(12.1415)	(0.0824)	(0.2624)	(3.8115)
8	(3.7589)	(0.2660)	(15.3270)	(0.0652)	(0.2452)	(4.0776)
9	(4.4355)	(0.2255)	(19.0859)	(0.0524)	(0.2324)	(4.3030)
10	(5.2338)	(0.1911)	(23.5213)	(0.0425)	(0.2225)	(4.4941)
11	(6.1759)	(0.1619)	(28.7551)	(0.0348)	(0.2148)	(4.6560)
12	(7.2876)	(0.1372)	(34.9311)	(0.0286)	(0.2086)	(4.7932)
13	(8.5994)	(0.1163)	(42.2187)	(0.0237)	(0.2037)	(4.9095)
14	(10.1472)	(0.0985)	(50.8180)	(0.0197)	(0.1997)	(5.0081)
15	(11.9737)	(0.0835)	(60.9653)	(0.0164)	(0.1964)	(5.0916)
16	(14.1290)	(0.0708)	(72.9390)	(0.0137)	(0.1937)	(5.1624)
17	(16.6722)	(0.0600)	(87.0680)	(0.0115)	(0.1915)	(5.2223)
18	(19.6733)	(0.0508)	(103.7403)	(0.0096)	(0.1896)	(5.2732)
19	(23.2144)	(0.0431)	(123.4135)	(0.0081)	(0.1881)	(5.3162)
20	(27.3930)	(0.0365)	(146.6280)	(0.0068)	(0.1868)	(5.3527)
21	(32.3238)	(0.0309)	(174.0210)	(0.0057)	(0.1857)	(5.3837)
22	(38.1421)	(0.0262)	(206.3448)	(0.0048)	(0.1848)	(5.4099)
23	(45.0076)	(0.0222)	(244.4868)	(0.0041)	(0.1841)	(5.4321)
24	(53.1090)	(0.0188)	(289.4945)	(0.0035)	(0.1835)	(5.4509)
25	(62.6686)	(0.0160)	(342.6035)	(0.0029)	(0.1829)	(5.4669)
26	(73.9490)	(0.0135)	(405.2721)	(0.0025)	(0.1825)	(5.4804)
27	(87.2598)	(0.0115)	(479.2211)	(0.0021)	(0.1821)	(5.4919)
28	(102.9666)	(0.0097)	(566.4809)	(0.0018)	(0.1818)	(5.5016)
29	(121.5005)	(0.0082)	(669.4475)	(0.0015)	(0.1815)	(5.5098)
30	(143.3706)	(0.0070)	(790.9480)	(0.0013)	(0.1813)	(5.5168)

复利系数表

(19%)

年份 n	一次收付 终值系数 $(F/P,i,n)$ $(1+i)^n$	一次收付 现值系数 $(P/F,i,n)$ $\frac{1}{(1+i)^n}$	等额系列 终值系数 $(F/A,i,n)$ $\frac{(1+i)^n-1}{i}$	等额系列 偿债基金系数 $(A/F,i,n)$ $\frac{i}{(1+i)^n-1}$	等额系列 资金回收系数 $(A/P,i,n)$ $\frac{i(1+i)^n}{(1+i)^n-1}$	等额系列 现值系数 $(P/A,i,n)$ $\frac{(1+i)^n-1}{i(1+i)^n}$
1	(1.1900)	(0.8403)	(1.0000)	(1.0000)	(1.1900)	(0.8403)
2	(1.4161)	(0.7062)	(2.1900)	(0.4566)	(0.6466)	(1.5465)
3	(1.6852)	(0.5934)	(3.6061)	(0.2773)	(0.4673)	(2.1399)
4	(2.0053)	(0.4987)	(5.2913)	(0.1890)	(0.3790)	(2.6386)
5	(2.3864)	(0.4190)	(7.2966)	(0.1371)	(0.3271)	(3.0576)
6	(2.8398)	(0.3521)	(9.6830)	(0.1033)	(0.2933)	(3.4098)
7	(3.3793)	(0.2959)	(12.5227)	(0.0799)	(0.2699)	(3.7057)
8	(4.0214)	(0.2487)	(15.9020)	(0.0629)	(0.2529)	(3.9544)
9	(4.7854)	(0.2090)	(19.9234)	(0.0502)	(0.2402)	(4.1633)
10	(5.6947)	(0.1756)	(24.7089)	(0.0405)	(0.2305)	(4.3389)
11	(6.7767)	(0.1476)	(30.4035)	(0.0329)	(0.2229)	(4.4865)
12	(8.0642)	(0.1240)	(37.1802)	(0.0269)	(0.2169)	(4.6105)
13	(9.5964)	(0.1042)	(45.2445)	(0.0221)	(0.2121)	(4.7147)
14	(11.4198)	(0.0876)	(54.8409)	(0.0182)	(0.2082)	(4.8023)
15	(13.5895)	(0.0736)	(66.2607)	(0.0151)	(0.2051)	(4.8759)
16	(16.1715)	(0.0618)	(79.8502)	(0.0125)	(0.2025)	(4.9377)
17	(19.2441)	(0.0520)	(96.0218)	(0.0104)	(0.2004)	(4.9897)
18	(22.9005)	(0.0437)	(115.2659)	(0.0087)	(0.1987)	(5.0333)
19	(27.2516)	(0.0367)	(138.1664)	(0.0072)	(0.1972)	(5.0700)
20	(32.4294)	(0.0308)	(165.4180)	(0.0060)	(0.1960)	(5.1009)
21	(38.5910)	(0.0259)	(197.8474)	(0.0051)	(0.1951)	(5.1268)
22	(45.9233)	(0.0218)	(236.4385)	(0.0042)	(0.1942)	(5.1486)
23	(54.6487)	(0.0183)	(282.3618)	(0.0035)	(0.1935)	(5.1668)
24	(65.0320)	(0.0154)	(337.0105)	(0.0030)	(0.1930)	(5.1822)
25	(77.3881)	(0.0129)	(402.0425)	(0.0025)	(0.1925)	(5.1951)
26	(92.0918)	(0.0109)	(479.4306)	(0.0021)	(0.1921)	(5.2060)
27	(109.5893)	(0.0091)	(571.5224)	(0.0017)	(0.1917)	(5.2151)
28	(130.4112)	(0.0077)	(681.1116)	(0.0015)	(0.1915)	(5.2228)
29	(155.1893)	(0.0064)	(811.5228)	(0.0012)	(0.1912)	(5.2292)
30	(184.6753)	(0.0054)	(966.7122)	(0.0010)	(0.1910)	(5.2347)

复利系数表

(20%)

年份 n	一次收付		等额系列			
	终值系数 $(F/P,i,n)$ $(1+i)^n$	现值系数 $(P/F,i,n)$ $\frac{1}{(1+i)^n}$	终值系数 $(F/A,i,n)$ $\frac{(1+i)^n-1}{i}$	偿债基金系数 $(A/F,i,n)$ $\frac{i}{(1+i)^n-1}$	资金回收系数 $(A/P,i,n)$ $\frac{i(1+i)^n}{(1+i)^n-1}$	现值系数 $(P/A,i,n)$ $\frac{(1+i)^n-1}{i(1+i)^n}$
1	(1.2000)	(0.8333)	(1.0000)	(1.0000)	(1.2000)	(0.8333)
2	(1.4400)	(0.6944)	(2.2000)	(0.4545)	(0.6545)	(1.5278)
3	(1.7280)	(0.5787)	(3.6400)	(0.2747)	(0.4747)	(2.1065)
4	(2.0736)	(0.4823)	(5.3680)	(0.1863)	(0.3863)	(2.5887)
5	(2.4883)	(0.4019)	(7.4416)	(0.1344)	(0.3344)	(2.9906)
6	(2.9860)	(0.3349)	(9.9299)	(0.1007)	(0.3007)	(3.3255)
7	(3.5832)	(0.2791)	(12.9159)	(0.0774)	(0.2774)	(3.6046)
8	(4.2998)	(0.2326)	(16.4991)	(0.0606)	(0.2606)	(3.8372)
9	(5.1598)	(0.1938)	(20.7989)	(0.0481)	(0.2481)	(4.0310)
10	(6.1917)	(0.1615)	(25.9587)	(0.0385)	(0.2385)	(4.1925)
11	(7.4301)	(0.1346)	(32.1504)	(0.0311)	(0.2311)	(4.3271)
12	(8.9161)	(0.1122)	(39.5805)	(0.0253)	(0.2253)	(4.4392)
13	(10.6993)	(0.0935)	(48.4966)	(0.0206)	(0.2206)	(4.5327)
14	(12.8392)	(0.0779)	(59.1959)	(0.0169)	(0.2169)	(4.6106)
15	(15.4070)	(0.0649)	(72.0351)	(0.0139)	(0.2139)	(4.6755)
16	(18.4884)	(0.0541)	(87.4421)	(0.0114)	(0.2114)	(4.7296)
17	(22.1861)	(0.0451)	(105.9306)	(0.0094)	(0.2094)	(4.7746)
18	(26.6233)	(0.0376)	(128.1167)	(0.0078)	(0.2078)	(4.8122)
19	(31.9480)	(0.0313)	(154.7400)	(0.0065)	(0.2065)	(4.8435)
20	(38.3376)	(0.0261)	(186.6880)	(0.0054)	(0.2054)	(4.8696)
21	(46.0051)	(0.0217)	(225.0256)	(0.0044)	(0.2044)	(4.8913)
22	(55.2061)	(0.0181)	(271.0307)	(0.0037)	(0.2037)	(4.9094)
23	(66.2474)	(0.0151)	(326.2369)	(0.0031)	(0.2031)	(4.9245)
24	(79.4968)	(0.0126)	(392.4842)	(0.0025)	(0.2025)	(4.9371)
25	(95.3962)	(0.0105)	(471.9811)	(0.0021)	(0.2021)	(4.9476)
26	(114.4755)	(0.0087)	(567.3773)	(0.0018)	(0.2018)	(4.9563)
27	(137.3706)	(0.0073)	(681.8528)	(0.0015)	(0.2015)	(4.9636)
28	(164.8447)	(0.0061)	(819.2233)	(0.0012)	(0.2012)	(4.9697)
29	(197.8136)	(0.0051)	(984.0680)	(0.0010)	(0.2010)	(4.9747)
30	(237.3763)	(0.0042)	(1181.8816)	(0.0008)	(0.2008)	(4.9789)

复利系数表

(21%)

年份 n	一次收付		等额系列			
	终值系数 (F/P,i,n) $(1+i)^n$	现值系数 (P/F,i,n) $\frac{1}{(1+i)^n}$	终值系数 (F/A,i,n) $\frac{(1+i)^n-1}{i}$	偿债基金系数 (A/F,i,n) $\frac{i}{(1+i)^n-1}$	资金回收系数 (A/P,i,n) $\frac{i(1+i)^n}{(1+i)^n-1}$	现值系数 (P/A,i,n) $\frac{(1+i)^n-1}{i(1+i)^n}$
1	(1.2100)	(0.8264)	(1.0000)	(1.0000)	(1.2100)	(0.8264)
2	(1.4641)	(0.6830)	(2.2100)	(0.4525)	(0.6625)	(1.5095)
3	(1.7716)	(0.5645)	(3.6741)	(0.2722)	(0.4822)	(2.0739)
4	(2.1436)	(0.4665)	(5.4457)	(0.1836)	(0.3936)	(2.5404)
5	(2.5937)	(0.3855)	(7.5892)	(0.1318)	(0.3418)	(2.9260)
6	(3.1384)	(0.3186)	(10.1830)	(0.0982)	(0.3082)	(3.2446)
7	(3.7975)	(0.2633)	(13.3214)	(0.0751)	(0.2851)	(3.5079)
8	(4.5950)	(0.2176)	(17.1189)	(0.0584)	(0.2684)	(3.7256)
9	(5.5599)	(0.1799)	(21.7139)	(0.0461)	(0.2561)	(3.9054)
10	(6.7275)	(0.1486)	(27.2738)	(0.0367)	(0.2467)	(4.0541)
11	(8.1403)	(0.1228)	(34.0013)	(0.0294)	(0.2394)	(4.1769)
12	(9.8497)	(0.1015)	(42.1416)	(0.0237)	(0.2337)	(4.2784)
13	(11.9182)	(0.0839)	(51.9913)	(0.0192)	(0.2292)	(4.3624)
14	(14.4210)	(0.0693)	(63.9095)	(0.0156)	(0.2256)	(4.4317)
15	(17.4494)	(0.0573)	(78.3305)	(0.0128)	(0.2228)	(4.4890)
16	(21.1138)	(0.0474)	(95.7799)	(0.0104)	(0.2204)	(4.5364)
17	(25.5477)	(0.0391)	(116.8937)	(0.0086)	(0.2186)	(4.5755)
18	(30.9127)	(0.0323)	(142.4413)	(0.0070)	(0.2170)	(4.6079)
19	(37.4043)	(0.0267)	(173.3540)	(0.0058)	(0.2158)	(4.6346)
20	(45.2593)	(0.0221)	(210.7584)	(0.0047)	(0.2147)	(4.6567)
21	(54.7637)	(0.0183)	(256.0176)	(0.0039)	(0.2139)	(4.6750)
22	(66.2641)	(0.0151)	(310.7813)	(0.0032)	(0.2132)	(4.6900)
23	(80.1795)	(0.0125)	(377.0454)	(0.0027)	(0.2127)	(4.7025)
24	(97.0172)	(0.0103)	(457.2249)	(0.0022)	(0.2122)	(4.7128)
25	(117.3909)	(0.0085)	(554.2422)	(0.0018)	(0.2118)	(4.7213)
26	(142.0429)	(0.0070)	(671.6330)	(0.0015)	(0.2115)	(4.7284)
27	(171.8719)	(0.0058)	(813.6759)	(0.0012)	(0.2112)	(4.7342)
28	(207.9651)	(0.0048)	(985.5479)	(0.0010)	(0.2110)	(4.7390)
29	(251.6377)	(0.0040)	(1193.5129)	(0.0008)	(0.2108)	(4.7430)
30	(304.4816)	(0.0033)	(1445.1507)	(0.0007)	(0.2107)	(4.7463)

复利系数表

(22%)

年份 n	一次收付		等额系列			
	终值系数 (F/P,i,n) $(1+i)^n$	现值系数 (P/F,i,n) $\frac{1}{(1+i)^n}$	终值系数 (F/A,i,n) $\frac{(1+i)^n-1}{i}$	偿债基金系数 (A/F,i,n) $\frac{i}{(1+i)^n-1}$	资金回收系数 (A/P,i,n) $\frac{i(1+i)^n}{(1+i)^n-1}$	现值系数 (P/A,i,n) $\frac{(1+i)^n-1}{i(1+i)^n}$
1	(1.2200)	(0.8197)	(1.0000)	(1.0000)	(1.2200)	(0.8197)
2	(1.4884)	(0.6719)	(2.2200)	(0.4505)	(0.6705)	(1.4915)
3	(1.8158)	(0.5507)	(3.7084)	(0.2697)	(0.4897)	(2.0422)
4	(2.2153)	(0.4514)	(5.5242)	(0.1810)	(0.4010)	(2.4936)
5	(2.7027)	(0.3700)	(7.7396)	(0.1292)	(0.3492)	(2.8636)
6	(3.2973)	(0.3033)	(10.4423)	(0.0958)	(0.3158)	(3.1669)
7	(4.0227)	(0.2486)	(13.7396)	(0.0728)	(0.2928)	(3.4155)
8	(4.9077)	(0.2038)	(17.7623)	(0.0563)	(0.2763)	(3.6193)
9	(5.9874)	(0.1670)	(22.6700)	(0.0441)	(0.2641)	(3.7863)
10	(7.3046)	(0.1369)	(28.6574)	(0.0349)	(0.2549)	(3.9232)
11	(8.9117)	(0.1122)	(35.9620)	(0.0278)	(0.2478)	(4.0354)
12	(10.8722)	(0.0920)	(44.8737)	(0.0223)	(0.2423)	(4.1274)
13	(13.2641)	(0.0754)	(55.7459)	(0.0179)	(0.2379)	(4.2028)
14	(16.1822)	(0.0618)	(69.0100)	(0.0145)	(0.2345)	(4.2646)
15	(19.7423)	(0.0507)	(85.1922)	(0.0117)	(0.2317)	(4.3152)
16	(24.0856)	(0.0415)	(104.9345)	(0.0095)	(0.2295)	(4.3567)
17	(29.3844)	(0.0340)	(129.0201)	(0.0078)	(0.2278)	(4.3908)
18	(35.8490)	(0.0279)	(158.4045)	(0.0063)	(0.2263)	(4.4187)
19	(43.7358)	(0.0229)	(194.2535)	(0.0051)	(0.2251)	(4.4415)
20	(53.3576)	(0.0187)	(237.9893)	(0.0042)	(0.2242)	(4.4603)
21	(65.0963)	(0.0154)	(291.3469)	(0.0034)	(0.2234)	(4.4756)
22	(79.4175)	(0.0126)	(356.4432)	(0.0028)	(0.2228)	(4.4882)
23	(96.8894)	(0.0103)	(435.8607)	(0.0023)	(0.2223)	(4.4985)
24	(118.2050)	(0.0085)	(532.7501)	(0.0019)	(0.2219)	(4.5070)
25	(144.2101)	(0.0069)	(650.9551)	(0.0015)	(0.2215)	(4.5139)
26	(175.9364)	(0.0057)	(795.1653)	(0.0013)	(0.2213)	(4.5196)
27	(214.6424)	(0.0047)	(971.1016)	(0.0010)	(0.2210)	(4.5243)
28	(261.8637)	(0.0038)	(1185.7440)	(0.0008)	(0.2208)	(4.5281)
29	(319.4737)	(0.0031)	(1447.6077)	(0.0007)	(0.2207)	(4.5312)
30	(389.7579)	(0.0026)	(1767.0813)	(0.0006)	(0.2206)	(4.5338)

复利系数表

(23%)

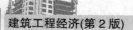

年份 n	一次收付		等额系列			
	终值系数 $(F/P,i,n)$ $(1+i)^n$	现值系数 $(P/F,i,n)$ $\frac{1}{(1+i)^n}$	终值系数 $(F/A,i,n)$ $\frac{(1+i)^n-1}{i}$	偿债基金系数 $(A/F,i,n)$ $\frac{i}{(1+i)^n-1}$	资金回收系数 $(A/P,i,n)$ $\frac{i(1+i)^n}{(1+i)^n-1}$	现值系数 $(P/A,i,n)$ $\frac{(1+i)^n-1}{i(1+i)^n}$
1	(1.2300)	(0.8130)	(1.0000)	(1.0000)	(1.2300)	(0.8130)
2	(1.5129)	(0.6610)	(2.2300)	(0.4484)	(0.6784)	(1.4740)
3	(1.8609)	(0.5374)	(3.7429)	(0.2672)	(0.4972)	(2.0114)
4	(2.2889)	(0.4369)	(5.6038)	(0.1785)	(0.4085)	(2.4483)
5	(2.8153)	(0.3552)	(7.8926)	(0.1267)	(0.3567)	(2.8035)
6	(3.4628)	(0.2888)	(10.7079)	(0.0934)	(0.3234)	(3.0923)
7	(4.2593)	(0.2348)	(14.1708)	(0.0706)	(0.3006)	(3.3270)
8	(5.2389)	(0.1909)	(18.4300)	(0.0543)	(0.2843)	(3.5179)
9	(6.4439)	(0.1552)	(23.6690)	(0.0422)	(0.2722)	(3.6731)
10	(7.9259)	(0.1262)	(30.1128)	(0.0332)	(0.2632)	(3.7993)
11	(9.7489)	(0.1026)	(38.0388)	(0.0263)	(0.2563)	(3.9018)
12	(11.9912)	(0.0834)	(47.7877)	(0.0209)	(0.2509)	(3.9852)
13	(14.7491)	(0.0678)	(59.7788)	(0.0167)	(0.2467)	(4.0530)
14	(18.1414)	(0.0551)	(74.5280)	(0.0134)	(0.2434)	(4.1082)
15	(22.3140)	(0.0448)	(92.6694)	(0.0108)	(0.2408)	(4.1530)
16	(27.4462)	(0.0364)	(114.9834)	(0.0087)	(0.2387)	(4.1894)
17	(33.7588)	(0.0296)	(142.4295)	(0.0070)	(0.2370)	(4.2190)
18	(41.5233)	(0.0241)	(176.1883)	(0.0057)	(0.2357)	(4.2431)
19	(51.0737)	(0.0196)	(217.7116)	(0.0046)	(0.2346)	(4.2627)
20	(62.8206)	(0.0159)	(268.7853)	(0.0037)	(0.2337)	(4.2786)
21	(77.2694)	(0.0129)	(331.6059)	(0.0030)	(0.2330)	(4.2916)
22	(95.0413)	(0.0105)	(408.8753)	(0.0024)	(0.2324)	(4.3021)
23	(116.9008)	(0.0086)	(503.9166)	(0.0020)	(0.2320)	(4.3106)
24	(143.7880)	(0.0070)	(620.8174)	(0.0016)	(0.2316)	(4.3176)
25	(176.8593)	(0.0057)	(764.6054)	(0.0013)	(0.2313)	(4.3232)
26	(217.5369)	(0.0046)	(941.4647)	(0.0011)	(0.2311)	(4.3278)
27	(267.5704)	(0.0037)	(1159.0016)	(0.0009)	(0.2309)	(4.3316)
28	(329.1115)	(0.0030)	(1426.5719)	(0.0007)	(0.2307)	(4.3346)
29	(404.8072)	(0.0025)	(1755.6835)	(0.0006)	(0.2306)	(4.3371)
30	(497.9129)	(0.0020)	(2160.4907)	(0.0005)	(0.2305)	(4.3391)

复利系数表

(24%)

年份	一次收付		等额系列			
n	终值系数 $(F/P,i,n)$ $(1+i)^n$	现值系数 $(P/F,i,n)$ $\frac{1}{(1+i)^n}$	终值系数 $(F/A,i,n)$ $\frac{(1+i)^n-1}{i}$	偿债基金系数 $(A/F,i,n)$ $\frac{i}{(1+i)^n-1}$	资金回收系数 $(A/P,i,n)$ $\frac{i(1+i)^n}{(1+i)^n-1}$	现值系数 $(P/A,i,n)$ $\frac{(1+i)^n-1}{i(1+i)^n}$
1	(1.2400)	(0.8065)	(1.0000)	(1.0000)	(1.2400)	(0.8065)
2	(1.5376)	(0.6504)	(2.2400)	(0.4464)	(0.6864)	(1.4568)
3	(1.9066)	(0.5245)	(3.7776)	(0.2647)	(0.5047)	(1.9813)
4	(2.3642)	(0.4230)	(5.6842)	(0.1759)	(0.4159)	(2.4043)
5	(2.9316)	(0.3411)	(8.0484)	(0.1242)	(0.3642)	(2.7454)
6	(3.6352)	(0.2751)	(10.9801)	(0.0911)	(0.3311)	(3.0205)
7	(4.5077)	(0.2218)	(14.6153)	(0.0684)	(0.3084)	(3.2423)
8	(5.5895)	(0.1789)	(19.1229)	(0.0523)	(0.2923)	(3.4212)
9	(6.9310)	(0.1443)	(24.7125)	(0.0405)	(0.2805)	(3.5655)
10	(8.5944)	(0.1164)	(31.6434)	(0.0316)	(0.2716)	(3.6819)
11	(10.6571)	(0.0938)	(40.2379)	(0.0249)	(0.2649)	(3.7757)
12	(13.2148)	(0.0757)	(50.8950)	(0.0196)	(0.2596)	(3.8514)
13	(16.3863)	(0.0610)	(64.1097)	(0.0156)	(0.2556)	(3.9124)
14	(20.3191)	(0.0492)	(80.4961)	(0.0124)	(0.2524)	(3.9616)
15	(25.1956)	(0.0397)	(100.8151)	(0.0099)	(0.2499)	(4.0013)
16	(31.2426)	(0.0320)	(126.0108)	(0.0079)	(0.2479)	(4.0333)
17	(38.7408)	(0.0258)	(157.2534)	(0.0064)	(0.2464)	(4.0591)
18	(48.0386)	(0.0208)	(195.9942)	(0.0051)	(0.2451)	(4.0799)
19	(59.5679)	(0.0168)	(244.0328)	(0.0041)	(0.2441)	(4.0967)
20	(73.8641)	(0.0135)	(303.6006)	(0.0033)	(0.2433)	(4.1103)
21	(91.5915)	(0.0109)	(377.4648)	(0.0026)	(0.2426)	(4.1212)
22	(113.5735)	(0.0088)	(469.0563)	(0.0021)	(0.2421)	(4.1300)
23	(140.8312)	(0.0071)	(582.6298)	(0.0017)	(0.2417)	(4.1371)
24	(174.6306)	(0.0057)	(723.4610)	(0.0014)	(0.2414)	(4.1428)
25	(216.5420)	(0.0046)	(898.0916)	(0.0011)	(0.2411)	(4.1474)
26	(268.5121)	(0.0037)	(1114.6336)	(0.0009)	(0.2409)	(4.1511)
27	(332.9550)	(0.0030)	(1383.1457)	(0.0007)	(0.2407)	(4.1542)
28	(412.8642)	(0.0024)	(1716.1007)	(0.0006)	(0.2406)	(4.1566)
29	(511.9516)	(0.0020)	(2128.9648)	(0.0005)	(0.2405)	(4.1585)
30	(634.8199)	(0.0016)	(2640.9164)	(0.0004)	(0.2404)	(4.1601)

复利系数表

(25%)

年份 n	一次收付		等额系列			
	终值系数 $(F/P,i,n)$ $(1+i)^n$	现值系数 $(P/F,i,n)$ $\frac{1}{(1+i)^n}$	终值系数 $(F/A,i,n)$ $\frac{(1+i)^n-1}{i}$	偿债基金系数 $(A/F,i,n)$ $\frac{i}{(1+i)^n-1}$	资金回收系数 $(A/P,i,n)$ $\frac{i(1+i)^n}{(1+i)^n-1}$	现值系数 $(P/A,i,n)$ $\frac{(1+i)^n-1}{i(1+i)^n}$
1	(1.2500)	(0.8000)	(1.0000)	(1.0000)	(1.2500)	(0.8000)
2	(1.5625)	(0.6400)	(2.2500)	(0.4444)	(0.6944)	(1.4400)
3	(1.9531)	(0.5120)	(3.8125)	(0.2623)	(0.5123)	(1.9520)
4	(2.4414)	(0.4096)	(5.7656)	(0.1734)	(0.4234)	(2.3616)
5	(3.0518)	(0.3277)	(8.2070)	(0.1218)	(0.3718)	(2.6893)
6	(3.8147)	(0.2621)	(11.2588)	(0.0888)	(0.3388)	(2.9514)
7	(4.7684)	(0.2097)	(15.0735)	(0.0663)	(0.3163)	(3.1611)
8	(5.9605)	(0.1678)	(19.8419)	(0.0504)	(0.3004)	(3.3289)
9	(7.4506)	(0.1342)	(25.8023)	(0.0388)	(0.2888)	(3.4631)
10	(9.3132)	(0.1074)	(33.2529)	(0.0301)	(0.2801)	(3.5705)
11	(11.6415)	(0.0859)	(42.5661)	(0.0235)	(0.2735)	(3.6564)
12	(14.5519)	(0.0687)	(54.2077)	(0.0184)	(0.2684)	(3.7251)
13	(18.1899)	(0.0550)	(68.7596)	(0.0145)	(0.2645)	(3.7801)
14	(22.7374)	(0.0440)	(86.9495)	(0.0115)	(0.2615)	(3.8241)
15	(28.4217)	(0.0352)	(109.6868)	(0.0091)	(0.2591)	(3.8593)
16	(35.5271)	(0.0281)	(138.1085)	(0.0072)	(0.2572)	(3.8874)
17	(44.4089)	(0.0225)	(173.6357)	(0.0058)	(0.2558)	(3.9099)
18	(55.5112)	(0.0180)	(218.0446)	(0.0046)	(0.2546)	(3.9279)
19	(69.3889)	(0.0144)	(273.5558)	(0.0037)	(0.2537)	(3.9424)
20	(86.7362)	(0.0115)	(342.9447)	(0.0029)	(0.2529)	(3.9539)
21	(108.4202)	(0.0092)	(429.6809)	(0.0023)	(0.2523)	(3.9631)
22	(135.5253)	(0.0074)	(538.1011)	(0.0019)	(0.2519)	(3.9705)
23	(169.4066)	(0.0059)	(673.6264)	(0.0015)	(0.2515)	(3.9764)
24	(211.7582)	(0.0047)	(843.0329)	(0.0012)	(0.2512)	(3.9811)
25	(264.6978)	(0.0038)	(1054.7912)	(0.0009)	(0.2509)	(3.9849)
26	(330.8722)	(0.0030)	(1319.4890)	(0.0008)	(0.2508)	(3.9879)
27	(413.5903)	(0.0024)	(1650.3612)	(0.0006)	(0.2506)	(3.9903)
28	(516.9879)	(0.0019)	(2063.9515)	(0.0005)	(0.2505)	(3.9923)
29	(646.2349)	(0.0015)	(2580.9394)	(0.0004)	(0.2504)	(3.9938)
30	(807.7936)	(0.0012)	(3227.1743)	(0.0003)	(0.2503)	(3.9950)

复利系数表

(26%)

年份 n	一次收付		等额系列			
	终值系数 $(F/P,i,n)$ $(1+i)^n$	现值系数 $(P/F,i,n)$ $\frac{1}{(1+i)^n}$	终值系数 $(F/A,i,n)$ $\frac{(1+i)^n-1}{i}$	偿债基金系数 $(A/F,i,n)$ $\frac{i}{(1+i)^n-1}$	资金回收系数 $(A/P,i,n)$ $\frac{i(1+i)^n}{(1+i)^n-1}$	现值系数 $(P/A,i,n)$ $\frac{(1+i)^n-1}{i(1+i)^n}$
1	(1.2600)	(0.7937)	(1.0000)	(1.0000)	(1.2600)	(0.7937)
2	(1.5876)	(0.6299)	(2.2600)	(0.4425)	(0.7025)	(1.4235)
3	(2.0004)	(0.4999)	(3.8476)	(0.2599)	(0.5199)	(1.9234)
4	(2.5205)	(0.3968)	(5.8480)	(0.1710)	(0.4310)	(2.3202)
5	(3.1758)	(0.3149)	(8.3684)	(0.1195)	(0.3795)	(2.6351)
6	(4.0015)	(0.2499)	(11.5442)	(0.0866)	(0.3466)	(2.8850)
7	(5.0419)	(0.1983)	(15.5458)	(0.0643)	(0.3243)	(3.0833)
8	(6.3528)	(0.1574)	(20.5876)	(0.0486)	(0.3086)	(3.2407)
9	(8.0045)	(0.1249)	(26.9404)	(0.0371)	(0.2971)	(3.3657)
10	(10.0857)	(0.0992)	(34.9449)	(0.0286)	(0.2886)	(3.4648)
11	(12.7080)	(0.0787)	(45.0306)	(0.0222)	(0.2822)	(3.5435)
12	(16.0120)	(0.0625)	(57.7386)	(0.0173)	(0.2773)	(3.6059)
13	(20.1752)	(0.0496)	(73.7506)	(0.0136)	(0.2736)	(3.6555)
14	(25.4207)	(0.0393)	(93.9258)	(0.0106)	(0.2706)	(3.6949)
15	(32.0301)	(0.0312)	(119.3465)	(0.0084)	(0.2684)	(3.7261)
16	(40.3579)	(0.0248)	(151.3766)	(0.0066)	(0.2666)	(3.7509)
17	(50.8510)	(0.0197)	(191.7345)	(0.0052)	(0.2652)	(3.7705)
18	(64.0722)	(0.0156)	(242.5855)	(0.0041)	(0.2641)	(3.7861)
19	(80.7310)	(0.0124)	(306.6577)	(0.0033)	(0.2633)	(3.7985)
20	(101.7211)	(0.0098)	(387.3887)	(0.0026)	(0.2626)	(3.8083)
21	(128.1685)	(0.0078)	(489.1098)	(0.0020)	(0.2620)	(3.8161)
22	(161.4924)	(0.0062)	(617.2783)	(0.0016)	(0.2616)	(3.8223)
23	(203.4804)	(0.0049)	(778.7707)	(0.0013)	(0.2613)	(3.8273)
24	(256.3853)	(0.0039)	(982.2511)	(0.0010)	(0.2610)	(3.8312)
25	(323.0454)	(0.0031)	(1238.6363)	(0.0008)	(0.2608)	(3.8342)
26	(407.0373)	(0.0025)	(1561.6818)	(0.0006)	(0.2606)	(3.8367)
27	(512.8670)	(0.0019)	(1968.7191)	(0.0005)	(0.2605)	(3.8387)
28	(646.2124)	(0.0015)	(2481.5860)	(0.0004)	(0.2604)	(3.8402)
29	(814.2276)	(0.0012)	(3127.7984)	(0.0003)	(0.2603)	(3.8414)
30	(1025.9267)	(0.0010)	(3942.0260)	(0.0003)	(0.2603)	(3.8424)

复利系数表

(27%)

年份 n	一次收付 终值系数 (F/P,i,n) $(1+i)^n$	一次收付 现值系数 (P/F,i,n) $\frac{1}{(1+i)^n}$	等额系列 终值系数 (F/A,i,n) $\frac{(1+i)^n-1}{i}$	等额系列 偿债基金系数 (A/F,i,n) $\frac{i}{(1+i)^n-1}$	等额系列 资金回收系数 (A/P,i,n) $\frac{i(1+i)^n}{(1+i)^n-1}$	等额系列 现值系数 (P/A,i,n) $\frac{(1+i)^n-1}{i(1+i)^n}$
1	(1.2700)	(0.7874)	(1.0000)	(1.0000)	(1.2700)	(0.7874)
2	(1.6129)	(0.6200)	(2.2700)	(0.4405)	(0.7105)	(1.4074)
3	(2.0484)	(0.4882)	(3.8829)	(0.2575)	(0.5275)	(1.8956)
4	(2.6014)	(0.3844)	(5.9313)	(0.1686)	(0.4386)	(2.2800)
5	(3.3038)	(0.3027)	(8.5327)	(0.1172)	(0.3872)	(2.5827)
6	(4.1959)	(0.2383)	(11.8366)	(0.0845)	(0.3545)	(2.8210)
7	(5.3288)	(0.1877)	(16.0324)	(0.0624)	(0.3324)	(3.0087)
8	(6.7675)	(0.1478)	(21.3612)	(0.0468)	(0.3168)	(3.1564)
9	(8.5948)	(0.1164)	(28.1287)	(0.0356)	(0.3056)	(3.2728)
10	(10.9153)	(0.0916)	(36.7235)	(0.0272)	(0.2972)	(3.3644)
11	(13.8625)	(0.0721)	(47.6388)	(0.0210)	(0.2910)	(3.4365)
12	(17.6053)	(0.0568)	(61.5013)	(0.0163)	(0.2863)	(3.4933)
13	(22.3588)	(0.0447)	(79.1066)	(0.0126)	(0.2826)	(3.5381)
14	(28.3957)	(0.0352)	(101.4654)	(0.0099)	(0.2799)	(3.5733)
15	(36.0625)	(0.0277)	(129.8611)	(0.0077)	(0.2777)	(3.6010)
16	(45.7994)	(0.0218)	(165.9236)	(0.0060)	(0.2760)	(3.6228)
17	(58.1652)	(0.0172)	(211.7230)	(0.0047)	(0.2747)	(3.6400)
18	(73.8698)	(0.0135)	(269.8882)	(0.0037)	(0.2737)	(3.6536)
19	(93.8147)	(0.0107)	(343.7580)	(0.0029)	(0.2729)	(3.6642)
20	(119.1446)	(0.0084)	(437.5726)	(0.0023)	(0.2723)	(3.6726)
21	(151.3137)	(0.0066)	(556.7173)	(0.0018)	(0.2718)	(3.6792)
22	(192.1683)	(0.0052)	(708.0309)	(0.0014)	(0.2714)	(3.6844)
23	(244.0538)	(0.0041)	(900.1993)	(0.0011)	(0.2711)	(3.6885)
24	(309.9483)	(0.0032)	(1144.2531)	(0.0009)	(0.2709)	(3.6918)
25	(393.6344)	(0.0025)	(1454.2014)	(0.0007)	(0.2707)	(3.6943)
26	(499.9157)	(0.0020)	(1847.8358)	(0.0005)	(0.2705)	(3.6963)
27	(634.8929)	(0.0016)	(2347.7515)	(0.0004)	(0.2704)	(3.6979)
28	(806.3140)	(0.0012)	(2982.6443)	(0.0003)	(0.2703)	(3.6991)
29	(1024.0187)	(0.0010)	(3788.9583)	(0.0003)	(0.2703)	(3.7001)
30	(1300.5038)	(0.0008)	(4812.9771)	(0.0002)	(0.2702)	(3.7009)

复利系数表

(28%)

年份 n	一次收付		等额系列			
	终值系数 $(F/P,i,n)$ $(1+i)^n$	现值系数 $(P/F,i,n)$ $\frac{1}{(1+i)^n}$	终值系数 $(F/A,i,n)$ $\frac{(1+i)^n-1}{i}$	偿债基金系数 $(A/F,i,n)$ $\frac{i}{(1+i)^n-1}$	资金回收系数 $(A/P,i,n)$ $\frac{i(1+i)^n}{(1+i)^n-1}$	现值系数 $(P/A,i,n)$ $\frac{(1+i)^n-1}{i(1+i)^n}$
1	(1.2800)	(0.7813)	(1.0000)	(1.0000)	(1.2800)	(0.7813)
2	(1.6384)	(0.6104)	(2.2800)	(0.4386)	(0.7186)	(1.3916)
3	(2.0972)	(0.4768)	(3.9184)	(0.2552)	(0.5352)	(1.8684)
4	(2.6844)	(0.3725)	(6.0156)	(0.1662)	(0.4462)	(2.2410)
5	(3.4360)	(0.2910)	(8.6999)	(0.1149)	(0.3949)	(2.5320)
6	(4.3980)	(0.2274)	(12.1359)	(0.0824)	(0.3624)	(2.7594)
7	(5.6295)	(0.1776)	(16.5339)	(0.0605)	(0.3405)	(2.9370)
8	(7.2058)	(0.1388)	(22.1634)	(0.0451)	(0.3251)	(3.0758)
9	(9.2234)	(0.1084)	(29.3692)	(0.0340)	(0.3140)	(3.1842)
10	(11.8059)	(0.0847)	(38.5926)	(0.0259)	(0.3059)	(3.2689)
11	(15.1116)	(0.0662)	(50.3985)	(0.0198)	(0.2998)	(3.3351)
12	(19.3428)	(0.0517)	(65.5100)	(0.0153)	(0.2953)	(3.3868)
13	(24.7588)	(0.0404)	(84.8529)	(0.0118)	(0.2918)	(3.4272)
14	(31.6913)	(0.0316)	(109.6117)	(0.0091)	(0.2891)	(3.4587)
15	(40.5648)	(0.0247)	(141.3029)	(0.0071)	(0.2871)	(3.4834)
16	(51.9230)	(0.0193)	(181.8677)	(0.0055)	(0.2855)	(3.5026)
17	(66.4614)	(0.0150)	(233.7907)	(0.0043)	(0.2843)	(3.5177)
18	(85.0706)	(0.0118)	(300.2521)	(0.0033)	(0.2833)	(3.5294)
19	(108.8904)	(0.0092)	(385.3227)	(0.0026)	(0.2826)	(3.5386)
20	(139.3797)	(0.0072)	(494.2131)	(0.0020)	(0.2820)	(3.5458)
21	(178.4060)	(0.0056)	(633.5927)	(0.0016)	(0.2816)	(3.5514)
22	(228.3596)	(0.0044)	(811.9987)	(0.0012)	(0.2812)	(3.5558)
23	(292.3003)	(0.0034)	(1040.3583)	(0.0010)	(0.2810)	(3.5592)
24	(374.1444)	(0.0027)	(1332.6586)	(0.0008)	(0.2808)	(3.5619)
25	(478.9049)	(0.0021)	(1706.8031)	(0.0006)	(0.2806)	(3.5640)
26	(612.9982)	(0.0016)	(2185.7079)	(0.0005)	(0.2805)	(3.5656)
27	(784.6377)	(0.0013)	(2798.7061)	(0.0004)	(0.2804)	(3.5669)
28	(1004.3363)	(0.0010)	(3583.3438)	(0.0003)	(0.2803)	(3.5679)
29	(1285.5504)	(0.0008)	(4587.6801)	(0.0002)	(0.2802)	(3.5687)
30	(1645.5046)	(0.0006)	(5873.2306)	(0.0002)	(0.2802)	(3.5693)

复利系数表

(29%)

年份 n	一次收付		等额系列			
	终值系数 $(F/P,i,n)$ $(1+i)^n$	现值系数 $(P/F,i,n)$ $\frac{1}{(1+i)^n}$	终值系数 $(F/A,i,n)$ $\frac{(1+i)^n-1}{i}$	偿债基金系数 $(A/F,i,n)$ $\frac{i}{(1+i)^n-1}$	资金回收系数 $(A/P,i,n)$ $\frac{i(1+i)^n}{(1+i)^n-1}$	现值系数 $(P/A,i,n)$ $\frac{(1+i)^n-1}{i(1+i)^n}$
1	(1.2900)	(0.7752)	(1.0000)	(1.0000)	(1.2900)	(0.7752)
2	(1.6641)	(0.6009)	(2.2900)	(0.4367)	(0.7267)	(1.3761)
3	(2.1467)	(0.4658)	(3.9541)	(0.2529)	(0.5429)	(1.8420)
4	(2.7692)	(0.3611)	(6.1008)	(0.1639)	(0.4539)	(2.2031)
5	(3.5723)	(0.2799)	(8.8700)	(0.1127)	(0.4027)	(2.4830)
6	(4.6083)	(0.2170)	(12.4423)	(0.0804)	(0.3704)	(2.7000)
7	(5.9447)	(0.1682)	(17.0506)	(0.0586)	(0.3486)	(2.8682)
8	(7.6686)	(0.1304)	(22.9953)	(0.0435)	(0.3335)	(2.9986)
9	(9.8925)	(0.1011)	(30.6639)	(0.0326)	(0.3226)	(3.0997)
10	(12.7614)	(0.0784)	(40.5564)	(0.0247)	(0.3147)	(3.1781)
11	(16.4622)	(0.0607)	(53.3178)	(0.0188)	(0.3088)	(3.2388)
12	(21.2362)	(0.0471)	(69.7800)	(0.0143)	(0.3043)	(3.2859)
13	(27.3947)	(0.0365)	(91.0161)	(0.0110)	(0.3010)	(3.3224)
14	(35.3391)	(0.0283)	(118.4108)	(0.0084)	(0.2984)	(3.3507)
15	(45.5875)	(0.0219)	(153.7500)	(0.0065)	(0.2965)	(3.3726)
16	(58.8079)	(0.0170)	(199.3374)	(0.0050)	(0.2950)	(3.3896)
17	(75.8621)	(0.0132)	(258.1453)	(0.0039)	(0.2939)	(3.4028)
18	(97.8622)	(0.0102)	(334.0074)	(0.0030)	(0.2930)	(3.4130)
19	(126.2422)	(0.0079)	(431.8696)	(0.0023)	(0.2923)	(3.4210)
20	(162.8524)	(0.0061)	(558.1118)	(0.0018)	(0.2918)	(3.4271)
21	(210.0796)	(0.0048)	(720.9642)	(0.0014)	(0.2914)	(3.4319)
22	(271.0027)	(0.0037)	(931.0438)	(0.0011)	(0.2911)	(3.4356)
23	(349.5935)	(0.0029)	(1202.0465)	(0.0008)	(0.2908)	(3.4384)
24	(450.9756)	(0.0022)	(1551.6400)	(0.0006)	(0.2906)	(3.4406)
25	(581.7585)	(0.0017)	(2002.6156)	(0.0005)	(0.2905)	(3.4423)
26	(750.4685)	(0.0013)	(2584.3741)	(0.0004)	(0.2904)	(3.4437)
27	(968.1044)	(0.0010)	(3334.8426)	(0.0003)	(0.2903)	(3.4447)
28	(1248.8546)	(0.0008)	(4302.9470)	(0.0002)	(0.2902)	(3.4455)
29	(1611.0225)	(0.0006)	(5551.8016)	(0.0002)	(0.2902)	(3.4461)
30	(2078.2190)	(0.0005)	(7162.8241)	(0.0001)	(0.2901)	(3.4466)

复利系数表

(30%)

年份 n	一次收付		等额系列			
	终值系数 $(F/P,i,n)$ $(1+i)^n$	现值系数 $(P/F,i,n)$ $\frac{1}{(1+i)^n}$	终值系数 $(F/A,i,n)$ $\frac{(1+i)^n-1}{i}$	偿债基金系数 $(A/F,i,n)$ $\frac{i}{(1+i)^n-1}$	资金回收系数 $(A/P,i,n)$ $\frac{i(1+i)^n}{(1+i)^n-1}$	现值系数 $(P/A,i,n)$ $\frac{(1+i)^n-1}{i(1+i)^n}$
1	(1.3000)	(0.7692)	(1.0000)	(1.0000)	(1.3000)	(0.7692)
2	(1.6900)	(0.5917)	(2.3000)	(0.4348)	(0.7348)	(1.3609)
3	(2.1970)	(0.4552)	(3.9900)	(0.2506)	(0.5506)	(1.8161)
4	(2.8561)	(0.3501)	(6.1870)	(0.1616)	(0.4616)	(2.1662)
5	(3.7129)	(0.2693)	(9.0431)	(0.1106)	(0.4106)	(2.4356)
6	(4.8268)	(0.2072)	(12.7560)	(0.0784)	(0.3784)	(2.6427)
7	(6.2749)	(0.1594)	(17.5828)	(0.0569)	(0.3569)	(2.8021)
8	(8.1573)	(0.1226)	(23.8577)	(0.0419)	(0.3419)	(2.9247)
9	(10.6045)	(0.0943)	(32.0150)	(0.0312)	(0.3312)	(3.0190)
10	(13.7858)	(0.0725)	(42.6195)	(0.0235)	(0.3235)	(3.0915)
11	(17.9216)	(0.0558)	(56.4053)	(0.0177)	(0.3177)	(3.1473)
12	(23.2981)	(0.0429)	(74.3270)	(0.0135)	(0.3135)	(3.1903)
13	(30.2875)	(0.0330)	(97.6250)	(0.0102)	(0.3102)	(3.2233)
14	(39.3738)	(0.0254)	(127.9125)	(0.0078)	(0.3078)	(3.2487)
15	(51.1859)	(0.0195)	(167.2863)	(0.0060)	(0.3060)	(3.2682)
16	(66.5417)	(0.0150)	(218.4722)	(0.0046)	(0.3046)	(3.2832)
17	(86.5042)	(0.0116)	(285.0139)	(0.0035)	(0.3035)	(3.2948)
18	(112.4554)	(0.0089)	(371.5180)	(0.0027)	(0.3027)	(3.3037)
19	(146.1920)	(0.0068)	(483.9734)	(0.0021)	(0.3021)	(3.3105)
20	(190.0496)	(0.0053)	(630.1655)	(0.0016)	(0.3016)	(3.3158)
21	(247.0645)	(0.0040)	(820.2151)	(0.0012)	(0.3012)	(3.3198)
22	(321.1839)	(0.0031)	(1067.2796)	(0.0009)	(0.3009)	(3.3230)
23	(417.5391)	(0.0024)	(1388.4635)	(0.0007)	(0.3007)	(3.3254)
24	(542.8008)	(0.0018)	(1806.0026)	(0.0006)	(0.3006)	(3.3272)
25	(705.6410)	(0.0014)	(2348.8033)	(0.0004)	(0.3004)	(3.3286)
26	(917.3333)	(0.0011)	(3054.4443)	(0.0003)	(0.3003)	(3.3297)
27	(1192.5333)	(0.0008)	(3971.7776)	(0.0003)	(0.3003)	(3.3305)
28	(1550.2933)	(0.0006)	(5164.3109)	(0.0002)	(0.3002)	(3.3312)
29	(2015.3813)	(0.0005)	(6714.6042)	(0.0001)	(0.3001)	(3.3317)

参考文献

[1] 于惠中，郭仙君. 工程造价控制与管理[M]. 北京：中国建材工业出版社，2014.
[2] 王克强，王洪卫，刘红梅. Excel 在工程技术经济学中的应用[M]. 上海：上海财经大学出版社，2005.
[3] 张弘力，矫正中. 常用财经词汇简释[M]. 北京：经济管理出版社，2001.
[4] 刘晓君，刘洪玉. 工程经济学[M]. 北京：中国建筑工业出版社，2003.
[5] 时思，郝家龙，王佳宁. 工程经济学[M]. 北京：科学出版社，2005.
[6] 赵玉霞，吴虹. 工程成本会计[M]. 北京：科学出版社，2004.
[7] 于立君. 工程经济学[M]. 北京：机械工业出版社，2005.
[8] 林晓言，王红梅. 技术经济学教程[M]. 北京：经济管理出版社，2005.
[9] 吴添祖，冯勤，欧阳仲健. 技术经济学[M]. 北京：清华大学出版社，2005.
[10] 朱建仪，苏淑欢. 企业经济活动分析[M]. 广州：中山大学业出版社，2005.
[11] 刘常英. 建设工程造价管理[M]. 北京：金盾出版社，2003.
[12] 许程浩，周晓静. 建筑工程估价[M]. 北京：机械工业出版社，2009.
[13] 李南. 工程经济学[M]. 北京：科学出版社，2000.
[14] 杜葵. 工程经济学[M]. 重庆：重庆大学出版社，北京：机械工业出版社，2004.
[15] 李昌有. 土木工程经济与管理[M]. 广州：华南理工大学出版社. 1997.
[16] 朱康全. 技术经济学[M]. 广州：暨南大学出版社，2001.
[17] 姜伟新，张三力. 投资项目后评价[M]. 北京：中国石化出版社，2001.
[18] 赵斌. 工程技术经济[M]. 北京：高等教育出版社，2003.